县乡的孩子们

杨华 雷望红 等◎著

中国人民大学出版社
·北京·

总　序

谢富胜*

党的十八大以来，以习近平同志为核心的党中央高度重视县域工作。习近平总书记强调："要把县域作为城乡融合发展的重要切入点，推进空间布局、产业发展、基础设施等县域统筹，把城乡关系摆布好处理好，一体设计、一并推进。"① 实施乡村振兴战略，是党的十九大作出的重大决策部署，是新时代"三农"工作的总抓手。中共中央办公厅、国务院办公厅 2022 年发布《关于推进以县城为重要载体的城镇化建设的意见》，明确提出"以县域为基本单元推进城乡融合发展"②。党的二十大提出，着力推进城乡融合发展，深入实施新型城镇化战略。如何以县域为单元推进城镇化建

---

*　中国人民大学出版社总编辑、中国人民大学经济学院教授。
①　习近平.坚持把解决好"三农"问题作为全党工作重中之重 举全党全社会之力推动乡村振兴.求是，2022（7）：16.
②　中办国办印发《关于推进以县城为重要载体的城镇化建设的意见》.人民日报，2022-05-07（1）.

设，做好乡村振兴工作，需要在实践中和理论上进行长期的探索。

近年来，由于国内外形势的变化，我国原有的经济增长模式受到了冲击，国内大循环的重要性凸显，与此同时，一些地方社会展现出令世人瞩目的活力。一、二线城市不能完整反映中国的全貌，千差万别的县乡才更具"中国味"、更代表真实的中国。中国经济社会的韧性、潜力、活力在很大程度上源于县乡。县乡的繁荣、活跃、稳定不仅是县乡经济发展的需要，也是中国经济高质量发展的需要，更是县乡群众获得幸福感的需要。人口、人才、资金、教育资源、医疗资源等向大城市过度集聚会带来一系列负面效应。县乡与大中城市的发展并行不悖、相辅相成，县乡并不是大中城市的附庸，而有自己的主体性。在中国经济发展中，以大城市为核心的城市群是龙头，县乡是战略纵深，二者应该齐头并进、互相成就。发展县域经济、推进以县城为重要载体的城镇化已于 2020 年 10 月明确写入《中共中央关于制定国民经济和社会发展第十四个五年规划和二〇三五年远景目标的建议》。

2015 年 6 月 30 日，在会见全国优秀县委书记时，习近平总书记讲道："郡县治，天下安。我多次讲过，在我们党的组织结构和国家政权结构中，县一级处在承上启下的关键环节，是发展经济、保障民生、维护稳定的重要基础，也是干部干事创业、锻炼成长的基本功训练基地。"①在实现中华民族伟大复兴的未来征途中,我们将面临惊涛骇浪和各种艰难险阻,需要千千万万的社会主义建设者和接班人进行伟大斗争。县乡是培养建设者和接班人的丰厚沃土,焦裕禄、谷文昌、杨贵就是从县乡群众中成长起来、带领群众艰苦创业、在群众中享有崇高威望的优秀干部的典型代表,未来还会有大量的领导干部从县乡走出。就党群关系来讲,县乡群众与基层政府打交道多,群众对党和政府最切身的体会就来自他们与县乡干部的互动。

与过去的乡土中国相比,今天的中国已发生天翻地覆的变化,进入以城市型社会为主体的阶段。但我国目前依然有1 800多个建制县,分布在广大的疆域中,而且我国有一半左右人口生活在县域,大城市中的许多居民、外来务工人员与县乡也有千丝万缕的联系。县乡社会中蕴含着推动社会进步的巨大能量,县乡中有大量鲜活的实践经验需要总结、提炼、升华,县乡中有许多时代问题需要回答,县乡也比大中城市更多地保留着地域文化传统。调查县乡、研究县乡,将有助于中国化时代化的马克思主义在中国大地落地生根、深入人心,有助于实现马克思主义基本原理同中国具体实际相结合、同中华优秀传统文化相结合。

---

① 习近平. 做焦裕禄式的县委书记. 北京:中央文献出版社,2015:66-67.

基于上述种种，我们计划出版县乡中国系列图书。该系列图书定位为基于田野调查的、问题导向的、以学术为支撑的高品质学术大众图书，每种图书都以中国广大县域为研究范围，呈现县乡大地上发生的活生生的事实，回应领导干部、学术界、社会大众强烈关注的县域现象和问题，并提出可操作的解决方案。

该系列图书是开放性的，其开放性包括以下几个方面：一是研究主题的开放性，包括教育、养老、女性、青年成长、经济发展等县域中的重要主题；二是所涉学科的开放性和交叉性，涉及社会学、政治学、经济学、公共管理等学科；三是写作风格的开放性，写作风格上倡导百家争鸣、不拘一格，尊重作者的创作主体性，鼓励作者进行创新；四是作者的开放性，我们希望与在县乡领域既有深入研究又致力于田野调查的优秀学者合作；五是对策的开放性，力求对县乡热点问题提出开放性、创造性的解决思路。我们致力于将该系列图书打造成品质一流、能引领学术潮流的原创学术大众图书。在出版节奏上，我们不追求短时间内出齐，而是陆续推出，成熟一本出版一本。

我们推出县乡中国系列图书，既是为了帮助社会各界尤其是青年人深入了解县域国情，帮助从县乡走出的读者了解家乡的发展变迁，也是为了服务于政策制定和创新，给各级干部实事求是地开展工作带来启发和助力。该系列图书的大部分基于作者们扎实的田野调查和深厚的学养写成，关注就业、教育、养老等群众急难愁盼的具体问题，用通俗易懂的语言揭示县域各个方面的真实情况，探寻现象背后的规律和本质，提出建设性的思路和办法。2023年3月19日，中共中央办公厅印发了《关于在全党大兴调查研究的工作方案》。县乡中国系列图书正是这一文件精神的体现。

2022年4月25日，习近平总书记在中国人民大学考察时强调："加快构建中国特色哲学社会科学，归根结底是建构中国自主的知识体系。"[1] 社会学、政治学、经济学等社会科学主要源自西方，社会科学的中国化和社会科学自主知识体系的建构是当前与未来我国学术界的奋斗方向。社会科学的基本概念、理论、范式来自对社会现象的总结和提炼，县乡中国系列图书扎根中国县域社会，以学术的方式讲故事、讲道理，希望能给学术界带来鲜活的事实和理论，促进中国自主的知识体系的建构。

我们将以饱满的热情和专业的能力做好这一系列图书的编辑出版工作，也真诚地期待这一系列图书能够助力我国的乡村振兴和县域高质量发展。

2023年7月

---

[1] 坚持党的领导传承红色基因扎根中国大地 走出一条建设中国特色世界一流大学新路.人民日报，2022-04-26（1）.

序 言

杨 华 雷望红

这是一部关于县域教育调查研究的著作。县域教育主要是基础教育，目的是为全体适龄青少年终生学习和参与社会生活打下良好而扎实的基础，提高全民素质。县域教育影响着国民的教育心态和科教兴国战略的实施，更现实的意义还在于，它关系到县乡每个孩子能否得到公平的成长环境、能否有同等机会和出路。

当前我国基层社会面临着千年未有之大变局，其变动性、剧烈性、渗透性是任何一个时代都无法比拟的，教育实践也正经历着史无前例的变化。时代的剧变给县域教育增加了复杂性、丰富性和不确定性，也给县域教育研究带来了空间和可能性。

过去很长一段时间，乡村学校运转依赖教育提留。2006年取消农业税之后，乡村学校失去了教育提留的支持。但此时我国工业已发展到能够反哺农业的阶段，因此取消农业税没多久，我国就实行了免费义务教育。这一政策给我国基础教育带来了巨大影响。国家承担了学生义务教育和学校日常运转的开销，减轻了学生家庭的教育负担，也改变了家校关系、政校关系和师生关系。在家校关系上，家长的心态从"教育是家庭的责任"变成"教育是学校的责任"，从"自己花钱购买教育"变成"国家花钱让自己享受教育"，家长对学校的要求越来越多，介入也越来越多。在政校关系上，政府在教育目标、教育质量、教育规范等方面提出了新的要求或更高的要求，加强了对学校的监管，增加了对学校的考核和检查，使学校的日常事务不断增多，自主空间被压缩。在师生关系上，家长介入和政策要求弱化了教师的权威，教师的职责在传道授业解惑的基础上又增加了底线安全保护，其知识教育和规则引导的功能则有所下降。

最近十来年，在城镇化影响下，大量乡村学生进入城镇学校，年轻教师不愿意到乡村学校任教。城乡学校教育资源配置面临着尴尬处境：国家不断向乡村学校投入资源、给予政策倾斜，努力弥合城乡学校之间的基础差距，但是，乡村学生不断进城，乡村学校快速衰落，这造成了"城挤乡空"和教育资源错配的问题。在城乡教育资源优化配置过程中，地方教育主管部门还面临着来自地方政府发展要求的压力，一些地区将教育公共服务作为推动县域经济发展的工具，使得教育资源的投入与县域民众的教育需求不匹配。

当前，农村离婚家庭增多、"跑妈"现象突出，问题家庭越来越多，导致乡村学校中"问题学生"的数量增加。其中，部分学生在学校表现为情绪不稳定、自卑、抑郁、暴躁或对社会冷淡及抱有敌意等，不仅影响其心理健康，也增加了学校的管理难度。

网络时代的到来进一步增加了我国学校教育的复杂性，对学生产生了重要影响：大量青少年、儿童沉迷于网络游戏，患上网瘾；手机游戏占用学生大量时间和精力而影响其学业；网络世界价值观与现实世界价值观相冲突，改变学生认知，导致学生出现认知冲突，影响其心理健康；网络世界的知识丰富而庞杂，学生借助网络世界的知识体系去应对或消解学校规则，削弱了学校和教师的权威。学校教育如何面对和引导深受网络影响的学生，是当下县域教育工作者面临的重大挑战。

县域教育领域的现代化建设工作正如火如荼地展开。国家对学校管理的规范化要求不断加强，在一定程度上提高了学校管理效率，但也产生了一些问题：教育形式主义和教师负担过重，学校为了应付上级任务疲于奔命；中小学管理幼儿园化，在安全问题上事无巨细，教师像保姆一样呵护、照顾学生，不仅增加了教师的工作压力，也使学生无法在挫折中得到成长。对校园安全的过度重视影响了学校的正常运转，也违背了教育规律，助长了教育管理中的"不出事"逻辑。在不断加强的规范化要求下，学校和教师的治理手段减少，当出现"校闹""闹访"时，学校难以有效应对，涉事教师可能成为"背锅侠"。

家长的养育方式从粗放式向精细化转变。"80后""90后"家长不同于"60后""70后"家长，后者对子女的养育比较粗放、随意，而前者更加精细。这种转变之所以会发生，与以下因素有关：计划生育政策带来少子化，父母更加珍视孩子；社会经济快速发展，无论是城市家庭还是农村家庭，生活水平都迅速提高，对子女教育更加舍得投入；新一代家长文化水平比上一代要高，加上社会流动速度加快、网络信息传播等因素，使得新一代家长掌握的教育方法更多。新一代家长不仅舍得为子女教育投入时间、精力和金钱，对学校教育的要求也提高了，会积极介入学校教育管理，如参与家委会、参加学校各种活动等。

国家的产业转型升级对基础教育、职业教育提出了新要求。在国际产业竞争体系中，我国的产业发展长期处于中低端位置，在利润分配中处于劣势地位。我国在产业转型升级中，既需要大量可以解决"卡脖子"技术的创新型人才，也需要大量能够适应智能制造转型的技术技能人才。这些人才需求对学校教育提出了新的要求。目前国家已经开始推进产教融合，着眼于国家产业发展导向的人才培养，基础教育和职业教育都要对此作出回应。

此外，房地产经济的快速发展与学区房制度相耦合，在一定程度上重构了我国基础教育的空间布局，使得社会分化与教育竞争问题尤为突出。教育产业化的发展也成为影响基础教育的重要因素，民办学校的强势进入、培训市场的快速发展，教育智能化、教育数字化等概念的提出，都使得基础教育的环境变得既丰富又复杂。

县域教育的上述变化对县乡的孩子们意味着什么？为回答该问题，我们基于大量调研撰写了这本书。

本书秉持"田野的灵感、野性的思维、直白的文风"的研究风格，在内容上以开掘主题为主、以深挖主题为辅。本书的主要目的是向读者介绍、普及县域教育的知识，特别是希望为研究者提供尽可能多的研究主题或方向选择，因此本书涉及主题比较广泛，包括县中、乡校、教育与城镇化、陪读妈妈、青少年抑郁、校园欺凌、家校关系、"双减"、撤点并校等人们广泛关注的话题或现象。我们在调查之初，就打算先把时间和精力放在主题的开掘上，而对每个主题的深挖则暂时浅尝辄止。我们认为，县域教育研究刚刚起步，开掘十个主题比深挖一个主题更有意义。

本书在研究上以提出问题为主、以解决问题为辅。社会科学研究中提出一个好问题比解决问题更重要。本书试图在广泛调研的基础上，在学术研究与政策方面多提问题，而不追求对问题的解决。即便针对政策问题，本书所给出的对策也只是方向性的。之所以如此，意在给读者更多的灵感和启发，而不是给出具体而可能幼稚的答案。

本书在写作上以叙述为主、以解释为辅。本书意在告诉读者县域教育"是什么"，因而多以案例、故事的形式叙述县域教育的各个面向，将"为什么"的机制解释寓于经验铺展之中，而较少进行抽象论述和逻辑阐发。与此相对应，本书在叙述语言的选择上摒弃枯燥乏味的学术概念，而采用普通读者都能理解的大众语言。

当然，本书不可避免地会存在这样或那样的问题和不足。比如，我们跨学科专业性不够，路子比较野，对一些问题尤其是政策问题的论述不那么精准；我们半路出道缺乏积累，研究教育时间短，许多问题只看到了表面，还没有触及根本；我们初生牛犊特别大胆，什么都敢提敢问，对某些问题的把握就可能不到位、不准确。不过，只要我们在研究上方向正确、方法恰当、持续努力，这些问题和不足就会成为我们后续研究的动力与进步的空间。

期待本书能给读者以启发。

2023 年 7 月

前　言

杨　华　雷望红

为什么教育研究要呼啸着走向田野？

当前中国学界对基础教育的研究有规范和经验两条路径。规范路径的研究主要是对教育哲学、教育原理的研究，讨论的是什么样的教育理念观念、教育（管理）方式方法是合理的，以及如何将这些理念观念、方式方法贯彻到教育实践中，从而达成既定的教育目标，即要回答基础教育"应该怎么样""应该怎么办"及"会怎么样"的问题。该路径认为，只要理念观念先进、方式方法得当，教育就能影响民众、改造社会。规范路径是中国教育研究的主流，从改革开放之初引进西方教育理论至今，已发展出五花八门的观点，有些还对重大教育政策有深刻影响。它们的共同特点是不关注教育实践的具体展开，习惯把教育一线问题归因于没有贯彻某些教育理念观念或方式方法。

经验路径主张将教育理论与教育实践结合起来，在教育实践中检验和发展教育理论。要达到这个目的,就要对教育实践进行调查,这是掌握"是什么"的教育事实的前提,在此基础上才能回答"为什么"及"怎么办"的教育实践与改革问题,进而才能对教育理论有所贡献。经验研究是社会学的传统,中国教育研究已意识到要大力借用该路径的方式方法,并有一批学者坚定地走向了田野。但是中国教育的经验研究仍存在许多问题,包括:提倡者众、实践者寡,尚属教育研究的细枝末流,一时半会儿难以形成气候;触及经验表层的多、深入经验内核的少,调查研究的层次还比较浅,少有深刻的调查研究成果;把经验当理论佐证的多、当研究本体的少,田野调查变成纯粹搜集资料,缺乏对经验的质的把握。这些问题的存在,使得教育经验路径的研究无法与规范路径的研究竞争,因而难以对教育政策或制度产生影响。

近几年我们研究团队在全国进行县域教育调查,深深体会到,要把握县域教育实践的经验,推动实现教育政策、制度及其他资源与教育实践、实际及需求精准对接,教育理论和政策研究者就不能再埋首书斋、闭门造车,而应呼啸着迈向教育一线的田野。这个田野包括县乡教育管理部门、学校、班级、家庭及基层社会。研究者要置身于田野之中,与田野进行主体间的反复互动,这样才能了解、把握、体验、理解和升华教育经验。

第一，制定符合实际的教育政策需要广泛而深入的田野调查。在改革开放的前20年，中国基础教育中教育、教学、管理等方面都相对简单，按照某些教育理念及政策制定者的实践经验设计的教育政策或制度不仅可以在教育教学一线实施，还能在一定程度上达到预期目标。但是进入21世纪以来，基础教育的系统性和复杂性大为提高，如中国不同区域发展程度不同，对教育的政府投入和家庭投入差异巨大；中国社会阶层分化加大，不同阶层家庭的教育观念、教育期待、教育方式差异巨大；基础教育领域的利益团体快速形成，深刻影响教育政策；国家对基础教育尤其是乡村基础教育的投入加大，对基础教育的支配力度加强。这些都使得政校关系、家校关系、校社关系、师生关系、教育与市场的关系变得更加多元而复杂，各教育利益主体之间的博弈及其矛盾也更加复杂而深刻。

此时，光靠教育哲学、理念及政策制定者的实践经验已经无法全面掌握和理解基础教育的事实了，更谈不上去正确指导教育政策或制度的出台及改革。但是，有些教育哲学、理念却仍发挥着重要作用，导致一些政策或制度的出台及改革与教育实践及实际相差甚远。基础教育的情况越复杂，越需要通过田野调查像解剖麻雀那样，将教育系统内部各要素、各子系统及其相互之间以及教育系统与环境之间的交互作用的机制、逻辑揭示出来。只有这样才能全面而系统地把握基础教育的情况，在此基础上才能不被理念束缚而制定出符合实际的教育政策或制度。

第二，指导教育教学一线工作者需要广泛而深入的田野调查。教育教学一线工作者包括县乡教育行政管理者和学校教师，他们既是教育政策及规章制度的执行者，也是教育教学经验的创造者。对他们进行有效管理和指导的前提是对基础教育及他们在工作中的思想、行为的全面掌握和深入理解，甚至要予以概念化、理论化。首先，教育教学一线工作者需要理论指导。具体工作本身细小琐碎、重复繁杂，很容易让相关人员陷入具体的事务之中而迷失方向、丧失动力、缺失创新，此时他们特别需要理论上的指导。但是，教育哲学、理念离他们太远，如隔靴搔痒，无法触及他们的痛点，而同侪的工作总结虽能让人感同身受，却又因理论层次偏低而无法解决他们的问题。只有源于调查的理论才可以给予一线工作者针对性的指引，拓宽他们的视野和思路，使他们能够跳出具体事务而在宏观上、全局上把握和定位工作方向。其次，教育教学一线工作者面临的实际困惑需要予以解释。教育教学一线工作者既要接受上级各管理部门下达的任务，按规则完成，还要直接面对自身资质和需求多样化的管理对象，而二者往往会产生冲突和张力，因而极容易产生一些困惑甚至负面情绪。比如县域中小学非教学任务剧增，严重干扰了教学一线的工作，多数教师不能理解但又必须得做。这个时候就需要基于调查研究对这些任务在理论上进行解释,虽然不能解决具体问题,但是能够让一线工作者理解这些非教学任务,达到疏通其情绪的目的。最后,教育教学一线工作者要学习、借鉴其他地方的好经验、好做法,全面了解基础教育的状况,也需要基于广泛且深入调查的研究成果。

第三,构建中国式教育现代化理论需要广泛且深入的田野调查。当前是中国教育研究最迫切需要呼啸着迈向田野的时候,在田野中通过理论与经验的来回碰撞,最终发展出中国式教育现代化理论。首先,西方教育理论无法解释中国教育经验或问题。西方教育理论源自西方文化和教育实践,是西方经验的归纳和总结。中国教育嵌入中国文化、社会结构和教育实践之中,有自己的独特性和内在逻辑,对于许多现象、问题和经验,西方教育理论不能给出很好的解释。但是中国教育研究缺乏自己的理论,也就不得不采用西方教育理论,这样就会造成理论与经验之间的张力。如中国教育研究中运用较多的文化再生产理论,无论是解释中小学教育还是大学教育,看到的多是理论与经验之间的表面相似性,给出的解释也似是而非。其次,中国基础教育出现的新情况、新问题,也需要在理论上予以解释或解决。最近十几年基础教育发展迅猛、变化巨大,在教育治理、教学管理、政校关系、家校关系、教师职责等各方面都出现了许多新情况、新问题、新矛盾，基础教育面临着诸多新形势、新挑战、新要求、新任务、新机遇。例如过去学校接收上级文件最多的是关于提高教育教学质量的文件，现在90%以上的是关于非教学任务的文件，其中涉及最多的是校园安全问题。这些新情况和新问题，既需要通过调查摸排进行总体把握，又需要通过深入研究掌握其发生的机制机理，找出解决的办法。最后，中国基础教育丰富的经验需要进行理论上的总结和提炼。基础教育领域自新中国成立以来发生了翻天覆地的变化，取得了举世瞩目的成就，有许多好的经验、做法，当然其中也不乏失败的教训和问题。这些成就、经验、做法、教训、问题都是很宝贵的，是尚未开掘的理论生长的富矿。我们调查的感受是，中国基础教育各方面的经验都足够多元、丰富、复杂和有层次性，无论从哪个方面切入都可以做出很好的研究和发展出很好的理论。

中国教育研究缺的不是经验，而是发现经验、获取经验的眼光和勇气，也就是需要迈向田野。闭门造车会错失田野中大好的风景。田野是反映时代变化的最佳场域，教育一线最能反映教育环境、教育政策、教育需求等变化，时代的巨变在教育一线空间中展露无遗，进入田野能够充分感受到时代的变化及其对于教育的影响。田野最能感知时代的声音，研究者要经常倾听教育教学一线工作者、教育相关者的声音，他们的声音可能代表着应对时代变化的诉求和教育政策调整的方向。忽视他们的声音，我们的教育研究和国家的教育政策将会成为"空中楼阁""镜花水月"。田野最能提供完整的图景，教育研究显然不只是单纯的教育管理和教育技术研究，教育问题涉及婚姻家庭、社会变化、政府治理、国际关系等多个层面，影响因素多，回应的问题也多，通过田野调查才可以把握更为完整的图景。

迈向田野是把握时代脉搏最好的方式，也是深入研究中国教育最好的方式。只有真正进入教育一线，全面了解学校的运转、教师的想法、家长的诉求、学生的心态、政策的执行，才能弄清基础教育领域的问题为何、复杂性何在、根源在哪儿、可能的发展方向是什么。基于田野经验进行总结、分析和提炼，我们也才能更为深刻地把握我国教育领域的完整图景和发展方向，由此探索出一条适合中国国情和符合人民需要的中国式教育现代化发展之路。

为什么是县乡的孩子们？

我们为什么要把教育研究的田野放到县域？有调研显示，中国近 2 000 个县容纳了全国 50% 以上的中小学生，他们的教育现状被认为是最真实的中国底色。县域在教育资源上远较地市、省城匮乏，中国教育发展得如何，关键看县域教育办得好不好、群众满不满意。县乡的孩子们是中国教育最应该关注的群体，理解他们是教育研究的最基本问题。县域教育具有很强的民生性、层次性、嵌入性、基础性和发展性，对于研究者来说，是广袤而未开垦的田野。跟县乡的孩子们在一起，才是回到了安放心灵的故乡。

县域教育的民生性决定了它最首要的功能是给予县乡的孩子们均等的教育公共服务，让每一个适龄孩子都有一张安静的书桌，使他们能够在学校里学到知识、增长见识、提高能力、学会做人、获得尊严，走出校园时是一个头脑清醒、心智成熟、人格健全的人。这就需要县域教育关切每一个学生的学习过程、成长经历、应试水平、师生关系，关心他们的内心世界、兴趣爱好、校园生活、家庭环境，关注为他们提供教育公共服务的教育管理体系。但是从调查来看，县域教育并没有做到为每个孩子提供相对均等的对待。有的初中分重点班和普通班，就连部分小学也出现了所谓快班与慢班之分，一开始就将学生分为三六九等，进行区别对待和差异化资源投入，给予教师、学生家长、学生"心理暗示"，即"学生不行""孩子不行""自己不行"。许多学生在学校和教师的眼中早早地就被打入"另册"，成为"另类"甚至"不可教者"。区别对待在部分县乡初中体现得最明显，不仅有隐性开除，还有分班、分座位、分群体的区隔，结果是少数学生获得重点关注，多数学生被排斥。造成这种现象的根本原因是应试教育的竞争与压力在不断地往低学段转移，县乡教育资源匮乏，非常需要将资源集中在少数学生身上。如何真正实现县乡的孩子们在知识教育和养成教育上的"有教无类"，是县域教育一项任重而道远的工作。

县域教育资源的分配也存在较大的不均衡性和不精准性。县域教育体系由县城学校、乡镇学校、村级小学三个层次的学校构成。当前教育资源的投入有两个趋向。一是中央省市教育资源主要投入在村小上，表现为对大量小规模学校的持续高标准投入。关注村里的孩子，让村里的孩子能够就近、低成本入学，这确实符合"办好人民满意的教育"的政治要求。但是，在快速城镇化背景下，大量村小的衰落甚至消失将在短期内发生。多数村小也没有良好的教学质量、校园氛围，学生在村小得不到应有的成长，从而造成资源投入无效率和大量浪费，也使得学生被捆绑在村小而丧失获得优质教育资源的机会。二是县级教育资源主要投入在县城学校，表现为"教育新城"在各地大量涌现。农民自主城镇化使得对城区教育资源的需求扩大，县级政府在县城根据需要增加学位是正当的民生投入。但是，当前许多县级政府通过投资"教育新城"拉动县城房地产发展，人为推动农民进城，不仅会加重农民家庭负担，还会导致乡镇学校学生和教师流失，加速乡镇学校的衰落。这两种投入趋向不仅会导致县域教育的不均衡发展，还会造成教育投入的不精准，典型表现为都忽视对乡镇学校的投入。而事实上，乡镇学校相对于村小而言有师生的集中效应和资源投入的高效率，相对于县城学校而言有接近村里孩子、让村里孩子低成本入学的优势。只有从县域体系的整体视角及其发展趋势去看，才能把握教育资源投入的均衡性和精准性，才能更好地让县域教育服务县乡的孩子们。

县域教育较之地市、省城教育还有一个特点，就是嵌入乡土社会，乡村的孩子是其主要的教育对象。城市学校相对独立于城市社会，可以完全按照教育规律和学校教育目标开展教育教学。但是县域学校特别是乡镇学校、村级小学，却是深嵌在乡土社会之中的，既受乡土社会的影响，又要回应乡土社会的需求。因而，县域学校的教育教学规律、方式方法由教育教学的普遍规律和乡土社会共同塑造。首先，县域教育要回应乡土社会的教育需求和变迁。在过去，每到农忙的时候，乡村中小学都要放假几天，让学生回家帮忙和接受劳动锻炼。乡村学生多是走读，学校离家较远，放学回家后还要干农活，所以下午放学时间普遍比较早。农村家长大多文化水平不高，无法承担文化教育和作业辅导的工作，学校就需要将学生的知识教育工作全部承担下来。随着乡村社会加速解体、学生家长外出务工，家庭、村庄在学生社会化、养成教育方面的功能弱化，这些功能也需要学校承担起来。另外，祖辈在学生的校外安全、手机成瘾问题上无能为力，学校在这些方面下的功夫也越来越大。其次，县域教育还要关注乡村孩子的特点和禀赋。乡村孩子在学习、接受教育方面有自己的特点，比如：乡村孩子能吃苦耐劳；乡村孩子见世面少、面子薄；家庭差异大；问题家庭多；宗族观念重；重男轻女的旧观念依然存在；等等。如果学校教育能够激发他们的优势而弱化其劣势，则可以使乡村孩子获得很好的成长。这些都需要学校"因材施教"，也正是在这个意义上，乡村学校需要关注到每个学生，这无疑给班主任提出了更高的要求，也意味着乡村学校的家访制度、师生关系、家校关系、校社关系较城市学校更重要。

县域教育要给学生以出口，就需要办好县中。县中是县域教育的龙头和旗帜，也是县乡孩子们的希望和出路。这不是说县里每个学生都需要通过县里一两所优质高中考上大学，而是说县中具有龙头带动作用。县中办得好，每年都有清北生或高重本率，意味着县域教育有质量，县乡的孩子们就不需要从小学或初中开始就到地市、省会城市求学，县里各学段优质生源就能留下，优秀师资也会留下。这样，县乡的孩子们就能够在本县接受良好的小学、初中、高中教育，也就不需要过多考虑择校问题，教育竞争就会被限制在县域，家长和孩子们也就不会有太大的教育焦虑。优质县中带动下的县域教育有效抑制了县域社会的教育竞争和教育焦虑。然而，超级中学的发展和扩张打破了这一格局。超级中学通过"掐尖"将县中优质生源挑走,破坏了县中的生源结构,导致县中教育质量下降,进而带来中等或中上生源以及优秀师资流失,这样县中必然衰落。县中的衰落又会刺激县域有能力的家庭从小学或初中开始就将孩子送到地市、省城优质学校,带来小学、初中优质生源的流失,进而使得县中生源更差,形成负反馈。结果是,县域的家长在全省择校,也就是在全省竞争,必然导致全社会教育竞争和教育焦虑加剧;县域教育全面溃败,多数不能走出县域参与全省择校竞争的家庭的孩子面临着"还没有努力就已经注定失败"的局面。

目 录

一 如何办好县中与乡校

县域教育：
民生性是最本质的属性……3

江苏县中高考何以胜过南京市高中：
县中模式解析……14

县中何以衰落……26

为什么要差异化分班：
一所县城中学的分班管理……36

从倒数第二到全市前十：
一所乡镇学校的"逆风翻盘"……43

"乡校模式"：

乡村教育发展的"第三条道路"……53

"没有未来"的教学点撤并难在哪儿……62

撤点并校：

保持乡村学校的适度规模……79

二 网络社会中的孩子们

乡镇初中里的那些"不可教者"……91

"读书改变命运"：

乡镇初中学生可不这么认为……98

陷进手机里的留守儿童……107

与网络小说有关的少年时代……115

无声的暴力：

一起高中校园欺凌事件剖析……123

避免校园欺凌：

分配好学生的时间与精力……130

青少年抑郁：

痛苦没有被及时分享……139

孩子为谁而学……148

三 陪读妈妈与家校关系

高精神压力下的陪读生活……161

县城陪读妈妈：

形成原因与社会风险……169

城乡家庭对学校惩戒权的不同接受度……177

作为家校之间桥梁的家委会……188

校园正义维护：

家校深层次互动是关键……194

家校关系的公共基础：

校社关系……204

四 "双减"之后

"双减"之后：

城乡学校表现大不同……213

"双减"之后农村家庭的得与失……222

"双减"背景下不同阶层家庭课外管理再分化……228

"我们都是兼职做老师的"：
防止非教学任务干扰正常教学……236

学校的非教学任务为何会大量增加……243

五 县域职教的困境与希望

普职分流：
家长难以接受的是孩子失去发展机会……255

随人口流动而来的县域职教新任务：
"养成教育"……264

县域中职如何发展：
从人才教育到人本教育……277

中西部地区职校发展困境：
校企合作流于形式……285

生源输送与人力派遣：
中西部地区县域中职的生存之道……292

产教融合：

发达地区职业教育办学经验……304

避免县域中职教师职业倦怠：

职教发展的重要一环……311

管理中职班级的实践艺术……321

六 为了孩子人生起点的公平

供需错位：

义务教育均衡工作要准确把握乡村家庭需求……331

乡村教育生态变迁：

家庭、学校、社区等主体的运作逻辑变化……341

镇域中心校：

县域教育均衡发展的重要载体……350

寄宿制：

城乡教育均衡发展的一个优势举措……358

县级政府为何热衷搞"教育新城"……365

"县管校聘"政策的实践悖论……375

民办学校的优势与限制……379

民办学校的"狂飙突进"与策略主义……391

为何有些农村地区不重视教育：
落后地区与发达地区的不同……397

后　记……405

一

如何办好县中与乡校

县域教育：
民生性是最本质的属性 *

◎ 县域中公立教育必须居主导地位

2021年7月24日，国家"双减"政策出台，指出不能让教育这一良心行业变成逐利的产业。民生性是县域教育的最本质属性。过去十几年，县域教育最突出的问题之一就是学生负担太重，教育短视化、功利化问题没有根本解决，特别是民办学校、校外培训机构无序发展，校内减负、校外增负，家庭教育支出剧增、家长为孩子教育问题所束缚等现象突出，有些区县甚至出现了资本主导基础教育的局面。

县域教育生态之所以至此，与20世纪90年代末以来教育领域的"产业化"导向及"减负"执行中的简单化导向有关。"产业化"导向将教育当作产业，使各类资本进入教育领域，家长择校有了可能，教育投入的非均衡性被合法化。教育"减负"政策在执行中，被简化为减轻课程难度、减少学生课

---

* 本文源自武汉大学社会学院杨华的调查。

外作业、缩短学生在校时间，而对学生校外时间安排、择校、应试等问题缺乏配套改革措施。这些问题不解决，学生校外时间必然被校外培训、学科作业填补，或者学生干脆选择"全天候"在校的民办学校。民办学校、校外培训的发展空间，实质上是公办学校经由教育"产业化"、教育"减负"简单化所释放出来的教育空间。

在不同县域，民办学校、校外培训等发展状态各有差异，与公立学校释放的教育空间大小有关。公立学校学生在校时间长、学校能满足教育需求，则公立学校释放的教育空间就小，民办学校、校外培训的发展空间就有限。反之，若公立学校缩短学生在校时间、校内教育质量降低，学生需要在校外购买教育资源，民办学校、校外培训的发展空间就大。

根据公立学校释放教育空间的大小，可以将县域公立学校、民办学校、校外培训所处的状态归纳为三种类型。

一是公立学校独占鳌头，民办学校和校外培训零星点缀。教育管理部门没有严格执行"减负"政策，公立学校依然以应试教育为主，保留假期补课、晚自习，学生的主要时间在校内被课业和课外活动充分填充，与此同时，学校教育质量能够满足大部分家庭的教育期待。在这种情况下，公立学校向外释放的教育空间小，学生无须购买额外的教育资源，当地缺乏教育市场发展空间，民办学校只是满足少数未能进入城区公立学校又有教育供给能力家庭的教育需求，校外培训则主要提供非学科类培训业务。这种县域教育样态现在较少。

二是公立学校占主导，民办学校和校外培训做补充。教育管理部门在一定程度上执行"减负"政策，在校内课程和课外活动中增加素质教育内容，取消假期补课和晚自习，减少学生在校时间，但在课程设置、教学目标上应试教育依然占主导。一些农村地区的学校尽管还保留了晚自习的传统，但公办学校自身的发展瓶颈导致学校的教育质量、学生应试水平有所下降，以至于一些家庭转向民办学校。民办学校可以忽视"减负"政策和政府监管，沿用过去公立学校的应试教育模式办学，学生的应试成绩较公立学校好，受到一些家长的欢迎。学科类校外培训则可以填充校外时间，提高学生应试水平。在这种情况下，公立学校释放的教育空间促进了民办学校和校外培训的市场发展，但是由于公立学校提倡素质教育的同时又没有放弃应试教育，因而还能够满足大部分家庭的教育需求，公立学校仍占主导地位，民办学校和校外培训的发展空间不大，只能作为公立学校的补充而存在。这是目前一部分县域教育的发展格局。

三是公立学校衰落，民办学校异军突起，校外培训勉强维持。教育管理部门严格执行"减负"政策，教育督导督查下沉进校，素质教育、快乐教育理念在公立学校盛行，学生在校时间缩短。与此同时，学生在校所学无法达到应试升学要求，不能满足当地社会的教育期待。有条件的家庭将学生转至民办学校，民办学校从公立学校掐尖招生，破坏公立学校的生源结构，进一步弱化公立教育。民办学校成为家长首选，在公立学校接受义务教育变成了兜底的选择，没有经济能力的家庭才把学生留在公立学校。县域民办学校蓬勃发展，尽可能延长和充分利用学生的在校时间，并在校内满足学生的学科类和艺术类培训需求。因此，民办学校留给校外培训的空间较小，而公办学校的学生多数又无培训支付能力，校外培训也就只有少数能发展下去。公立学校将县域教育空间完全留给了市场，而民办学校独占了这个市场。这是目前大多数中西部县域的教育发展格局。

不同县域教育格局有差异，与公立学校、民办学校、校外培训三者之间的强弱结构有关。无论是给民办学校、校外培训发展空间，还是放任公立学校衰落、民办学校崛起，都是以"减负"之名把教育当作产业推向市场，其结果是扰乱县域教育生态，扩大家庭教育支出，加剧教育竞争和焦虑。特别是当民办学校在县域一家独大之后，县域社会别无选择，只能被"割韭菜"。归根结底，县域教育民生属性的基础是公立教育的主导性。

◎ 县域教育中的多重行动主体

县域教育中有多重行动主体，它们在交互作用、相互博弈过程中共同塑造了不同的县域教育格局。

代表中央政府的国家教育部门,最关心的是人才培养问题,为国家未来发展和参与国际高科技竞争培养、储备、选拔人才,以及为民众提供低廉、优质的教育资源,满足普通家庭的教育需求。那么,它就需要在强调和发展素质教育的基础上,弱化而不是放弃应试教育,在政策选择上既要加强素质教育、督导落实"减负"政策,又要给予基层一定的应试教育空间。

县级政府及教育部门在县域教育上的主要目标有两个:一是执行上级关于素质教育、"减负"的政策;二是以高考升学率为主要指标参与全省教育竞争,体现在本科率、重本率和清北生数量上。前者受上级主管部门监督,没做好会受到批评乃至被问责;后者受全县老百姓监督,没做好会被老百姓批评。然而,这两重目标有着内在矛盾:完全执行上级政策,学生应试能力可能降低,教育政绩就不好看;完全实行应试教育,会有不俗的教育政绩,但可能被上级批评,影响主要官员的政治前途。

公立学校的目标受限于县级政府及教育部门,缺乏自主空间。县级政府及教育部门需要出教育政绩,公立学校就加强应试教育;县级政府及教育部门要落实上级政策,公立学校就搞素质教育,彻底给学生"减负"。

不同于公立学校,民办学校的利益在于扩大办学规模,最大化获取资本收益。要达到这个目的，首先就要通过提高升学率来吸引生源。民办学校会想尽一切办法提升学生的应试能力，除掐尖招生、引进骨干教师外，主要就是规避"减负"政策，采取军事化管理、"全天候"在校、题海战术、校内课程培训等办法，实质上是将应试教育进一步极端化。这样，民办学校的升学业绩提高以后，会获得更多的县级政策支持，对县域师生的吸引力也就更高，由此形成办学的正反馈。

在县域，中小学生主要来源于两类家庭：一类是占多数的农民家庭，这类家庭往往采取的是年轻人外出务工、中老年人在家种地的家计模式，年轻人无暇照顾子女，中老年人无能力辅导孙辈学习；另一类是城镇双职工家庭，由于家庭劳动力配置刚性，缺少时间和精力陪伴、辅导子女。因此，县域家庭在教育上的主要诉求是子女接受"全天候"的学校教育，并通过应试升学向上流动发展。

在县域教育各行动主体的交互作用和博弈过程中，会形成两种情况。

一是，县级政府严格执行国家教育部门关于素质教育、"减负"的政策，加强对公立学校的监管，公立学校对标落实政策，学生在校时间缩短。如果公立学校教育质量下降、学生应试水平降低，则不能满足县域家庭教育需求。民办学校在教育部门监管之外，不断强化应试教育，常实行全寄宿制的封闭化管理，提高学生应试能力和学校升学率，精准对接县域家庭教育需求。公立学校生源流向民办学校，公立学校衰落，民办学校崛起。对于县级政府来说，严格执行国家政策，取得了政绩，民办学校则创造了教育业绩。但结果很吊诡，有可能接受素质教育的公立学校学生考不上好学校，没有接受素质教育的民办学校学生却考上了好学校；有经济能力的家庭将子女送进民办学校接受应试教育，没有经济能力的则被迫把子女留在公立学校接受素质教育。当前中西部大量县域的教育正面临这种情况。

二是，县级政府有保留地执行国家教育部门关于素质教育、"减负"的政策，一方面严格推动减少在校时间、监控补课情况、取消晚自习、严禁公布考试排名、增加音体美课时量、增设特色校本课程等；另一方面对布置超量课后作业、改换测试形式、利用音体美课堂上其他学科课程、鼓励学生参加校外培训、乡村寄宿制学校延长晚自习时间等现象睁只眼闭只眼。结果是，公立学校中应试教育仍占主体，素质教育只是在一定程度上中和了应试的程度，减轻了学生的应试压力。在校外培训的"加持"下，公立学校尚能满足县域家庭教育需求，也能为县级政府创造教育政绩。公立学校学生减轻了一部分负担，素质教育在公立学校生根发芽，也算是基本实现了国家意志。民办学校和校外培训有所发展，但无法动摇公立教育的主体地位。县域家庭大多数仍选择公立学校，民办学校满足一部分家庭的需求，校外培训成为多数家庭的选择。在这种情况下，县域教育各行动主体在博弈中各得其所，达到均衡。

上述两种情况均存在一定的风险和问题。县级政府严格执行政策的后果是公立学校无法完全回应家长的诉求，渐渐走向衰落，受教育者因家庭经济实力不同而形成教育分化与发展差异，不同家庭的学生接受的教育不一样，发展机会亦不相同。县级政府在政策执行中有所保留的后果则是，学生及其家庭面临着日益加重的学业负担与培训负担，精神压力和经济压力倍增。两种选择都无法解决学生及其家庭所遭遇的教育困境，这昭示着我们需要正视县域教育的发展取向。

◎ 县域教育的完整性

县域教育是一个完整的体系，完整性是县域教育公平的前提，包括以下三个方面。

一是县乡村教育的完备性。县乡村三级分设不同的学校，发挥不同的教育功能。村级设置村小，便于农村学生不脱离家庭环境就近接受完全小学或小学低年级教育。如果村小人数较少，则在中心村设立片小，或在有条件的地方将学生集中到乡镇中心小学。在乡镇一级以中心校为基础设置乡镇初中和中心小学，初中和小学高年级可实行寄宿制。集中办好乡镇中心校教育可以让乡村学生就近低成本接受良好义务教育。在县一级则要办好数所高中，根据县域人口分布设在不同片区中心乡镇，县城则应集中办好一到两所高质量高中，以满足全县对高质量教育资源的期待。村（片）小—乡校—县中构成了县域教育完备的体系。

二是县乡村学校的规模性。县乡村各级学校都需要有适度的规模，否则难以形成教与学的氛围。100人以下的学校不成规模，小学班级低于20人、中学班级低于30人也不成规模，难以营造学校或班级氛围。在适度规模以下的班级，学生之间分层结构不明显，班上难以形成"比学赶帮超"的竞争梯度，学生学得没动力，教师教得没成就。66人以上的大班额制也会影响学生管理和教学秩序。当前农村小规模学校大量存在，既没有效率，也不可能有实质公平。

三是城乡教育质量的均衡性。城乡学校教育质量不均衡，就会导致乡村学校生源向城区流动，破坏乡村学校的生源规模和梯度结构，师资进一步流失，乡村学校走向衰落，进而破坏整个县域教育的完整性和系统性。影响城乡教育质量均衡性的因素很多，首先是生源结构的均衡。乡村优秀生源不流失，能够确保学校以榜样学生带动、鼓舞其他学生，榜样学生较好的升学出口能够吸引和留住优秀生源，形成良性循环。其次是师资结构的均衡。乡村有经验的骨干教师不流失，在教师队伍中可以形成传帮带的梯度或年龄结构，提升教师整体水平。最后是其他软硬件的均衡，包括管理、教研、培训、激励机制、办学理念、资源投入等。

当前破坏县域教育完整性的因素主要有两个。

一是民办学校的发展。民办学校先通过极化应试教育架空公立初中教育，在一些县域，小学毕业生要想进好学校读书只有两个选择，要么进民办初中，要么去外地找好的公立初中；再通过掐尖、初高中剥离等方式弱化公立优质高中；跨区域集团化办学的民办学校还掐尖县域生源，破坏县域高中生源结构和县中模式，弱化整个县域的基础教育体系。

二是教育城镇化的发展。近年来，许多县域推动"教育新城""教育地产"等教育驱动型城镇化模式，把大量优质教育资源和公共财政资源集中到新城，打造明星学校、亮点教育工程，吸引农民进城买房、供子女上学，抽调走乡村优秀教师。这种模式人为打破了城乡教育质量均衡，拉大了城乡教育差距，导致教育竞争在一定程度上从学生个体奋斗转变到"拼爹""拼妈"，剥夺了农村学生接受均等教育的权利，使他们还没开始努力就注定会失败。

◎ 让县域教育回归初心使命

国家的"双减"政策及民办教育改革新政策，意在让县域教育重新回归民生属性和个人奋斗属性，让公立学校和校内学习主导县域教育，这是重建县域教育体系的"关键一招"。除此之外，还应找到县域不同层级学校发展的关键点，再造县域教育均衡结构。

"乡校"是第一个关键点，它集中全乡镇生源，能够保障生源的规模和梯度结构，可以激活校内外资源和教育比较优势，使乡镇教育形成与城区学校相媲美的发展能力和竞争实力，保障农村学生享受公平的教育资源和教育权利。"县中"是第二个关键点，它集中全县优质生源和师资，以应试教育为主轴，通过合理的时间管理、考试管理、经济激励等机制，围绕高考目标开展教育教学活动，为县域社会提供了一个可供期待的教育出口。

江苏县中高考何以胜过南京市高中：
县中模式解析 *

农村地区高中教育的"县中现象"是在全国比较普遍的一种教育现象，即集中了全县最好的高中教育资源的学校，对学生实行封闭式管理，全力追求高升学率。这一现象在 2004 年，因为《中国改革报》《成才导报》《中国教育报》《中国教师报》等媒体的密集报道进入大众视野。"县中现象"引发媒体关注与当时南京市家长和媒体对于南京市高考的关注有关，南京市某些重点高中的高考成绩不如江苏的某些县中，引发社会讨论。南京市高中教育经过这些年的努力，已经扭转这一局面，但是这一热议引发的讨论却一直持续到现在。

◎ 县中模式：高度动员

县中模式的运作机制是高度动员。校长将外部的行政压力转化为学校管理中的高度动员，围绕高考目标对教师和学生开

---

* 本文源自安徽大学社会与政治学院齐燕的调查。

展激励，激发教师的教学积极性和学生的学习积极性，以此实现对师资、学习时间、学习空间等教育资源的高效利用。

政府对校长的动员：正向激励与行政问责

校长作为学校管理者，在县中学校管理制度的建设中发挥着重要作用。县中承担着保障高考升学率的责任，这使得县中在县域教育中具有特殊地位。县中校长往往有双重身份，即教师和行政官员身份（县中校长一般是正科级干部），因此带来双重激励：一是教师职级晋升的荣誉激励和物质激励，二是行政系统晋升的政治激励。县政府还给予县中校长适度办学自主权：一是招聘教师的部分自主权，二是学校资金使用的适度自主权。县中自主招聘有利于招聘学校所需人才，学校资金使用自主权可服务于对教师的激励。学校高考成绩好，校长会得到社会的认可，而高考成绩出现下降，校长就要承担社会的批评，也会受到行政问责。

新闻报道，2006 年中部地区 C 县因为高考成绩滑坡，县委常委会通过县电视台向全县人民道歉，并作出 C 县一中领导班子全员停职待岗的决定。成立以县委书记为组长的"教育改革领导小组"，计划用 6 年时间扭转 C 县教育落后局面，在全省招聘 C 县一中薄弱学科教师，并以 10 万元年薪在全省招聘校长。

教师激励：引入竞争机制

对于教师来说，提高待遇是重要激励因素，但自我实现的需要和收入分配的公平更为重要。根据调查，县中一般在教师管理中引入市场化竞争制度，以实现激发教师工作潜力、提高教师工作积极性的效果。具体而言，县中对教师的动员主要有以下几个方面。

第一是责任动员。县中普遍实行以年级为中心的管理体系，并实行教师团队制，将管理体制扁平化，促进管理和教学责任下沉。教师团队制强调以团队力量去完成教学工作，在团队中个体受到鼓励和监督，从而可以端正工作态度。不同团队之间的竞争则强化了团队内部的凝聚力，个体团队意识和竞争意识被激发。

教师团队一般由校委会组建，也有部分学校将组建权赋予班主任和任课教师。如安徽S县一中，学校组建年级团队和班级团队时采用双向聘任制。具体说来，每个学年开学前，学校开展聘任工作。校委会聘年级主任，年级主任聘班主任，班主任聘任课教师，被聘的班主任和任课教师也有选择的权利，自主选择同意或者拒绝被聘用。经过双向选择，形成了基于教师自愿而组建的教师团队。教学态度不认真或者教学能力不强的教师面临没人聘用的风险，教师一旦落聘，就会被调离教学岗位。

教师团队制打破了学校管理中的科层体系，通过每年一次的变动将科层体系打乱重组，避免体系僵化。教师团队之间出现了荣誉竞争和收入竞争。教师团队制将教师置于充分竞争的"市场"之中，教师凭借良好的工作能力和工作态度获得机会，在优胜劣汰的竞争压力下会产生危机意识。这一做法强化了教师的职业伦理，为接下来的工作考核奠定基础。

第二是目标管理。组建教师团队之后，学校对教师实行目标责任管理。为此学校建立了一套既包括工作数量考核又包括工作质量考核的指标体系，以考核结果作为对教师进行奖惩的依据。S县一中对于教师的工作质量实行团体考核，班主任与任课教师组成的班级教师团队形成责任连带机制，在教育质量和荣誉等方面实行团队共担。该机制肯定了每一个教师在班级教师团队中的重要性。

与团队考核对应的是横向竞争，其前提是班级初始差异不大。S县一中实行分层次教学，根据成绩将学生分为精英班与平行班，精英班是少数，平行班是大多数。精英班和平行班各自在内部进行横向评比。横向竞争强调的是相对位置，不管由于什么原因，只要排名在末位，就会受到批评和问责。这种末位问责机制不是设定一条及格线，达标即可，而是激励每个班级教师团队尽量把工作做到最好。

第三是奖惩激励。公平感对于教师工作绩效有极为重要的影响。县中利用绩效分配的自主权，在兼顾分配公平的同时适当拉开薪酬差距，起到了肯定和尊重教师工作、激发教师竞争意识的作用。具体做法是，教师的工作量完成得越多，得到的各种形式的奖励越多；教学成绩越好，考核结果越好，奖励越多。至于教师奖励，要兼顾教师个体工作绩效和班级教师团队的集体绩效，并以班级教师集体绩效作为绩效工资的主要依据。

学生动员：激发主体性

县中开展学生动员的核心是将学生的学习主体性激发出来，促使学生将聚焦目标、面向高考的学习内化为身体行动的一部分。

首先是时间动员。培养学生良好的学习习惯、行为规范和时间观念是县中对学生进行动员的基础。除了在开学初对学生进行习惯养成和纪律方面的教育之外，学校还通过班主任和政教主任对学生行为的日常监管来培养学生的时间观念和纪律意识。班主任是对学生实施行为约束和时间监控的执行者。政教主任对课堂纪律和学生课下行为进行随机检查，一旦发现学生有违反校规校纪的行为，就会记录下来并扣除其班级行为量化分，班主任根据量化分反映出来的问题进行针对性处理。班主任对于学生的行为养成指导和时间监管突出在一个"勤"字上,即经常去教室观察学生,督促学生学习,及时发现学生的学习状态变化,并与家长沟通。

以甘肃 W 县一中班主任 W 老师的工作为例。W 老师早自习时去教室督促学生读书;早操前督促学生将操前时间利用起来,进行操前小读;上午第一节课和下午第一节课课前 2 分钟,督促学生进行课前朗读。其他教师上课时,W 老师会在教室后门观察课堂纪律和学生的学习情况。晚自习前的朗读时间会再次去督促学生读书,晚自习之后到学生宿舍检查学生夜自习学习情况。

其次是激发竞争动力。激发和培养学生的竞争意识本身是学校工作的重要内容,也是学生主体性培养的一部分。教师主要通过考试和德育教育激发学生的竞争动力,提高学生的学习积极性。考试也是教师了解学生知识掌握情况的重要手段。县中将每次考试成绩张榜公布,榜单内容丰富,包括班级排名、年级排名、进步名次和退步名次,以此形成比较,激发学生的竞争动力。同时以德育教育来激发学生的奋斗动力,目的是让学生将奋斗精神内化。这种竞争动力的培养融入学校日常教学活动的各个环节。

最后是情绪释放。在强化竞争的过程中,会出现学生压力过大的情形。为了帮助学生释放压力,将竞争保持在适度范围内,县中会对学生进行心理疏导。校园活动为学生提供压力释放的空间和机会,班主任进行日常的心理疏导工作,心理咨询教师进行专业性心理咨询,形成心理疏导支持网络。县中常见的压力释放活动是晨读宣誓和校园体育文艺活动。

◎ 县中模式的型构逻辑：回应农村家庭的教育期待

县域教育资源的分配与县中高考成绩有关。为此,县中会倾向于提高学校的教育效率,进而提高教育质量,这是高度动员的运作机制产生的内部因素。从学生家庭来看,县域家庭将阶层流动的希望寄托在教育上,期待学生有优异的高考成绩,向学校让渡教育权力,这是高度动员的运作机制存在的外部因素。

政府激励下的动员型竞争

县中一般处于农村地区,与城市高中相比师资和生源较弱,为了应对自上而下的行政考核压力,县中不得不进行组织内部动员和组织精神塑造,以实现组织目标。

县级政府有很大的教育政绩压力。首先是来自上级政府对于县级政府的教育政绩考核压力。上级政府的教育政绩考核会影响到对各县的教育资源分配。对财政能力普遍较弱的县级政府来说，来自市级、省级和中央的教育类项目资金对于地区的教育设施改善和教育环境提升非常重要。其次是来自群众对高考成绩的期待。群众对高考成绩的期待是一种社会压力，满足这种期待是维持政府权威的重要举措。在总体教育资源不足的前提下，县级政府采取依据高考成绩分配资源的策略。这些资源不仅包括财政性教育经费，还包括招生条件与招生指标、师资、学校基础设施建设项目等资源。为获得这些教育资源，县中在既有的办学条件下充分激活现有资源，将优异的高考成绩作为组织目标，强化组织内部的竞争意识，采取各种措施激发教师和学生的行动主体性，共同提升教育质量。县级政府则在这一过程中能确保全县高考成绩在全市的排名和位置，以实现县中投入和回报之间的平衡。

甘肃 W 县，县一中和县二中在高考成绩上不分上下，这一格局已经持续了几十年。县政府对于县一中和县二中基本上均衡投入师资、财政资金，在招生上两个学校都处于中考第一招生批次，共享全县最优秀的生源。2018 年县二中搬到新校区，距离县城老城区较远，于是大批优秀生源不愿意报考县二中。为了稳定县二中的生源，县政府临时决定，将处于第一批次录取线内的考生均衡分配到县一中和县二中。

县中采取组织目标简化、组织体系去科层化和组织精神重塑的方式，将自身塑造成动员型组织，以完成政府下达的发展任务。组织目标简化是县中建立动员型组织的一个重要措施。县中作为教育组织，背负了将所有学生培养成才的教育理想，又承担着为高考选拔、培养竞争者的功能，县中选择将后者作为组织优先目标。组织体系的去科层化主要体现在教师管理的扁平化上。学校在管理体系上减少中间层级，给予教师以团队方式自我管理的机会，以及施展教育理念和教育方式的平台。教师在上级压力与团队竞争的双重压力下，竞争意识和自我实现意识被激活，积极应对教学压力，激发学生的学习积极性，提高教育质量。组织精神重塑是县中为完成组织目标而进行的思想整合。对于县中来说，使整个组织体系产生凝聚力的是高考成绩，优异的高考成绩凝结了教师们的汗水，也是凝聚人心的无形力量。

家庭的教育期待与赋权

农村家庭有强烈的希望子女通过教育实现阶层流动的愿望，但是农村家长文化水平普遍较低，且常年外出务工，无法对子女进行学业指导。而农村家庭普遍的"务工＋务农"的职业结构，在收入上具有较大的风险——务工面临市场风险，务农面临自然风险——家庭经济结构是弱积累性质的，家庭收入的不稳定性限制了家庭为子女购买市场化教育服务的能力。因此，农村家庭对于学校教育非常依赖，对学校教育质量有强烈期待。

在家校关系上，农村家长信任学校，将教育权力充分赋予学校，对学校工作高度配合，形成家校教育的合力。家长的赋权，给了学校极大的支持，这是学校能够对学生进行高度动员的前提。家长在对学校进行赋权的同时，也将教育责任"转嫁"给学校，学校成为教育责任的主要承担者。如此，学生的高考结果与学校的教育质量具有直接关联。学校必须尽最大努力去提高教育质量，提升学校升学率，否则就会面临"教育质量不行"的社会评价和教育权威下降的风险。

承接了广大农村家庭重托和期待的县中，在资源有限的情况下，以提高高考成绩为最主要的目标，并围绕这一目标进行教学安排和学生管理。县中在教育资源分配和学生成长机会上遵循公平原则，起到了促进教育公平的效果。具体说来，县中主要从以下三个方面着手：一是教育资源分配上以学生需求为基础，而不是根据学生家庭的经济能力分配资源，保障了学生在资源获得上的相对公平；二是实行教育管理精细化，科学、精细地安排学生的时间和学习计划，提高学生的学习效率，保障了学生学习过程的相对公平；三是学生的教育竞争以个体努力为基础，保障了教育结果的相对公平。

教育资源主要由学校进行分配、教育责任主要由学校承担的县中模式，其影响在于弱化家庭经济能力对学生学业表现的影响，而强化学生个体努力对于学业的影响，将教育竞争转变为学生个体竞争，以教师和学生更多时间与精力的投入来应对高考竞争。县中教育也因此具有弥合阶层差距、促进社会公平的作用。县中对于学生学习积极性的激发和学习习惯的培养暗含着这样的逻辑：县中的教育效率以学生的个体努力为前提，只有充分激发出学生的学习主体性，才能够充分利用教育资源。县中模式对于公平和效率的追求，契合了农村家庭教育资源供给能力不足的现状，以及农村学校教育资源与城市学校存在差距的客观现实。

◎ 我们是否应该走出县中模式

县中模式是现行高考制度下教育资源薄弱地区应对高考竞争所形成的有效管理模式。县中模式下学校承担主要的教育责任，实行精细化管理，激发学生的学习动力，学生成绩主要与其在校努力有关，从而弱化了家庭资源对学生学业的影响，促进了社会公平，减轻了家庭的教育负担。县中模式契合了农村家庭的特性，回应了农村家庭的教育需求。

县中模式也存在改善的空间，如让管理更高效、更人性化。当前一些人认为县中模式加剧了教育焦虑和竞争，要求我国的教育走出县中模式。事实上，当前不断加剧的教育焦虑和竞争压力，不是源于县中模式，相反，恰恰是因为承载着县域教育期待的县中日趋衰落所带来的县域家庭的不安全感，催生了县域教育焦虑，进而加剧了个体家庭之间无序的教育竞争。而导致县中走向衰落的是跨区域招生、超级中学、地市"教育新城"等因素。

县中何以衰落 *

调研发现，由于省域内的高校招生指标稀缺，省域高考竞争往往十分激烈。在参与教育竞争时，县中受到市域、省域优质高中的强势挤压，呈现出明显的衰落之势。本文主要以湖北 S 县与 J 市高中为例，阐述县中衰落的根本原因，以及教育竞争层级合理定位的重要性。

◎ 教育竞争下"被围困"的县中

一般情况下，县中与省市重点高中、示范高中之间存在较大差距，因此在省域教育竞争中往往居于弱势，极易陷入"被围困"的境况当中。具体来说，县中所面临的困境主要表现在以下三个方面。

第一，省市优质高中跨区域"掐尖"，县域优质生源外流。为了提高升学成绩和高考升学率，不同层级的高中通常会展开对优质生源的争夺。口碑好、资源多的省市优质高中一般通过

---

* 本文源自武汉大学社会学院肖琳、杨华的调查。

各种奖励和优惠政策吸引县域高分学生，甚至在中考成绩公布之前就联系优秀学生，以提前抢占优质生源。在省市优质高中各种招生策略的吸引下，县域内大量优秀学生在初中升高中阶段外流，只有少数选择留在县中。以湖北 S 县 YS 中学为例，在 2014—2021 年，中考前 100 名中有超过一半的学生外流，其中前 30 名中留下来的学生通常只有 15% 左右，排名靠前的高分学生基本上都流向位于 J 市的省示范高中 QL 中学。该校可在全市范围内跨区域招生，多数县（区）的高分学生基本都被其录走。

第二，优质教师资源流失明显，教师招聘难度加大。相比县中，省市优质高中能够获得的财政资金倾斜力度往往更大，因而能以更优厚的薪资待遇为筹码，从县域招揽优秀教师和骨干教师。这样，县中每年都有优质师资被省市两级优质高中吸纳，中坚教师队伍逐渐被抽空。YS 中学从 2010 年起教师资源流失情况愈加严重，2010 年有十几位教师离开原岗位，之后每年都有教师往 J 市流动或跨省流动。而在"以县为主"的教育财政投入体制下，受限于县级财政实力和财政投入意愿，县中不仅不能以高薪资、好待遇留住优秀教师，也难以引进新教师补充教师队伍，面临"教师招不进来"的困境。2020 年和 2021 年，YS 中学的教师招聘计划都未完成。2020 年计划招聘 15 人、实招 7 人，2021 年计划招聘 10 人、实招 2 人，学历高的高校毕业生都被省市优质高中吸纳走了。

第三，办学质量明显下滑，家长对县中教育信心渐失。优秀生源外流、优秀师资短缺，导致县中办学质量明显下滑，本科升学率降低，考取重点大学的人数也在减少。YS中学属于老牌省示范高中，2004—2008年共有16名学生考取清华、北大，教学质量在全市位居前列。如今该校的高考成绩已经滑落到中等水平。2021年学校一本上线率为31%左右，普通本科录取率为81%，共有30多人考取985高校，无一人考取清华、北大，高考成绩在全市只位于中游。由于升学率不断降低，家长对县中的信心逐渐丧失，部分家长主动选择省市优质高中，以获取更加优质的教育资源，这导致县中教育进一步恶化。

◎ 县中衰落带来的问题

从调研情况来看，县中衰落所带来的问题通常是多方面的，不仅导致教学质量降低，而且对县域教育体系和教育生态造成破坏，对农民家庭乃至整个县域社会也会带来系统性影响。

第一，加剧城乡教育失衡。县中衰落使得优质生源和优质师资流向省市重点高中、示范高中、超级中学，在聚集大量优质资源的前提下，这些学校的教学质量和升学成绩不断提升，从而能够进一步吸纳生源和师资，财政投入力度和社会关注度也会进一步提高。相较之下，县中在生源、师资、财政等各方面都明显缺乏优势，升学成绩提升困难，衰落态势必然会进一步加剧，从而出现"强者愈强，弱者愈弱"的局面，城际教育分化程度加深。而县中面向的主要是农村学生，县中衰落加剧城乡教育失衡，也导致农村学生升学通道被压缩。

第二，加重农民教育负担。县中教育的衰落使得农民家庭的教育焦虑增强，家庭教育负担加大。为了让孩子考取省市重点高中，越来越多的农村家长在初中甚至小学阶段就将孩子送到地级市或省会城市就读。我们在湖北 S 县了解到，尽管近几年 J 市教育局限制了市级优质高中在各县（区）的招生名额，但在县中已经衰落的情况下，这一举措反而加速了农村学生向市级乃至省级学校流动。例如在 H 镇，2021 年总共有 320 名学生应升入小学，但其中有近 100 人去 J 市上小学，小升初阶段则有 140 多人流入 J 市。由于市区公立学校学位紧张，农民享受 J 市教育服务需要购买价格不菲的学区房，或者选择将孩子送到民办学校就读。目前市区的房屋均价为每平方米 5400 多元，普通农村家庭通常只能先付首付再按揭付款。民办学校的费用远高于公立学校，每年 1 万～2 万元的学费，加上住宿费、生活费、校服费等其他费用，在学校的总开支达到 2 万～3 万元。

第三，加速县域社会空心化进程。县中衰落使得县域教育体系的完整性被破坏，不同教育阶段都出现了不同程度的学生外流现象，同时优秀教师流失严重，高质量人才引进也十分困难，这无疑对县域社会的持续性发展造成了严重打击。据了解，从 2010 年至 2020 年，S 县的常住人口总数从 58 万多缩减至 36 万多，总人口数减少 20 多万，其中有十几万人流入 J 市下辖的 D 区。该区近几年每年都会新增一所公立学校，学校 80% 的学生来自 S 县，近 50% 的教师也来自 S 县。由于人口大量外流，县域的消费市场和消费需求不断萎缩，经济体系发展受限，尤其是服务业和房地产业。S 县的房价涨幅一直不大，房屋均价为 3 000 元 / 平方米，低于全国县城房价平均水平。县域工业与服务业的发展也相对落后。由于大量资源向地级市和省会城市聚拢，县域城镇化进程滞后于周边县城。

◎ 县域是教育竞争的最佳层级

根据调查，由于高校招生指标是定额发放到省域内的，省内学生竞争既定名额。即是说，高考是在省域内竞争，而不是省际竞争。省域内的竞争，省级政府是竞争规则的设定者，不参与竞争，参与者包括市级政府、县级政府、普通高中、高中学生等。学生参与竞争的目标是考上大学；普通高中的目标是更多学生考上一本、二本高校，赢得教育声誉，吸引优质生源和师资；县级政府、市级政府的目标则是获得教育政绩，为辖区内教育流动拓宽出口。市级政府的教育目标与县级政府可以一致，也可以不一致。一致是指，市辖区县有教育政绩，加总可以成为市级政府的教育政绩；不一致则是指，市级政府可以只依靠某些学校在全市范围招生出教育政绩，而这会与县级政府的教育政绩需求发生冲突。

那么，除学生个人外，普通高中、县级政府、市级政府三个教育主体中，哪个是参与省域竞争的最佳主体？这个最佳主体一般要满足两个基本条件：第一，高考指标是既定的，也就意味着是稀缺的，竞争就会十分激烈，那么在优秀学生、优秀师资、其他软硬件等教育资源有限的情况下，要想在激烈竞争中胜出，教育资源就得集中配置；第二，教育资源的配置又要能够保证大多数学生低成本参与竞争，即不能为了集中资源而抬高学生的家庭教育支出，从而形成对无能力支出学生的教育排斥。

从这个意义来讲，地处乡镇的普通高中只满足第二个条件，它可以让辖区学生低成本参与教育竞争。但是乡镇各类学校教育资源稀缺，竞争力不强。因此，就单个学校而言，一般的中学不是独立的参与主体，而实力强劲的中学可以作为独立的主体参与省域竞争。那么，在县域，县级政府要参与省域竞争，就不能指望每所高中都能出教育政绩，而需要集中资源打造几所"高考航母",也就是通常所说的县中。一般中西部区县资源有限,一个区县只能支持一两所县中发展。发展县中满足前述两个基本条件,一方面,能够集中全县资源备战高考;另一方面,乡村优秀高中生进城读高中虽然成本较乡镇高,但一般家庭能够承担得起,因此额外增加的经济负担不重。到市一级,优质资源更多,如可以将全市的优秀学生、老师集中到一所学校,办好这所学校就可以出教育政绩。但问题是,集中到市一级学校读书的学生人数少,竞争压力大,学生家庭需要额外增加教育成本以参与进入市级学校的竞争,这样就会排斥没有能力额外支付成本的学生家庭,特别是农民家庭。

总而言之,县级是省域高考竞争的最佳主体,能够满足多方竞争主体的教育需求:一是满足县域内学生家庭低成本参与高考竞争的需求;二是满足县级政府的教育政绩需求;三是满足县中出人才、出声誉的需求;四是满足市级政府的教育政绩需求(若每个县都有教育政绩,则市级政府自然也能出教育政绩)。同时,县中有高考业绩,县域社会的教育期待就有出口,学生就会留在县域内就读初中、高中,而较少流动到省市就读,这样减轻了家庭负担,一定程度上也减少了教育焦虑和教育竞争。

但是,随着跨区域招生的放开,一些省会城市的民办教育集团、超级中学、重点中学通过各种渠道、措施,在全省范围内"掐尖"招生,从而将各县最优质的生源集中到少数学校,这带来以下结果:一是县中的生源质量得不到保证,高考成绩下滑,县级政府的教育政绩阙如;二是优质学生外流,并加快了优质师资外流速度,县中教育质量进一步下降;三是县一级没有教育政绩,意味着市级政府也没有教育政绩。县市政府都很着急,县级政府面对优质生源、师资外流问题无能为力,但是市级政府还有回旋余地。市级政府的应对办法是集中全市的优质生源和师资打造市级"高考航母",在招生上全市"掐尖"。这样,县中发展的颓势虽不可挽回,但是多数优质考生还留在本市,市级学校仍可以出教育政绩。每个市都这么做,就意味着省域高考竞争的主体从县级政府变成了市级政府。

市级学校作为教育竞争的主体,意味着学生需要通过市级学校参与全省高考竞争,会导致如下结果:第一,市级政府有教育政绩,而县级政府没有教育政绩,县级政府对县中的投入就不会非常积极,县中进一步衰落;第二,初中学生要参与全市的竞争,县域教育竞争的压力向初中下移,加剧县域内的教育焦虑;第三,初中升学竞争加剧,初中压力加大,学校就会加强班级的分化管理,对大多数成绩一般的学生不利;第四,县中衰落,县域没有教育出口,一些家庭就会从初中甚至小学开始就将子女送进地市以上学校就读,以提高考上市级重点高中的概率。这样就会使县域小学、初中生源流失,留下来的多是走不出去家庭的学生，破坏县域中小学正常教学、管理秩序，最终的结果是县域的初中和小学跟县中一样陷入衰落。

◎ 如何振兴县中

县中在县域教育体系中扮演着至关重要的角色，直接关涉县域教育的良性发展，以及家庭的教育成本与竞争压力。当前，县中衰落与省域教育竞争被人为加剧有较大关系。基于此，应当针对不合理的教育竞争进行政策干预，多措并举地引导县中走出困局。

第一，对区域高中教育进行均衡布局。应限制省市优质高中跨区域招生，严格禁止"掐尖"，规范招生管理秩序，落实好属地招生政策，稳定县域生源。

第二，加大省级财政的统筹力度和县级财政的教育投入力度。通过增加财政投入，改进和完善县中硬件设施建设，提升县中办学条件。结合新课改、新高考改革要求，配备功能室、教学仪器、运动场等设施设备，在满足基本教学需求的同时对学生全面发展的需求作出回应，增强县域普通高中的吸引力。

第三，稳定县中优质师资，扩充教师队伍力量。一是提高教师的薪资待遇水平，建立优秀教师奖励机制，在工资绩效、评优评先和职称评选方面向优秀教师适度倾斜，激发其潜在动力；二是遏制省市优质高中无序"争夺"县中优秀教师，防止县中教师过度流失；三是依托部属、省属师范院校定向培养公费师范生，为县中输入师资力量，落实公费师范生政策，防止公费师范生在服务期限内随意流动。

第四，鼓励省市优质高中对口帮扶，引导县中和省市优质高中建立合作关系。各县域普通高中与省市重点高中可以相互合作，成立协作体，形成一定范围的交流圈与协作圈。通过开展学科竞赛，加强学科建设交流、教师教学经验交流、举行校际联考，相互结对帮扶等方式，提高县中的教学质量和教学水平，同时缓解恶性的省域教育竞争。

为什么要差异化分班：
一所县城中学的分班管理 *

当前一些地方的初中实行差异化分班。在教育政策上，差异化分班违背了义务教育均衡发展的目标，没有让学生享受到均质的教育资源。但就学生基础与师资力量的差异而言，分班也可以理解为因材施教、分类教学。而基于现实教学情况，分班教学是公立学校提升教学成绩、激发教师工作积极性的一个重要途径。本文以四川省一所县城中学 H 中学为例，分析差异化分班原因、分班策略与不同类型班级管理方式。

◎ 为何分班：品牌压力、师资压力、家长压力

H 中学作为县城的城关中学，相比乡镇初中拥有更多的教育资源，但为何也会有差异化分班的需求？主要是因为以下几点：一是品牌建设的目标压力，二是教师素质不均衡的现实压力，三是社会分化带来的期待压力。

---

* 本文源自武汉大学社会学院朱茂静的调查。

H中学是县城最好的中学，但也面临着三重压力。一是县城其他学校的竞争压力。尽管目前这所中学的中考成绩位于全县第一，但是另外两所公立学校发展势头较猛，给其带来了极大的竞争压力。二是上级对学校办学质量的考核压力。H中学作为全县初中的头部学校，相当于全县义务教育的领头羊，政府对其进行综合考核，主要是看中考的成绩。三是县域百姓对该校的社会期待所带来的舆论压力。如果该校成绩出现了明显下滑、没有产生中考状元、学校出现了舆情事件等，都会影响到该校的口碑和发展。因此，校长会将提升教育质量的压力传递给每一位老师，要求集中力量提升学校在县域的口碑，打造好学校的品牌，尤其是要提高升学综合业绩。

　　然而，H中学位于城关，必须接收城关镇十几个村和十几个社区的学生就读，不能对辖区内的学生进行筛选。辖区内有的学生考试成绩一般，其中不乏行为习惯不好的学生。这些学生入校之后，会使得学校的生源结构发生变化，即普通学生和后进生的比例会提高。在生源结构中，如果存在大批普通生源和后进生源，会带来两个问题：一是如果将普通学生、后进生与优秀学生分在同一个班级中，比例控制不当可能会对优秀学生造成影响，继而影响到学校教学成绩的提升；二是任何一所学校的师资都具有不均衡性，即教师的素质和能力存在差异，不可能所有教师都非常优秀，不是所有学生都能够分到优质师资。因此，从保护优等生和提升业绩的角度考虑，学校需要通过差异化分班，为优秀学生打造尽可能好的学习环境，避免他们受到其他学生的干扰。

此外，随着社会分化加剧，不同家庭之间的经济收入、价值观、对教育的态度也形成了明显差异。现在县城的学生家庭大致可以分为四类：体制内的群体、做生意的群体、有技术的打工群体、普通打工群体。首先是体制内的群体，他们非常清楚教育带来的好处，希望自己的社会优势能够顺利传递给下一代，甚至下一代比自己有更好的发展。其次是在县城做生意的群体，他们已经积累了一定的经济财富和人脉资本，有足够的经济实力为孩子提供良好的教育条件。再次是有技术的打工群体，如果丈夫有一门手艺，技术好，收入较高，会专门让妻子在家陪读。最后是普通打工群体，若父母双方都在工作，缺乏时间管孩子，孩子的学习成绩可能会差一些。并非所有家长都希望实行均衡分班，不同的家长可能会对子女进入何种班级的期待不同，其介入能力也存在差异，比如优势阶层的子女能够进入好学校的好班级，有技术的打工群体子女能够进入普通学校的好班级，而普通打工者的子女只能进入好学校的普通班级或者普通学校的普通班级。

◎ 分班基础：学生达到一定规模

H 中学主要是根据小升初的入学成绩进行差异化分班。学校按照一定的比例将学生分为尖子生、优等生和中等生。按照入学分数，学生成绩分为 A+、A、B、C、D、E 六个等级，其中 A+ 与 A 类属于尖子生，B、C、D 类属于优等生，E 类属于中等生。不同层次的班级尖子生、优等生、中等生的数量不一样，不同班级学生父母的职业有着明显区别。在好班，学生的父母多是公务员、医生、教师、商人等；而在普通班级，学生的父母以农民工居多。

不同层次的班级，尖子生、优等生的人数不同，所匹配的师资力量也有所差异。比如，一个年级 20 个班，好班有 4 个，其中 1 个是成绩最好的班级；中等偏上的班级有 4 个；剩下的 12 个班为平行班。年级中成绩最好的班级一共有 55 人，45～46 人都是尖子生。中等偏上的班级与平行班，一个班中大部分是优等生，尖子生只有 6～7 人。由于优等生包括的范围比较大，中上的班级 B 类学生更多，中下的班级 B、C、D 类的学生分布更平均。

学校会为不同层级的班级匹配不同能力层次的教师。首先，学校尽量为成绩前 4 名的班级配备最好的教师。县城中学成绩很好的学生有机会到市里最好的高中上学，这批学生面临全市的竞争。而县城中学的优质教师资源较为有限，所以学校为了提高这批最优异学生的竞争力，必须集中优秀的教师来教他们。其次，平行班更多的是配置普通的教师。虽然这些教师的教学能力一般，但是在整个县城仍然是比较不错的，其中有的是从乡镇考调上来的优秀教师，有的是从二本学校毕业不久的大学生。

城乡中学在过去十几年都经常采用分班教学的方式，但是当地的乡镇中学已经放弃了分班教学而采用平均分班的方式，为何近几年县城中学的分班教学能够保持？从县城中学的角度来看，随着农村学生向县城流动，县城学生人数增多，能够保证每个班级学生结构的完整性。当学校将部分尖子生集中教学之后，仍然能够保证每个平行班级都有相应的尖子生分布。尖子生对于优等生学习的带动作用效果明显。而当地的一些乡镇中学，随着大量尖子生流向县城，已经不再具备分班的学生基础。

◎ **如何管理：不同类型班级的管理重心有差异**

班级中的学生是老师进行班级管理的对象，在不同层次的班级中，学生成绩和行为习惯都有所不同。好班绝大部分是成绩优异、行为习惯良好的学生。普通班则主要分为两类学生：一类是成绩中等的学生，还有一类是成绩较差、行为习惯不好的学生。班主任针对不同层次的班级会采取不同的管理方式，不同班级的家长对老师的信任与支持也有所差异。

好班：注重全体学生的成绩提升和适当的素质教育

好班班主任的工作重心是提升学生成绩，并且能够将注意力分配给每位学生。从座位安排来看，好班的座位是前后左右轮换，班主任可以关注到每位学生的学习情况。好班学生的学习基础不错，老师可以将绝大部分精力用于教学，根据学生的情况提升教学难度，改进教学方式。因此，好班的老师比普通班的老师拥有更多的时间和精力，用于调解学生矛盾、解决学生的心理问题、提升学生的素质能力。在家校关系上，家长的高度配合让老师能够全身心地投入教学工作。学校时常会给家长安排一些在线学习的课程，要求家长和学生一起学习并且拍照上传，好班的家长对于这些事情配合度很高，老师可以放心地委托家委会成员完成此类事情。

普通班：面临提升优等生成绩与约束差生行为的双重任务

普通班学生层次更多元，但是 H 中学对于普通班级同样会进行成绩考核，需要统计尖子生率、优等生率及其人数，老师会将重点放在如何提升优等生的学习成绩上。针对学困生，老师会用操行分对他们进行约束，只不过现在老师的处罚力度和有效性都受到很大的制约。此外，普通班的部分家长会让老师精力分散、教学上受到约束。比如，留守学生的祖辈不会使用智能手机，就会把本应由家长完成的任务转交给老师；还有一些家长不信任老师，试图用自己理解的教育政策、教育方法来指导老师的教学，使老师的权威性大打折扣。

从倒数第二到全市前十：
一所乡镇学校的"逆风翻盘"*

教育问题从来都是民生之重。近几年，大家激烈讨论的是教育内卷，更多的人则从人才选拔、阶层流动的视角看待教育问题，这些问题在城市教育中更为凸显。然而，最近几年在中西部农村调研，我们发现在社会聚光灯外让人更加触目惊心的是乡村教育的迅速塌陷。乡村学校是否只能成为没有希望的角落？实际上在一些地方，还在上演着乡村学校"逆风翻盘"的故事，探索着乡村教育发展的路径。

◎ 现实：城镇化与乡村教育的衰落

农村城镇化与乡村教育衰落之间的联系理解起来不难，简单来讲，就是村里没人了——农民进城了，乡村学校的优质师生资源也流失了。在乡村学校，但凡家里有点条件的优质生源苗子，都被送往城里更好的学校就读。农民家庭对教育

---

* 本文源自武汉大学社会学院雒珊的调查。

的期待不一样了,这是农民家庭理性的、自然的选择,也是大势所趋。但是,学生流失带来的直接后果是乡村学校的学生人数迅速减少。每年都有大量村小消失,现在留在农村的学生大多数都集中到了乡镇学校就读,然而,即使集中之后,一些乡镇中小学的学生数量也只有几百人。湖南常德某乡村初中仅剩300多人,河南驻马店某村小从2015年到2020年,学生人数从500多人减少到92人。更为残酷的现实是,尽管一些乡镇公立学校拥有一定的学生规模,但是中等及中等以上的生源都流失了,只留下中等偏下的学生,优质生源极其稀缺。

留在乡村的学生家庭大多都是难以进城的弱势家庭,在多数乡村学校,留守儿童和贫困户的数量至少占1/3,这些学生缺乏自制能力和家庭监管,部分甚至还存在心理问题,在学校中根本无法形成竞争向上的氛围,乡村学校变成了"差生托管所"。这样的现实直接反映在远低于城市学校的升学率上,普职分流实行之后,越来越多的农村留守学生初中毕业后就不得不进入职高。分流形势逼人,农民家庭觉得乡村学校没有了希望,就会进一步加速进城的步伐,甚至不惜透支家庭积累,乡村教育面临的挑战就会更大,由此加剧恶性循环。更重要的是,即使农村学生进入城市学校,也并不一定能实现农民家庭的教育目标,反而带来了更多的风险,比如进城后的教育成本提高，以及学生之间高度竞争导致的教育内卷和低教育成效。

乡村教师向城市流动同样是城镇化的一部分。在当前的情境下，乡村学校必然面临着乡村教师资源短缺和教师队伍老龄化的问题，虽然国家在支援乡村教师资源上作出了极大的努力，比如许多地区实行年轻教师服务制和教师轮岗制，但推行效果并不是特别理想，"留得住教师的人，留不住教师的心"。乡村学校面临着师资、生源的多重困境，乡村教师的积极性调动困难，教学管理秩序松散，乡村教育失去了活力。

四川成都某乡镇学校（W 乡校）面临着同样的困境。由于存在教学成绩和教学管理双重落后的困境，作为一所九年一贯制的学校，W 乡校的学生人数从 2009 年的 1000 多人下降到 2019 年的 500 多人，2009 年有 23 个教学班，2019 年每个年级最多分成 2 个班，每个班 30～40 人，成绩在全市排名倒数，当地社会对其评价较差。然而令人惊喜的是，这所乡村学校的颓势却在 2019 年出现了转折点。

◎ 转机：外聘校长的"背水一战"

为了改变 W 乡校的现状，当地教育局从某中职学校调任了一位年轻的中层骨干张老师到这所学校担任校长。这一调任对于"80后"的张校长而言算是破格晋升，当然，破格晋升既是激励，也存在着扭转局势的责任和压力。张校长笑称："三年前刚来这个学校，花了一个月摸清情况，教学质量差、合格率低，中考成绩排全市倒数第二，出去参加培训都会被分到乡村薄弱学校组，没成绩就没面子、没底气。"当时学校除了教学成绩差，对内还存在学校硬件配置差、管理松散、干群关系差以及教师士气低落、缺乏激情等问题，对外还面临着学校风评差、家长不信任等问题，可以说，W乡校当时的发展已经到了岌岌可危的地步。

在艰难的发展处境下，张校长经过三年的努力让W乡校实现了漂亮的逆袭。W乡校各方面的问题实际上是整体教育模式出了问题，张校长在三年里逐步完成了教育模式的再造，成效才得以不断凸显出来。那么，对于这所十分弱势的乡镇学校，他究竟使出了什么"绝招"？

第一，重整旗鼓抓队伍。作为一个外聘校长，张校长到W乡校来就是要干事创业，所以，他的首要抓手是，重新点燃"软弱涣散"队伍的热情。在第一次与教职工的见面会前，他做了十足的准备，把所有教职工的基本信息背熟，表现出他作为新校长想要干出一番事业的决心。当年春节，张校长与学校的几位管理干部分组去探望每一位老师，拉近与老师的距离，还向老师们承诺，不论大事小事都可以找他帮忙。用他自己的话讲,"用人格魅力让老师心甘情愿跟你干事"。

情感联系和人格魅力只是基础,激发教师队伍积极性的关键在于张校长作出的两个改变。首先,重新制定考核激励制度。学校重新制定了教师工作量、教学质量、科研、安全管理等方面的考核指标,指标体系科学全面,由专门的行政人员负责统计核查。这种体系化的考核关系到教师的绩效、职称和晋升等,能够发挥重要的激励作用。

其次,除了常规激励外,张校长还制定了一个特别的激励措施。在教育城镇化的浪潮之下,年轻教师都想向城市学校流动,当其他乡村学校的领导都拼命拦着教师们往城市学校流动时,张校长偏偏支持年轻的教师向城区流动。乡村教师向城区流动有两种方式:一种是年轻教师自考,这种方式竞争大、难度高;另一种是依据所在学校的评优名额推选。后一种方式就需要张校长的推荐,而推荐的依据则是年轻教师在学校服务期内的考核排名。每年当地教育局会在教师节根据 W 乡校近五年的排名给学校分配 2～3 个推优指标,被推优的教师可以转到城市学校中去。因此,年轻教师有流动的目标,也愿意依靠评优获得指标。为了获得评优指标,他们就会在乡镇学校好好干,全方面提升自己的能力,做出成绩,争取连续考核排名靠前。三年来,从这所落后的乡镇学校培养出了十名优秀教师,基本上都被调到市区学校去了。

影响老师的教学效果的主要有三个因素，即学历、教学经验和教学积极性。对于 W 乡校而言，老师们的学历短期内无法改变，但是教学经验可以通过实践积累，教学积极性可以调动。因此，在保证基本的教师资源后，乡镇学校对教师队伍的培养和激励更重要。除了实质性的激励外，张校长还以民主管理的方式激励老师，引导他们真正参与到校园管理和建设中。教师工资和绩效的计算与发放交由年级组长（教师代表）核对和监管，做到公正公开。在教职工代表大会上，老师们可以在大会上提案、投票、表决，提案通过后能够真正落到实处，由此增强老师们的主人翁意识。老师意识到自己也是学校的主人，自然也就发自内心地希望学校建设好、发展好，积极献言建策，而不再只由校长和管理层努力。如同张校长所说，"校长没什么权力，老师和学生才是主人"。虽然现在该校每年仍会流失 2~3 位老师，但教师队伍整体上有干劲、有激情、有活力。

第二，想尽办法搞教学。学业成绩始终是学校最核心的竞争力，也是张校长最终要实现的目标。学校生源较差、教学方法落后是 W 乡校的现实困境，所以必须进行大刀阔斧的教学改革，让处于劣势地位的学生迎头追上。

张校长主要采取了三项措施。一是把填鸭式落后传统的教学变成"翻转课堂"。"翻转课堂"的具体方式是先让学生提问，引导学生主动思考和了解课堂知识,这一教学方式在城市学校已经实践多年。

二是采取竞争和合作相结合的方式调动学生学习的积极性,形成良好的学习氛围。比如推动小组合作完成任务,以"师徒结对子"的方式引导优秀学生帮助和带动落后学生。这其实是以前教学的老办法,但是近几年已不受重视,尤其是在城市学校中,激烈的教育竞争已经传导到学生身上,让互帮互助合作变成了一件困难的事情。

三是在作业设计上进行创新和改革。在2021年"双减"政策出台之前,W乡校就学习并采取了"小题单"的个性化作业设计。老师们为班上所有学生分层设计作业,针对已经掌握基础知识的学生设计更具挑战性和探索性的题目,针对基础知识掌握还不牢靠的学生设计巩固知识类型的题目,后者的题量小,可以短时间内完成并面批面改,学生做完之后要一个一个找老师过关。

此外,张校长力争恢复之前因管理风险和管理成本而取消的寄宿制,确保留守学生能够在学校里接受更好的教育,而不是在放学回家之后借着自由时间"放飞自我"。凭借这些措施,该校完全改变了过去传统的教学模式,新的教学模式对提高学生整体成绩效果明显,补差培优两不误。这些措施使得该校中考成绩已经连续两年排到全市公立学校的前十名,最好的名次是第四名。

第三，挖掘资源做德育。原本 W 乡校的德育课程是被忽视的，只有零散的思想品德教育，这也是大多数乡村学校的现状。张校长以当地的牡丹文化为核心，构建出一整套德育课程体系。德育课程体系以牡丹文化为主题，设计了特色课程，自编了校本教材，还建设了十多个社团，包括牡丹文学社、合唱社、美术社、空竹队和武术队。张校长将空竹和武术作为学生的必学特色项目，从小学到初中建立了完整的教学、培养和选拔体系，学校空竹队积极参加各级比赛并拿到多项荣誉，促进了学生的身心健康和全面发展。另外，张校长还结合当地的土地资源、景区资源、社区资源，开展劳动教育和社会实践。德育课程体系化并不是形式上的包装，而是将校园文化建设和学生素质教育融为一体的实践，让学生能够在积极的氛围中学习科学文化知识，培养实践能力和创新能力。

在张校长的引领下，W 乡校的整个教学秩序发生了天翻地覆的变化。最近三年，亮眼的表现让这所乡村学校获得"成都新优质学校"等多项荣誉和奖项，并且最近两年开始出现了生源回流的现象。此前，小升初阶段，该校基本会流失 50% 的优质生源，这两年除了留住这些生源外，还有多个其他乡镇的学生来此就读，外来人口随迁子女也愿意就读该校。当地农民家庭对这所学校的评价明显好转，学校也通过成绩和实力陆续获得教育部门 300 多万元的项目支持，完善了学校的基础设施建设。我们一行人到这个学校调研时，深切感受到了孩子们的活力。在这所学校，孩子们既能享受较好的教育服务，又能拥有快乐轻松而不是被培训和补习占满的少年时代，一切都充满着生机和希望。

◎ 未来：乡村教育路在何方

在城镇化的大趋势下，似乎乡村教育的衰落趋势不可逆转。然而，需要看到，我国城镇化不可能短期内完成，也不可能实现 100% 的城镇化。这就意味着，仍然会有不少人留在乡村，因此，乡村教育仍然有它的历史使命。国家一直致力于推动城乡义务教育均衡发展，为乡村教育投入了大量资源，城乡教育之间的差距是优势资源梯度分布和自然流动造成的，有些差距无法消除，但可以通过各种措施缩小，乡村教育也可以变成具有竞争力的公共教育，可以为普通的农民家庭带去希望。从张校长针对 W 乡校的教育改革实践可以看出，乡村学校逆袭的主要原因在于，学校通过各种新方式、新制度撬动和激活了学校的存量资源，其中的关键是激活教师和学生的主动性，同时结合地方政府提供的外部支持，内外有效衔接，才能合力提升乡村教育的质量。对乡村教育而言，政府一方面需要发挥城乡教育资源配置的积极作用,另一方面还应当鼓励各地乡村学校探索符合学校发展实际的教育模式。资源支持与学校改革必须相辅相成,才能真正突破乡村教育的困境。

"乡校模式"：
乡村教育发展的"第三条道路"*

J区是吉林省一个普通农业型区县，当地人地关系宽松，农业机械化与市场化体系发展成熟，村庄社会结构比较完整。调研发现，当地重视乡镇学校建设和发展的"乡校模式"，是教育城镇化与小规模学校之外乡村教育发展的"第三条道路"。

◎ **什么是"乡校模式"：概念与特征**

J区在2011年有序地完成了大部分村小的撤并，统筹在乡镇一级集中建校，尽管与市区学校相比仍然有一定的差距，但是镇中心校的办学质量、教师能力、学生规模、基础设施建设等方面都达到了政策标准，家长也越来越愿意把孩子送到镇中心校上学。我们将这种行政力量导向下义务教育资源向乡镇一级集中的办学模式称为"乡校模式"。这种模式最大化地保

---

* 本文源自武汉大学社会学院易卓的调查。

障了农村义务教育资源的稳定性，具有以下特征。

一是学校基础建设集中投入与高效利用。在中西部大部分农村，尽管国家不断加大教育投入力度，通过划拨生均办学经费和开展农村薄弱学校改造项目来提高学校办学标准，但是，大量的村小和教学点都想获得地方政府的资源倾斜，教育行政部门只得搞平均主义，每个学校都分一点，造成资源投资分散、教育质量落后于硬件投资建设。通过科学规划、合理布局，对农村学校进行适当的撤并，盘活原来面广点多的分散投资格局，可以短时间内在乡镇一级建成设施完善、规格达标的现代化学校。这些新建乡校在硬件条件上与县市级的学校相差无几，为农村的孩子上好学提供了物质基础。

H镇中心中学在2010年建起了新的教学楼和学生宿舍，全部是政府投资，花费大约47万元。学校食堂、音乐室、舞蹈室、图书室、绘画室等一应俱全，分管后勤的副校长说这些功能室利用效率很高，各项设备都年年完善。每年政府转移支付的公用经费接近80万元，完全可以支付学校所有开支。

二是充足的生源和稳定的师资保障。有序撤并原来规模过小的乡村学校，然后在乡镇一级集中办学，可以保证乡校充分且完整的生源结构。学校人数保持在一定的数量，各个年级和班级才能够在教学过程中形成有效的交流互动，教师也才可以发挥自己的学科所长并传授专业知识。同时，把教育资源集中到乡校可以稳定教师的补充机制，更多的教师编、特岗编和"三支一扶"指标都能够向乡校集中。以我们调研的 H 镇中心小学为例，该校现有在校学生 1265 名，总共 34 个教学班，每个班 30 余名学生，班级最多人数不超过 40 人。全校有 186 名在职教师，其中担任教学岗的有 161 名，这些教师全都有教师编制，其中高级职称教师有 28 名，中级职称教师有 125 名。学校每门课程都能够开齐，都是专职教师带专业课，课程质量能够得到保证。应届毕业 215 名学生中有 198 名留在镇中心中学，乡校一贯制接轨性强。

三是乡土底色的学校功能圈。乡镇作为县域内城乡互动的过渡地带，是一个范围比较适中的经济、社会、人口和文化聚集层级，那么，集中教育资源建设乡校，其实就是在一个扩大化的乡土社区中重塑教育和文化的功能组织。很多学者认为农村学校布局调整以后，加大了家校之间的通勤距离，学生上下学不方便，变相增加了农民的教育负担，事实上乡镇一般是联系周边村庄的"半小时"交通圈中心，尤其是在校车制度越来越健全以后，学生上下学通勤问题可以得到有效解决。

◎ "乡校模式"的经验内核：适度规模与有效竞争

提升学校教育质量的关键是充分发挥学生和老师的主体性与积极性。基础教育除了要满足学生学业知识达标的要求以外，还天然具有选拔人才和区分层次的竞争属性，这种竞争往往需要激发学生的学习动力和老师的教学热情。目前，我国基本实现了乡村教师编制的全覆盖，但是平面化的制度保障、论资排辈的职称评选很容易消解老师教学的动力和积极性。在农村教育衰落的背景下，乡村中青年教师不断通过各种途径来获得城镇学校的教职，村小师资流失严重，校内教师管理和动员机制相当缺乏。相比较而言，义务教育资源向乡镇一级集中的"乡校模式"能够适度再造校内的教师差序结构与学生规模结构，激活乡校有力的师生动员机制。完整的学校教育结构能够形成梯度效应，借此可以塑造学校良性的竞争氛围和教育生态，这需要可以稳定配置的教育资源作为支撑。

在 J 区 H 镇中心小学实地调研发现，基本的教师编制供给、工资社保待遇以及差异化的职称评优机会构筑了乡校合理的教师差序结构。不同于准科层制组织中等级明晰、上下一致的规训法则，"乡校模式"能够实现教育资源稳定供给下学校内部的激励性分配：一方面乡校可以通过对教师的作业批改、课时完成等基础教学情况进行过程考核，保证教学质量达标；另一方面，乡校可以自主制定教师评优评先规则，统筹分配职称评选机会，以量化考核积极引导教师重视教科研成果和创造性教学。同时，校内资源的激励性分配还会在一定程度上激活熟人社会内部的面子竞争，教师群体中会形成良好的职业认知，即希望通过自己的努力付出来得到周围同事与学生的正向反馈。正是稳定的职业预期使得教师的校内流动替代了分散村小阶段的校际流动。

  H镇中心小学自主制订了新教师计划，新进教师一年内成为年级骨干，三五年内成为校骨干，在校新老教师组成师徒结队，校领导"包保"。学校有充足的经费组织教师参加培训进修。此外，学校每年有占教师总数20%的职称评选指标（之前才2%），教师教科研成果、各级称号等都是评优评先的加分项。而职称评选又与教师工资直接挂钩，教师授课和教学的动力充足，中青年教师也都愿意长期在校任职，学校整体氛围积极向上。

  乡校差序化的教师结构形成良性竞争的校内梯度效应，扭转了乡村教师城乡、校际流动的局面，师资作为重要教育资源得以在乡镇一级稳定，同时也吸引了乡校辐射范围内的学生就近入学，逐渐恢复了学校的生源规模。一定规模的生源会形成合理的层级结构，既有利于学生群体之间的信息传递与互补，也可以激励学生自发形成"比学赶帮超"的学习氛围。更重要的是，差序化的教师结构与规模化的学生结构之间会融合出细密的师生动员机制。在之前义务教育资源分散配置的状况下，激进的教育城镇化会引起村小"差学生"和"差老师"的双重弱势积累，留守学生缺乏可比较的参照对象，难有进步动力，老师付出再多也很难提升学生的成绩，"巧妇难为无米之炊"。最后导致师生关系疏离，村小仅能保证学生基本校内安全，留守的学生和退养的老师成为农村教育常态。在"乡校模式"中，基于学生规模结构，能够科学划分班级和年级体系，老师可以被合理配置在固定的班级，在一个教学周期里形成稳定的师生共同体，学生和老师之间相互配合、共同进步，班级内部和班级之间都能形成正向的竞争互动，老师的责任心和积极性被充分调动，师生关系得到深度动员。

◎ 为什么"乡校模式"更适合农村教育实际

深层次来看，城乡学校之间均衡发展最大的障碍已不再是教育资源量上的悬殊，而是已有教育资源的稳定利用与再生产难以保障。在农村学校布局以小规模学校和教学点为主体的时期，村小的基础教育设施就已逐渐趋于完善，但是学生分散、数量少，难以形成适度的校内规模结构。城市学校择优"掐尖"的招生策略又抢占了村小的优质生源，造成村小内部学习和竞争氛围弱化，村小教育的弱势再生产问题突出，年轻教师对乡村教育失去信心，转而寻求职业系统内部的调动。村小也难以激发留守农村的教师的教学积极性，其教学水平无法回应农民家庭的教育预期和需求。为了让子女获得优质的教育机会，农民家庭不得不成为拼夺教育资源的竞争主体，并被裹挟到进城陪读大潮中。

"乡校模式"的现实意义在于，实现了与农民家庭相契合的义务教育均等化，表现为以下几点。

第一，引导农民回归理性的教育投资。通过重建校内完整的教育结构和梯度有序竞争，乡校中的师生共同体得到充分动员，乡村教育质量稳步提升。农民重拾对乡村学校的信心，选择让子女就近上学，主动退出盲目陪读的激进教育城镇化，缓解教育竞争压力。农民家庭回归以代际分工为基础的"半工半耕"家计模式，父母无须牺牲家庭劳动力的经济积累能力来为子女提供优质教育资源。依托乡土底色的学校功能圈，农民还可以充分利用老人等剩余劳动力来分担子辈的教育成本，老人的闲暇时间一般比较多，可以为学生提供生活上的照料，而学生的学习、安全、德育等需求则通过学校来满足。"乡校模式"能与乡土社会中的农民家庭相契合，关键在于既保护了农民"半工半耕"的家庭劳动力配置结构，又以可靠的教学质量满足了农民的教育需求。

J区H镇某村的妇女主任李某有一个儿子，现在在镇中心小学上学，李某说打算让儿子继续在镇里读初中，"我看镇上和区里的学校都差不多，我儿子成绩比村里很多在区里上学的都要好，他每天下午4点放学坐校车回来，奶奶在家看着写作业，不用我管，他爸在外面打工，我们要攒钱让他以后读高中、上大学"。

第二，适度的家校合作。"乡校模式"依托义务教育资源在乡镇一级集中整合，乡镇本质上还是没有脱离乡土底色的半熟人社会。乡校的任职老师大多来自原各村小，与村庄社会和农民家庭之间没有身份间隔，老师与家长能够就学生教育问题进行有效的信息沟通和教育合作，老师的教学态度和能力也需要接受乡镇社会的审视并获得认同。而在城市陪读的农村家长由于自身知识结构、社会资本以及身份认同不足，一般难以跟学校、老师之间达成有效的合作。

第三，学生接受有质量的校内教育。义务教育阶段均等化要求突出学生在校内的个体性竞争。"乡校模式"能够充分激活已有的农村义务教育资源，塑造完整的校内教育结构，师生都被深度嵌入校内梯度当中。以学校教育为主体性内容，农民家庭发挥辅助功能，规避了教育市场化和商品化的恶性竞争，"乡校模式"得以成为农民教育投资的稳定器和安全阀。

"没有未来"的教学点撤并难在哪儿 *

在甘肃、湖北、湖南、河南、广西、贵州和江西等地对乡村教学点的调研发现，大多数教学点的存在已经不符合当前乡村教育的发展趋势，然而，却因为种种因素难以撤并。客观上，撤点并校是当前我国整合教育资源、提高教育效率、推动教育公平的必要举措。

◎ 当前教学点存在的问题

21世纪初期，随着计划生育政策效应的显现，我国农村小学的人数减少，国家开启了撤点并校工作。当时部分农村家庭还存在较强的在村就读的需求，导致撤点并校工作引发质疑，随后国家放缓了撤点并校的步伐，要求撤并学校必须经过村两委和村民的同意，并须通过省教育厅的审批。然而，随着城镇化的发展，农村小学生源流失，村小变为教学点，而教学

---

* 本文源自中南大学公共管理学院雷望红和南开大学周恩来政府管理学院李永萍的调查。

点的发展举步维艰，且已经丧失了原有的意义。目前来看，教学点存在以下几个方面的问题。

学校环境差，教师引不来

教学点基本上都位于农村，距离城市较远，生活不便。尽管国家近些年通过中西部地区薄弱学校改造计划，为许多教学点投入设备或翻新校舍校园，在一定程度上改变了教学点的校园面貌，但仍无法吸引教师到此任教。

一是距离城市较远。在城镇化的大趋势下，人口都向城镇聚集，农村成为人口分布的洼地，而教学点正是因为农村部分学生不方便到城镇上学才得以保留，因此多距离城市较远。考虑到交通时间、子女教育、医疗服务、生活购物等问题，老师们不愿意到农村学校工作，而很多留下来的老师不仅要克服各种困难，还可能影响婚姻问题。2017年，时年35岁的刘老师在甘肃H县GX小学任教10年，他是西北师范大学的毕业生，通过县里招考回到家乡，一直在该校任教，在此工作10年，连对象都没找到。他说："这里冬天下雪封路之后，连菜都没法出去买。"

二是生活条件差。在农村学校，老师的住宿条件十分简陋，宿舍一般是一间房，吃住都在一个房间里。不仅居住环境差，而且做饭、洗澡、如厕都十分不便，很多老师都是与学生同吃，洗澡和如厕都是使用学生的公共厕所。

三是家人无法团聚。由于农村学校条件差、距离城市远，如果到此任教，将不得不与家人长期分居，至少一周才能回一次家，若距离更远，可能一个月才能回一次家。甘肃 H 县 CY 小学的白老师 20 多岁，毕业后被分配到该校，老公是邻县县城人，新婚后两人一周只能见一次面，白老师每次要先坐好几个小时的长途车再转车才能回到家。

四是学校基础设施差。农村教学点因学生人数少、资源使用效率低，地方政府对之投入的教育资源就会少很多，比如一般不会在农村教学点建设塑胶跑道，很多教学点连篮球架、乒乓球台、单双杠都没有，也不会配置计算机房等，有的学校甚至连电脑都没有。有的学校虽然配置了一体机，但是坏了之后无人来修理。贵州 T 市 BY 教学点，一年的生均经费只有 16000 元，要用于购买教辅资料、办公用品、卫生用具，进行校园文化建设。一次学校的电脑坏了，想换电脑却没钱，校长不得已自己垫钱买了一台电脑。在这样的条件下，老师们想为学生上好课，都感叹"巧妇难为无米之炊"，积极性受到挫伤。

对于年轻人而言，为了家庭和谐和自我发展，几乎很少有人愿意到乡村教学点任教。有的特岗教师被分配到教学点，报到时看到学校条件恶劣，拿起铺盖就走了，宁可丢掉"铁饭碗"也不愿意忍受糟糕的环境。因此，教学点能够安排和留下的老师，多是临近退休的老龄教师，或者家就在学校附近的老师。比如 BY 教学点 3 位老师都超过了 45 岁，三人的家都在离学校不远的村庄。CY 小学 7 位公办教师中，50 岁以上的 3 人，40 岁到 50 岁的 2 人，30 岁以下的 2 人，其中有 2 位老师临近退休。

学生数量少，老师教不好

教学过程是一个教学相长的过程，老师教学积极性的激发和教学能力的提高需要依靠学生的积极回应。如果老师在讲台上激情昂扬，学生在讲台下鸦雀无声，老师内心的火焰就会被学生冷漠的回应浇灭，也很难会持续性地保持积极奋发的状态。BY 教学点的舒校长说："我给 4 个学生上课，基本上都是我在自言自语，有时候有 2 个学生回应，我只能去适应他们。现在我给高年级上课，上满 20 分钟以后，实在不知道讲什么了，就去讲故事，教他们做人；给低年级上课，就是满堂灌。"GX 小学的杨老师说："现在一个教室里 5 个学生，胆子小，怕说话，也听话，回答问题声音小。这个与学生多少有关，人少了，交流就少。以前学生多，胆子大，闹哄哄的。"

由于教学点的学生数量少，老师点学生回答问题时，能点到的学生屈指可数，学生之间的带动作用也不强，课堂氛围死气沉沉，老师的积极性不断被消磨掉，学生也逐渐失去了学习兴趣。因而，当学生人数较少时，老师无法有效开展教学工作。此外，尽管教学点师生比高，但是学校存在结构性缺编，在职老师只能承担主要课程，而无力承担英语、音乐、美术、科学等课程的教学工作。

同辈群体少，学生学不好

同辈群体是青少年成长过程中重要的陪伴力量，同辈互动能够起到信息交流和示范带动作用。在农村教学点，学生数量少，且以农村贫困家庭的孩子为主，由此导致两个后果：一是学生之间的信息量少；二是学生之间的信息同质性高，学生每天在一起能聊的信息高度一致。这种信息结构不利于学生在成长过程中打开视野，反而容易导致他们形成相对自闭的人格。我们在调研中发现，教学点的学生普遍性格特别内向，不爱说话，不仅不爱跟外人说话，学生内部也不怎么说话。这很大程度上是因为学生之间高度熟悉以至于无话可说，每天的信息量很少，所以他们与外界的距离越来越远。

在甘肃 H 县 GX 小学调研时，我们看到学生正在上体育课，没人教他们怎么开展体育运动，一群人聚在一起也没啥话说，校园里安静得出奇。

CY 小学的王老师说："农村的学生信息过于闭塞，很多学生都不知道红绿灯是什么样的，到了县城不知道过马路要走斑马线、看红绿灯。"当他意识到这种情况后，自己出钱将孙子送到县城学校上学，让老伴在县城陪读。每次听到乖巧的孙子讲一些他都不知道的新鲜玩意，他既感到欣慰又感到揪心，感叹教学点的学生因信息过于闭塞而没有前途。

此外，教学点的学生少，且以贫困学生为主，学生之间的分层少，后进学生占主导，相互之间的积极带动作用小。即使出现一两个优秀学生，也抵不过更多后进学生的影响。

资源使用效率低

农村教学点一直以来被作为弱势学校看待，近些年国家为了支持薄弱学校建设，加大了对农村教学点的投入力度：一是大力支持学校新建或翻新校舍，二是支持学校建设功能室，三是平整或翻新操场，等等。然而，农村教学点花费高昂成本所建设的场地，使用率却十分低。比如，有的学校刚新建完校舍，学生就流失光了；有的学校翻新了校舍，但使用的教室不足 1/3；有的学校新建了功能室，但音乐器材、美术画材都躺在功能室无人使用，学校的操场没有开过一次运动会。简言之，国家为教学点投入的资源，因缺乏人气而未被充分激活。广西 B 县一所教学点学生所剩无几了，地方政府还花费了几百万元改建学校。湖南 H 市市郊 CS 小学仅有 7 名学生、3 位老师，还花费上千万元的资金去建设，学校建设得非常漂亮，但是仍然没有学生愿意到该校就读。

教育质量差，家长不满意

总体来看，教师的教学积极性不足、学生的信息量不足和师生之间互动不足等因素导致教学点教育质量差。教育质量包括教学质量和育人质量。从乡镇初中的反馈情况看，来自教学点的学生在知识面、文明礼仪、交流技巧、思维能力等方面都不如中大规模学校的学生。因此，学生进入初中之后，很难获得较好的发展，多是班级的后进生，甚至很多学生在小学阶段就隐性辍学了。

由于教学点的教育质量差，家长只要有一点能力都会把子女送到城镇学校上学，只有那些完全无能力的家长才会将子女送到教学点就读，然而他们对学校的评价却极差，认为学校就是放羊，对学校只寄予最基本的期望，即孩子有个地方去即可。甘肃 H 县 YC 镇的王某，家里有 6 个孩子，前面 3 个孩子都是初中学历，想让后面几个孩子好好上学。虽然家中极度贫困，但是他说："村里教学点的教学质量不行，老师不负责任，厉害的老师都在城里，自家兄弟家出了大学生，都是在城里上学的，老大家、老四家、老五家都是在城里供的。"所以他也准备把孩子送到城里上学，让老婆去陪读照顾。

◎ 有序开展撤点并校

不论是在教师安排、学生发展还是在资源使用效率等方面，针对教学点进行撤并一定利大于弊。具体来讲，有序开展撤点并校具有以下几个方面的意义。

集中零散师资力量，打破教师忙闲不均的局面

教学点学生人数少，又必须按照要求配备相应的教师人数，因此师生比高，然而教师的作用却没有充分发挥出来。有的教学点老师调侃，现在学校实行的是"导师制"，即一个老师带一个或几个学生，但是培养质量却不好。事实上，由于教学点学生基础差，教学难度大，师生之间缺乏互动，许多有经验的老师也感到十分无力，因此他们会自我放弃，不再积极地投入工作。一些老师甚至将教学点当作养老的场所，能实现平稳退休即可。

由于县域范围内的师资力量是按照全县总师生数进行配备的，教学点的师生比高，就会压缩中大规模学校的教师数量，使得中大规模学校的教师数量减少。比如甘肃 H 县 CY 小学（农村教学点）的师生比是 1∶1.8，MT 中心小学（乡镇中等规模学校）的师生比是 1∶9.9，县城 CB 小学（县城大规模学校）的师生比是 1∶22.3，农村教学点的师生比是乡镇中等规模学校的 5.5 倍,是县城大规模学校的 12.4 倍。在城镇的中大规模学校,学生人数多,师资力量不足,导致教师的工作量大、工作任务重,不仅要忙教学工作,还要忙行政工作和后勤工作。如果撤并一些效率较低的教学点,将师资整合到中大规模学校,学校针对不同类型的教师安排符合其各自角色的工作,就会打破教师忙闲不均的局面,实现教师工作量的平衡。

塑造多元化教育环境,助力学生健康成长

如果实现撤点并校,将教学点的学生集中到中大规模的学校就读,农村贫困学生的教育环境会大大改善,他们的校园生活会变得丰富多彩。相比教学点,中大规模学校的环境要好得多。比如,乡镇中心小学的校舍更加一体化,功能室更加齐全,运动设施更加多样,老师的知识结构和年龄结构也更加多元。学生可以享受宽敞的教室,可以上英语、体育、音乐、美术等课程,可以使用标准化的操场。老师也能够从学业、性格和人格等多个方面影响学生,有些学生从教学点转到乡镇中心小学之后,性格都变得活泼开朗了。

整合投入教育资源,提高资源使用效率

在中西部薄弱学校改造计划和城乡义务教育均衡项目中,

国家将大量资源投入农村教学点，在一定程度上改善了教学点的校舍条件，却依然留不住学生，导致国家所投资源使用低效甚至无效。同时，由于教学点数量多，这种"撒胡椒面"式的资源投入方式反而影响了对中大规模学校的投入。比如本应该投入资源到乡镇中心小学，却因为项目资源不足，无法有效解决学生的寄宿问题，导致大量家长在乡镇租房陪读。有些中心小学需要改扩建，也因项目资源不足而无法实施。在撤点并校之后，集中师资力量和项目资源支持中大规模学校发展，将有助于提高资源使用效率，促进中大规模学校提升校园环境、教育质量和培养水平。

提供完整的同辈群体陪伴，激发学生奋发意识

教学点撤并之后，学生进入中大规模学校就读，能够享受到更加完整的同辈群体陪伴，获得积极发展的正能量。一是中大规模学校的学生数量增多，每个学生作为一个信息源，能够带来更多的信息，有助于学生吸收各个方面的知识和信息，由此拓展他们的视野。二是学生的层次增多，优秀学生的数量多，学生结构从负向结构变成正向结构，有助于形成学生之间"比学赶帮超"的氛围，先进学生可以带动后进学生。三是学生可交流的对象增多，需要面对的环境更加复杂，能够锻炼他们的沟通能力和互动水平。可以说，教学点的学生若进入中大规模学校就读，同辈群体对他们的积极作用会凸显出来，更容易带动他们形成正确的人生观、价值观和善于交流的性格，对于他们的成长更加有利。

给予贫困学生希望，阻断贫困再生产

在教育城镇化的背景下，留在农村教学点的学生基本上是贫困家庭的孩子。对于他们的家庭而言，教育是改变家庭境遇的最好方式，但是农村教学点的教育环境却无法给予他们积极有效的教育，只能发挥一点看管的作用，提供最基础的保底教育，很多学生甚至连基本的小学知识都无法掌握。因此，帮助贫困学生摆脱低水平的教育环境，让他们到中大规模学校就读，接受更为优质的教育，激发他们的奋斗精神，将有助于他们通过教育获得改变命运的可能，由此阻断贫困再生产。

◎ 影响撤点并校的因素

调研发现，无论是教育局的领导干部、城镇学校的校长，还是教学点的校长，都认为撤点并校是整合教育资源、提高教育资源效率的最佳方式。但是，撤点并校工作常常难以展开，存在着诸多因素影响撤点并校和资源整合。

贫困村民无法承担远距离就学的成本

对于贫困家庭的家长而言，他们愿意将子女送到城镇学校就读，但是由于城镇学校的寄宿条件不成熟、生活照料不方便，他们必须在城镇租房或买房陪读，或者将子女寄放在托管机构，虽然进入城镇学校就读同样不用交学费，但是每年的照料费用或生活费用达到几千元甚至上万元。贫困村民无法承担子女进入中大规模学校就读的成本，因此高度依赖离家较近的教学点，不愿意撤并教学点。但是，如果能够对他们的子女给予一定的补助，他们还是非常愿意将子女送入城镇学校就读的。比如，江西 Y 县山区多，很多教学点不敢撤的重要原因是交通不方便，且中心小学没有校车，学生若每天往来家校之间，家长担心出现交通事故，而陪读成本又高。

村干部拒绝撤并，担心影响其在村内的声望

撤点并校还受到一些村干部的阻拦。21 世纪初，国家进行了一轮撤点并校，保留了部分村中学校和教学点。对于村干部而言，保留学校象征着村庄的实力，说明村干部能力强。因此，那些保留了教学点的村庄中的村干部，普遍都不愿意教学点在自己任期内被撤并。如果学校被撤并，很可能会被村民指责无能。也就是说，村干部将撤并学校看作村庄治理工作的负面因素，为了不被村民误解，他们坚持保留学校。还有一部分干部将学校建设作为村庄发展的政绩，认为在自己任期内将学校建设好，是工作能力强、治理效果好的表现。贵州 T 市 BY 教学点本来准备撤掉，但遭到村干部的阻止。还有的村干部为了阻止撤除教学点，自己找来项目和资金把学校建设得非常漂亮。

学校产权不清，撤并后可能引发矛盾

20 世纪 90 年代，我国农村地区曾兴起过一阵学校建设高潮。当时农村学校主要是依靠村民集资和村集体力量建设起来的，属于集体资产，但是后来学校发展所需的各种物资和扩建等资源，又是依靠政府的投资，这部分投入属于国家资产。按照规定，撤点并校之后教育局要将学校收归政府统一管理，不能随意变卖或出租校舍校园，那么，村委会在使用学校时就不方便了。因此，一些村干部为了避免受到教育局的限制，方便村委会控制学校资源，就坚决不同意撤并学校。

申报程序过于复杂，导致撤并动力不足

目前，县教育局要撤并一个教学点，一是需要走民主程序，即必须经过所在村委会和村民的同意才能申请撤并；二是需要走审批程序，即需要层层上报到省教育厅，省里审批同意

才可以完成撤并。问题在于，一般情况下，民主程序因受到村干部或村民的阻拦而无法顺利通过，很多教学点的撤并都是由于村干部或村民阻拦而被搁置。另外，即使完成了民主程序，县教育局考虑到向省教育厅申报要走烦琐的程序且不一定会被批准，干脆放弃撤点并校的想法，继续维持这种高投入却无效率的局面。

◎ 撤点并校如何才能推动乡村教育高质量发展

学生数量少、师资力量弱、教育效果差的教学点，有必要进行撤并。在撤并之后，要通过集中资源优化中大规模学校的教育教学环境，增强中大规模学校的教育服务能力，推动实现乡村教育的高质量发展和城乡教育一体化发展。

摒弃非教育因素影响，简化撤并程序

当前撤点并校的实践主要是受到教育以外的因素阻碍，民主程序实际上并不民主，审批程序也过于复杂。要推动乡村教育的发展，有必要摒弃非教育因素的影响，回归到教育发展这一本源上来。在县域范围内，县政府和县教育局具有地区教育发展的判断能力和把握能力，他们对教育资源的使用效率、未来教育发展的走向和教育资源的分配格局都有自己的认识与判断。应当将撤点并校的权力下放至县一级，由县政府和县教育局统筹规划教育发展，以此适应不断变化的教育需求。

增强贫困学生专项扶持，支持乡镇就学

目前留在农村教学点的学生多是贫困学生，如果撤并整合学校，需要解决贫困学生进入中大规模学校就学的成本问题和融入问题。就当前我国的情况来看，乡镇是乡村资源供给的有效层级，政府可以对贫困学生进入乡镇就学予以相应支持：一是提供免费住宿；二是给予生活补助；三是重点关注这部分学生，支持他们尽快融入中大规模学校的学习和生活。有人认为，如果撤并教学点之后，专门给予部分人专项扶持，会引发其他人的不满，也会导致更多的人向国家索取更多的资源，强化"等靠要"的思想。对此，学校需要与学生所在的村社区形成联动，实事求是地判断学生的家庭情况，确定是否要支持，以及如何支持。

加强中大规模学校的寄宿制度建设

撤并教学点之后，需要强化中大规模学校的建设。在整合学校之后，农村学生面临的首要问题便是住宿问题。这是进入城镇学校就读的学生所面临的共性问题，目前主要是依靠家庭采取陪读、托管、购房等方式解决的，但是这些方式成本高，家庭压力大，效果还不好。中大规模学校需要加强寄宿制建设：一是要改善学生住宿条件，保证学生有地方住，另外，农民家庭的生活条件越来越好，学校的住宿条件也要不断改善；二是要提高生活服务能力，配置足够的生活老师，针对低学段学生做好生活服务和生活保障，比如要帮助或指导学生生活自理等，针对中高段学生，则要引导和教育学生在生活上学会自我管理和自我服务，教会他们形成自立自强的生活作风和品质人格。对于农村学生而言，其父辈和祖辈的文化水平不高，亲子教育和隔代教育不如学校教育，农村学校做好寄宿制建设，将更加有利于这些学生的成长和发展。

强化乡镇中大规模学校的教育培养能力

在撤点并校之后，乡镇学校一是可以借助学生规模聚拢项目资源，在硬件上建好一所学校，比如完善教室、功能室、实验室、图书馆、操场等建设，逐渐缩小与城市学校的硬件差距；二是可以借助学校环境和学生潜力吸引优秀教师，组建高水平、有潜力、善育人的教师队伍。对于乡村学生而言，享受优质教育资源的目的在于通过教育获得改变个体命运和家庭命运的途径。撤点并校的核心在于提高教育效率，推动教育公平，确保乡村学生的教育希望得以实现。因此，乡镇中大规模学校需要充分利用物质资源、人才资源和规模优势做好教书育人工作，一方面要根据学生特点开展针对性教育，并依靠学校规模优势和比较优势开展特色教育；另一方面则要学习城区学校优秀的管理模式和管理经验，将之融入学校发展过程，以此逐步缩小城乡教育的差距。

撤点并校：
保持乡村学校的适度规模[*]

始于 21 世纪初的撤点并校政策是我国农村教育布局调整的一项措施，该政策通过撤并农村中小学、实现教育资源集中，深刻地影响了乡村教育变迁。同时，国家也采取了一系列重大政策措施，加大了对农村义务教育的支持力度，乡村学校办学条件得到明显改善。但整体上乡村教育的发展状况却不容乐观，学生流失、教师流失、乡村学校空心化日益严重。经过 20 年的变迁，当前乡村教育布局情况如何？应该如何发展乡村教育？

◎ **撤点并校与乡村教育的历史演变**

2001 年 5 月，国务院下发《关于基础教育改革与发展的决定》，提出"因地制宜调整农村义务教育学校布局。按照小学就近入学、初中相对集中、优化教育资源配置的原则，合理规划和调整学校布局"。由此，各地撤点并校行动拉开序幕。

---

* 本文源自武汉大学社会学院袁梦、王子阳的调查。

这一政策的初衷是为了整合农村教育资源、优化教育资源配置。但由于降低教育财政投入、减轻财政经济压力、实现政绩目标等原因，一些地方盲目激进地推行撤点并校。大规模撤并和未合理设置配套措施等情况引发了偏远学生上学难、交通安全隐患增加、家庭经济负担加重、辍退学率上升等问题，过早的寄宿生活可能引发学生心理问题，这些都影响了农村教育的健康发展。

面对这些问题，2012年9月，国务院办公厅下发《关于规范农村义务教育学校布局调整的意见》，明确提出坚决制止盲目撤并农村义务教育学校，暂停农村义务教育学校撤并，及时调整了过度撤点并校行为。

2018年5月，国务院办公厅下发《关于全面加强乡村小规模学校和乡镇寄宿制学校建设的指导意见》，提出要科学合理设置乡村小规模学校（指不足100人的村小和教学点）和乡镇寄宿制学校，妥善处理好学生就近上学与接受良好义务教育的关系，切实保障广大农村学生公平接受教育的权利。按照"科学评估、应留必留、先建后撤、积极稳妥"的原则从严把握撤并问题。一些乡村小规模学校得以保存下来，办学条件也得到一定改善。

但与此同时，在教育城镇化趋势下，因大量学生自主流动，农村形成"乡村教育空心化"问题，导致出现许多规模小、生源少、教育质量低的"麻雀"学校。在这类学校中，不仅学生难以接受较好的教育，也不利于有效利用教育资源。因此，在当前乡村教育发展中，结合各地实际，调整过于分散的布局，适度进行撤点并校具有现实合理性。

◎ 乡村教学点的发展困境

调研发现，当前农民家庭主动将孩子送进乡镇乃至县城上学的情况十分普遍。大部分中西部县域常住人口城镇化率已达到40%～50%，其中多数农民家庭进城都是为了获得更优质的教育资源。以湖北一村民小组为例，该组共有33户家庭，全组小学生有4个，1个在乡镇小学就读，3个在县城小学就读。

同时，在乡村教学点就读的学生人数正在急剧减少。教学点是不成建制、不具有完整教学年级的小学。以河南G县为例，2020年全县共有公立小学270所，小学教师4200人，小学学生总数57000人。其中，小规模学校共190所，约占70%，教师1470人，学生却只有5600人，约占10%。学生在10名以下的学校有64所，有7所学校只有1名学生。

从师生比和教学条件投入来看，小规模学校的师生比远超国家1∶23的标准，教学条件也得到较大改善。例如，2019年湖北S县给每个小规模学校拨款130万元建新校舍，新建

4间教室、1间器材室和1间图书室。但在城镇化背景下，有些小规模教学点已经变为极少数学生的托管所，也正在成为"差生养成所"。由于学生结构不合理、家长不配合、教学质量不高等特点，这些小规模教学点缺乏良好的学习氛围，难以真正发挥教化育人的作用。

首先，教学点的学生数量少，容易出现弱势群体聚集现象，存在学生结构不合理困境。乡村学生数量少，是否可以实现"小而精"的教育？实现这种教育的前提条件是必须有优质师资，但是，所有乡村学校都难以保证这一条件，结果是学生数量过少反而难以形成良好的学习氛围和提高教学质量。另外，留在教学点的学生普遍存在弱势特征。如河南G县某教学点由于生源少，采取隔年招生，目前全校共5名学生，其中一年级2人、三年级3人。这5名学生中有2个存在智力障碍问题，2个出生于贫困户家庭，1个生活在离异家庭。这种生源结构让学校的学习氛围难以活跃起来。

其次，有的学生在教学点就读的主要原因不是家庭经济问题，而是家庭教育期望不高和教育能力不足，这导致家校不合作困境。如某教学点一个学生的母亲把孩子送到教学点，是因为她更期望学校完成托管功能而不是知识教育，而且认为学校应该做到管吃管住管生活管学习的全方位托管，做父母的只负责赚钱就好。所以她外出打工后，也就完全不再管孩子。另外，教学点也常发生学生家长不理解教师的情况，如一个学生回家后感冒了，他奶奶到学校闹说是教师没有管好。虽然学校出现家校矛盾是常态，但在教学点，由于学生少，这种负面的家校关系就更容易影响教师的积极性和教学点的良性发展。因此，在很多小规模教学点难以实现良好的家校合作教育，教师提高教学质量的动力不足，教学点更多成为临时托管的场所。

最后，教师在教学点难以有效提高教学质量，也难以提升自身教学能力，存在工作积极性弱化困境。一方面，虽然教学点的师生比高，但从学校整体运营效果的角度看，教师配置却又极为不足，多方面的教学和管理工作压力使教师没有精力细致备课和认真钻研教学。教学点一般采用年级混合式教学和全科式教学，教师不仅各个年级都要教，且附加多门副课，此外他们还要负责财务、后勤、保洁等学校后勤工作。另一方面，为了兼顾教学点不同学生的学习能力和水平，教师只能放慢教学进度、降低教学难度，这又导致教师缺乏成就感和成长感。G县某教学点的张老师表示："在教学点工作非常无聊，很封闭，缺乏竞争力，接触新知识的机会非常少。尤其是教学没有成就感，有的孩子就算手把手教10遍也学不会，非常影响积极性。"S县某教学点的陈老师表示，以前教高年级时有成就感，非常不适应现在在教学点只能教低年级的状况，"感觉自己变傻了"。

◎ 适度撤点并校，有利于兼顾公平与效率

小规模教学点存在的意义是为了兼顾农村学生就近入学和接受良好义务教育的需求。这表明需要根据历史趋势和客观现实辩证地看待撤点并校政策，既不能一刀切地盲目撤并，也不能一刀切地禁止撤并。当前在城镇化趋势下，越来越多的农民家庭为了追求更高的教育质量，自主选择将子女送进乡镇或县城学校就读，同时小规模教学点也较难达到良好的教育质量。因此，为顺应教育规律和城镇化趋势，当前应适度进行撤点并校，其核心原则是保持乡村学校的适度规模，建立起以乡镇学校为重点的乡村义务教育供给体系。

首先，适度撤点并校是教育资源有效配置的现实要求。当前大多数农民家庭的教育期望提高，教育支付能力提升，即使在国家和政府向教学点等小规模学校倾斜投入资源的背景下，为了接受更好的教育，农民家庭也愿意主动将子女送进乡镇或县城学校就读。湖北 Y 县在对全县乡村小学实施"改薄项目"后，小规模学校从 2017 年的 90 多所缩减至 2021 年的 27 所，这些学校都是因学生流动而自然消亡，导致大量资金浪费和资产闲置。在城镇化背景下，要根据学校实际规模、配套服务情况、学生流动趋势进行合理的资源投放和规模撤并。在确实有农民家庭需要、撤并配套服务还不充分的情况下，对于有

一定规模的学校，可以予以保留，但对于学生数量极少、教学质量不高的小规模学校，应该允许撤并，否则就会造成资源浪费。

其次，可以通过基础设施建设和配套服务保障等方式解决撤点并校后学生上学问题。在脱贫攻坚和乡村振兴背景下，乡村基础设施条件得到极大改善，如乡村公路的修建、乡镇公立寄宿制学校的发展、学校校车系统的完善等，使得农民家庭在镇域范围内的互动沟通更为方便，也有利于应对撤点并校后出现的偏远学生上学难等问题。另外，在提高乡镇公立学校应对撤点并校后的承接能力方面，也需要国家和政府重点投放资源来解决。例如针对乡镇学校学生和教师大规模流失问题，可以采取乡村教师政策福利倾斜、城乡优质教育资源流动等机制促进教师均衡配置；针对乡镇学校寄宿、校车、托管等服务不到位不完善问题，需要加强相关建设；针对乡镇学校留守儿童问题，需要配备生活老师和心理老师等师资力量，真正解决农民家庭的教育需求和困难。

最后，相对于村庄和县城，当前乡镇是更适合乡村教育发展的重点层级，乡镇公立学校的建设有利于农民家庭接受高质量低成本的教育服务，保障教育公平。一方面，相比村庄，乡镇公立学校在学生、教师的数量和结构上都更有优势，因而教育资源在镇级投放可以实现一定规模效益，有利于学生在更积极的教学氛围中学习,从而进一步提高乡镇教育质量,让乡村学生接受更好的乡村教育;另一方面,相比县城,在乡镇学校就读的教育成本更低。在县城学校接受教育通常需要农民家庭进城买房或者租房,另外也通常需要劳动力进行陪读,这大大增加了农民家庭负担。但在乡镇学校就读,国家和政府可以通过完善学校寄宿制度、建立公交系统、补贴困难学生等方式降低学生家庭的教育成本。

湖南N县某镇通过撤并措施有效加强了乡镇学校实力,缓解了学生流失困境。在2010年前,该镇有2所中学、13所小学(包括教学点),最多时全镇初中和小学共有3000余名学生。2013年全镇中小学学生流失严重,只剩下1000余名学生。最小规模教学点只有3名学生和2名教师,最大规模教学点也只有19名学生和6名教师。经过调研考察,2016年该镇将13所小学包括教学点分别合并到2所乡镇中学中,建成了2所九年一贯制学校。为保障合并顺利进行,该镇采取了如下措施:听取各校教师和家长意见;完善基建设施,如合理配置校车解决学生接送问题;解决就餐、热水、住宿等问题,并配置体育器材、图书馆等;通过改善教师住宿条件将教师资源集中;等等。另外,为了避免资源浪费,该镇还将原有农村教学点改造为村便民服务中心。在教育资源适度集中的实践下,该镇2所中学师生流失大大减少,教学质量得到提升,目前2所乡镇学校各有400多名学生，且在全县教育质量排名前列。

合理实施撤点并校政策，关键在于对农村教育资源合理配置问题有恰当的认识。无论是过去盲目撤点并校还是当前过度分散办学，都是对乡村教育实践缺乏研判，从而未能合理配置教育资源的表现。为了实现教育公平、方便学生就学，我们需要避免过激的撤点并校行为。但在县域城镇化背景下，没有发展重点，在教育资源投入上采取"撒胡椒面"的方式，只讲表面公平，会造成大量资源浪费，不仅不能振兴乡村教育，还会导致深层次的城乡教育不平等。

经过20年的发展，农民家庭的教育实践已经发生了改变，对教育质量有了更高的需求。适度集中资源、提高乡村教育质量，才能真正满足农民家庭的教育需求。

当前乡村教育的关键问题是义务教育质量的下滑。在这一背景下，教育资源却呈现出县城集中和教学点分散并存的不合理配置格局，这不仅会加重农民家庭负担，更严重的是会加剧城乡教育不均衡，造成对无能力进城学生的教育不公平，让乡村"没有希望"，加速乡村衰落，最终不利于乡村社会秩序和文化发展。因此，在教育资源有限的条件下，面对农民家庭对教育的更高诉求和学生进城的客观城镇化背景，需要有重点地投放资源。以乡镇学校为重点，加强乡村义务教育体系建设，这或许是乡村教育未来发展的一条可行路径。

二

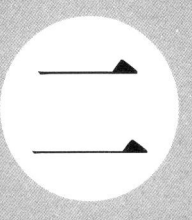

网络社会中的孩子们

乡镇初中里的那些"不可教者"*

过去很长一段时间，管理部门要求义务教育阶段学校秉持"有教无类"原则，对学龄学生"应收尽收"，不能将学生排除在义务教育大门之外。在精准扶贫阶段，"控辍保学"政策执行最为严格，给县域各义务教育阶段学校带来了较高的管理压力和成本。脱贫攻坚目标任务完成后，该政策有所松动，学校对少数难管、管不好的学生有了一些自主管理空间。

从调查来看，"有教无类"在乡镇初中是一个遥不可及的目标。童楠楠博士在江西省某县城一个新建初中以实习名义开展了三个月的调查，深度介入了一个初三班级的教学管理。下面是她遇到的一个被隐性开除的学生的案例，颇具典型性。

初三某男生，15岁，是家里的独子，县城某初中的寄宿生。家在距县城14公里的乡镇上，父母经营小超市，年收入10万元左右。该生学习成绩一直不好，初二转入学校体育特长班（学费一年1万余元），但体育天赋一般，被劝回普通班。自觉"不是读书的料"，其理想是毕业后当游戏主播赚钱。他感觉

---

* 本文源自武汉大学社会学院杨华的调查。

上课听不懂，是煎熬，一天到晚只能发呆。由于学校管理严格，他很难在课堂上开小差、玩手机，于是经常以打扫卫生、上厕所为由偷偷跑去体育场打球，是年级有名的"问题学生"。

班主任多次就他的逃课问题联系家长，他也有过几次短期休学在家的经历，但屡教不改。在一次被班主任发现他带香烟来学校后，家长也被折腾得不胜其烦，干脆和学校签订保留学籍、不来上课、混个毕业证的协议。休学在家后，他一天到晚玩游戏，在家长削减零花钱作为惩罚的情况下，他开始利用游戏技术赚钱，招募了几个技术不错的游戏圈好友，当代练，在游戏群、闲鱼平台招揽生意，当代练一周多赚了300元。现在他正在苦练游戏技术，准备接更多单、赚更多钱。

◎ 区分管理是学校管理的不二法则

按说，学校是实施教育的地方，对每个学生都有规训、教化的责任。不遵守行为规范和违反学校、班级纪律的学生，与校外人员打架斗殴的学生，有偷鸡摸狗等不良行为的学生，不爱好学习、调皮捣蛋的学生，都应该在学校得到教育、获得培养，成为遵守规范、有自律性、勤劳好学的学生。但是，事实上并非如此。

在乡镇中小学教育实践中，总有些学生像上述那名初三学生那样，被学校视为"不可教者"，他们要么被请出学校，要么被边缘化。有些学生被请出学校，有学籍但不要求来学校，不上课，不参与学校活动。只有当上级教育部门来学校调查、清点人头时，他们才会被请进学校，配合学校"表演"，并因此获得好处。"表演"完后，他们照常逍遥校外。这些学生是被认为对班风校纪和其他学生影响最坏的学生。他们以保留学籍方式被隐性开除。

有些学生还没到隐性开除的地步，只是不学习，但已经影响到其他学生、影响到课堂纪律。因此，为了提高其他学生学习的积极性、增强班级管理，学校将他们单独管理，或者将他们的座位调到后排或周边。这样，这些班级就会自然分出两个泾渭分明的群体，学习好、有学习积极性的学生呼朋唤友，而被边缘化的学生成群结队，他们之间相互不打搅、不交往，刻意保持距离。

"问题学生"中有些是学习差、不会学习者，但不调皮捣蛋；有些是不遵守班规班纪，又屡教不改者。将他们与其他学生区分开来，是为了给学习成绩相对好、好学、有上进心的学生提供一个良好的学习环境和氛围，这些学生因为有升学的可能而获得学校、老师更多的关注、帮助和教育。而"问题学生"则属于被边缘化者，他们被严格地控制在一定活动范围（后排、周边），只要不影响班级其他学生、不在学校打架斗殴，这些班级的班级纪律、课堂氛围、考试成绩如何，这些学生做什么、怎么做，学校都不管。

◎ 不得不实施的区分管理

那么，为什么学校要在学生中间区分"可教者"与"不可教者"？

第一，升学与规训之间的张力。对于大多数乡镇初中来说，升学是最重要的目标，学生的学习情况和成绩是最关键的。学校必须集中精力推动学生学习和提升学生的成绩，学生管教、规训等其他方面就不能耗费老师太多精力，否则会影响升学目标。为了聚焦升学目标、减少规训学生的成本，需将一些要消耗大量规训成本的学生进行统一管理（隐性开除、分班或调座位），那么就要区分"可教者"与"不可教者"。"可教者"，能够自我规训，学校对他们的管理目标是升学；"不可教者"，无法自我规训，也没有升学目标，学校对他们的管理目标是不出事、不过多消耗管理成本。

第二，师生比低与精细化管理之间的张力。县乡初中一个班的学生从四五十人到七八十人不等。在湖北孝昌县某私立中学，初一某班有 78 人，前几年还有过上百人的大班额，这样的班级就一个班主任。很多农村中学根本没有专门的生活老师，政教处的老师也多是兼任的。就算一个班平均 50 个学生，班主任要在日间和晚自习（课后服务）时间管到每一个学生，也是不可能的。常讲的精细化管理，就是要做到老师对每个学生都了如指掌，哪个学生出问题了，能够及时介入，做有针对性的思想及其他工作。这些工作不是一次性的，而是需要耐着性子的、持续性的。不仅如此，老师还要承担家访、社区访等工作，这些都耗时耗力。

那么，班主任能够关注到的学生，就是少数成绩好的，以及少数调皮捣蛋但还能够管教过来的。中间部分是班主任比较放心的，成绩不上不下，但不拖后腿；成绩差，如果表现还好，也不需要管。表现最差同时成绩也是最差的学生，是班级中的捣乱分子，班主任如果有足够的时间和精力专门"对付"他们，也许还能管教过来，"甚至改造好"，但是很多班主任并没有这样的"专门时间"。调查发现，如果一个班级只有两三个表现差、成绩差的学生，班主任可以通过细致的、有针对性的思想工作、帮教活动和家校互动等，引导和督促这些学生纠正不良行为、提高学习成绩；如果达到或超过五个，班主任往往就无能为力了。这样，这些人最终会被班主任视为"不可教者"，而被"抛弃"。学校对待这些"不可教者"的一般办法，除上面的隐性开除、分班管理外，还有让他们坐教室最后面，只要他们不讲话、不影响他人就不管。

第三，大量非教学任务挤占了教师的时间。上级各部门许多工作都下到学校、班级来完成，只因为学校群体集中，教师、学生、家长好调动，动不动就"小手拉大手"，搞各种各样的活动；安全问题成为上级教育部门和其他部门关注的主题，学校收到最多的文件、开得最多的会议都是有关安全问题的，班主任、科任老师的许多时间和精力都耗在这方面。

第四，农村家长无时间亦无能力管教子女。首先，农村家长大多数都外出务工或经商，没有时间管教自己的子女。学校开家长会、叫家长、家访等日常管理工作，他们想支持而做不到。其次，农村家长没有足够的管教意识、知识和能力，不知道怎么管教子女。面对处于青春期的、叛逆的子女，除了打、骂、给钱之外，他们不知道用什么方式跟子女沟通，不知道用什么话语做思想工作。有的家长被学校多叫了几次，同时被要求配合管教，他们便会感到厌烦，说教育是学校的事情，孩子交给学校了就由学校来管，不要总来麻烦家长。总的来说，多数农村家长基本上无法配合学校、班主任对子女进行管教。

◎ 单中心目标下的区分管理

基于以上原因，无论是学校还是班主任，都不得不对学生进行区分对待，有些学生就必然要被定义为"不可教者"，成为学校或班级的"另类"。只有如此,学校、班主任才能将有限的资源用于升学、用于"可教者"的教育。在以升学为单中心目标的情况下,学校资源、班主任的注意力、科任老师的关注点集中分配到最可能升学的学生身上,而对于其他的学生则无暇顾及。

像童楠楠所述案例中的那个学生,因为教育资源不足,学校最终只能将他边缘化,进行区分管理。根据童楠楠的介绍,这个学生天性不坏,只是不适应学校的课堂纪律、对学习不感兴趣,表面上是因为逃课多、影响教学管理而被列为"不可教者",实则是因为他打游戏、打球的目标与学校升学的单中心目标有冲突,二者之间的矛盾不可缓和。

"读书改变命运"：
乡镇初中学生可不这么认为[*]

"读书改变命运"曾是农村家庭的教育梦想。然而，我们在江西中部某乡镇初中调研发现，乡镇初中普通班中有大量不好好读书的学生，他们在课堂上睡觉、玩手机、打游戏，甚至吸烟、玩闹。这些学生到底为何不好好读书？如果不能好好读书，他们是否会对自己的未来感到焦虑和绝望？

◎ 乡镇初中学生不好好学习是普遍现象

2022年年底我们在江西中部某乡镇初中调研，观察到一些现象：普通班里除了班主任上的物理课和副校长上的化学课，其余课堂基本都是乱哄哄的，44人的班级不超过5人听课，并且这5个人也是时听时不听的状态。其他学生要么趴在桌子上睡觉，要么围在一起聊天、玩游戏、打牌，发明各种娱乐方式，要么玩手机、吸电子烟等。下课时间就跑去上厕

---

[*] 本文源自武汉大学社会学院罗茜的调查。

所（其实很多人是去厕所吸烟）、去小卖部买东西，或是在教室玩闹。部分学生总是会拖到上课之后再进教室。有一次大课间，我们翻看了班上学生的书，基本都是全新的，或者是故意损毁，很少有学习的痕迹。重点班里很多老师也反映只有一部分人在听课。通过看月考和期中考试成绩表，我们发现班级分数断层很厉害，最后一名竟达不到第一名分数的一半。跟班观察时我们发现，坐在后排和第一排的同学上课有很多小动作，作业也经常没有完成，临时抄袭现象很常见。

校长和教导主任反映，学生不好好学习是乡镇初中的普遍现象。如何理解这一现象非常重要。我们在和普通班学生交谈时发现，他们并不是不认同读书有用，很多学生都说自己知道读书有用，读了书可以更容易地找到工作，没读书找工作会很难，甚至可能找不到；读了书的人可以坐在办公室里挣钱，没读书的人就只能挣辛苦钱；读了书的人挣的钱多，没读书的人挣的钱少。这些都是他们对读书与不读书的区别的说法。这表明他们认可读书的重要性。但是，仍然有大量学生不好好读书，其中原因便不能仅仅用"觉得读书没用"来解释。

◎ "反叛型不读书"与"无望型不读书"

乡镇初中学生为何不好好学习？不同类型的学生，原因不同。首先可以将普通班的学生分为两类。一类是街头混混型，这类学生人数不多，一个班级有 5～6 名核心人员，他们周围会围聚一圈次核心人员，这些次核心人员是核心人员的追随者。他们愿意跟随核心人员有两个方面的原因：一是能够受到他们的保护，没人敢招惹自己；二是核心人员敢于和老师叫板，发明各种新奇好玩的事情，能够给他们的校园生活增添乐趣，跟着他们不无聊。核心人员和次核心人员整天混在一起，不以学习为业，经常违反校纪班规，吸烟、喝酒、玩手机、打牌、打架、谈恋爱等是常事，是班主任重点管理的人群。这些学生毕业之后，多加入街头混混的队伍中。他们在学校里瞧不起老师，认为老师没什么了不起的，还要靠学生吃饭，敢和老师当面发生冲突，甚至校长来了也不怕。由于学校缺乏管教顽劣学生的手段和方法，科任老师、班主任甚至校领导都拿这些学生没办法。在与老师的互动中，他们深知学校对自己无能为力，也就更加大胆，经常通过挑战老师的权威制造乐子。这类学生在校行为散漫，追求所谓的个性张扬和江湖义气，对学习不感兴趣，属于"反叛型不读书"的类型。

另一类是后进生，这类学生在班上占一半以上，他们的特征是学习成绩不好，在学习上非常吃力，即使想学也学不进去，听不懂老师讲课。由于跟不上老师的节奏，学不会基础的知识，他们逐渐失去学习信心并形成厌学心理，以至于在课堂上会睡觉、做小动作和讲话。他们在课堂上百无聊赖，做这些事情的目的是打发上课时间。这些学生无意与老师发生争执和冲突，不会主动破坏老师的权威。当老师制止他们的不良行为时，他们会配合老师进行改正，对老师的评价也相对正面。这些学生不好好学习，主要是因为前期基础知识不扎实而厌学，属于"无望型不读书"的类型。

这类学生的读书无望过程大致经历如下阶段（或者说关键点）。一是小升初阶段。部分学生小学阶段学习成绩一般，或者是到五六年级时因贪玩成绩有所下滑，所以他们将初中视作新的开始，希望能够弥补小学没有好好学习的遗憾。然而，由于初中知识与小学知识相比难度大幅增加，学习的科目数量增多，即使学生想要努力学习，但极可能还是听不懂。一旦测验时发现成绩没有达到自己的理想状态，甚至和班上不怎么学习的学生相比差别不大，他们的自尊就会受损，产生放弃读书的念头。

二是初一升初二阶段。当地学校会在初一升初二时进行非均衡分班考试，一部分分到普通班的学生在这一阶段会开始思考自己的未来，有些学生会认为自己已经没希望了，因为"这个学校考上重点高中的人不多，能考上高中的人也是少数，到普通班就是进垃圾班，连高中的边都挨不到了"，因此干脆躺平放弃，趁着能玩的时候抓紧时间玩。

三是初三阶段。此时已经面临着初中阶段的结束，部分学生开始慌张，着急思考自己的未来去向。在这一时期，学生开始能听进去父母的话，以前父母让好好学习的话只当作耳旁风，到初三时反而能够听进去了。这个阶段会出现新的分化，一部分学生认为"初三来了，想翻身都难""初三了，再怎么努力都来不及了"，因此干脆放弃考虑未来，专注当下的玩乐。还有一部分学生则认为自己还有希望，并且坚定地想考上高中，他们想要好好听课学习，但很快就发现，班级环境并不允许他们安静学习。

在乡镇初中普通班里，班级权威掌握在班干部手里，而班干部几乎都由街头混混型学生担任，可以视为"混混"治班。由他们担任班干部有几点原因：一是普通班多数学生对学习不重视，学习相对好的人无法令大家信服，管不住班级，"混混"班干部由于拥有"暴力性权威"，反而能够镇住班级大多数人；二是学校对普通班的定位就是安全和稳定，不在乎成绩，实行"混混"治班，能在他们愿意管理班级时让其他同学安静，同时还可以形成对"混混"自身的牵制，即有时可以用"以身作则"的要求约束他们；三是班干部有一些免罚优惠，在大家看来是个官，"混混"也比较感兴趣，愿意争取当班干部，其他人争不过也不敢争。

"混混"治班，管理方式具有一定的随意性、选择性和娱乐性。随意性是指想管就管，不想管就不管；想起来了就管，没想起来就不管。选择性是指自己违纪不管，自己人违纪不管，其他人违纪立马记名字。娱乐性是指带有一定的玩闹性质，他们有时会借管秩序之名行玩笑之实、打人之实。"混混"群体本就是班级噪声最主要的来源，他们不受控制，课堂秩序就会出现一片混乱，导致其他同学难以听讲。

秩序混乱成为课堂常态之后，任课老师们的热情大多会在开课几周后消磨殆尽，许多老师表示一想到要去普通班上课就头痛、心累，教学动力不足。因为学生学习能力有限，授课内容就会比重点班少且简单，进度也会比重点班慢。不仅如此，由于乡村学校师资有限，学校倾向于将优秀师资优先安排到重点班，主要由即将退休和教学经验不足的老师教普通班。这些都使得普通班里想学习的学生成绩提升缓慢，他们逐渐失去学习信心和希望，最终放弃学习。

总之，乡镇初中学生不好好学习，并不是因为认为读书没用。这些学生分别属于两种不同的类型，即"反叛型不读书"和"无望型不读书"两种类型，前一种是不想读，后一种是读不进。后一种类型的学生比前一种类型的学生多，且前一种类型的学生对后一种类型的学生会带来一定的不良影响。

◎ 对未来生活的信心强化了不好好读书的行为

放弃认真读书后，很多学生并没有如我们想象中的那样对自己的未来感到悲观。我们在调研中询问了很多学生，虽然有部分学生回答不知道自己未来能做什么，对未来有些害怕，感到没人可以寻求帮助，但是很多学生都认为自己的未来会比较好。对未来生活的信心使学生们不想认真读书，他们拥有顺利度过学校生活的心理能量和底气。这些学生的信心源于以下几个方面。

首先，对读书的工具化认知使他们认为读书的功能可以借助其他方式实现。学生们认为读书主要是三个方面的功用：找工作更轻松，工作环境更好，工资水平更高。在他们看来，读书的价值等同于学历和文凭，是找到好工作的敲门砖，读书的重要性在于其结果，即所获文凭的高低和文凭的含金量。好好学习，获得好的文凭，是为了让自己在劳动力市场中找到一个好工作。他们并不考虑学习过程的意义、价值等附加功能。在这个意义上，通过读书获得文凭只是延迟满足和实现经济价值，学习过程的价值则被忽视，包括知识的价值、学习方法的习得、学习习惯的养成、学生角色与教师之间的互动等。对读书纯工具化的认知，遮蔽了学习功能的多样性，也使学习经历了一个"祛魅"过程，成为可量化、可计算的行为，也成为能够被替代的事情。正如学生群体中流行的一句话"吃不了学习的苦，就吃生活的苦"，这种戏谑化的表达真实地反映了他们的心态。在他们看来，如果自己以后在工作上肯吃苦，同样能够有较高的工资，也正因为以后苦，现在玩玩也就更有必要了。

其次，代际支持让学生有了过好未来生活的底气。作为2008年前后出生的孩子，他们的父母大多是"80后"，祖辈是"60后"。祖辈可能有过进入全国劳动力市场的经历，有一定积蓄。他们的父辈"80后"结婚时，还没有兴起在城里买房，婚姻成本不是太高。并且"80后"普遍早早进入城市务工，有较长的城市务工经历。当下结婚需买房买车也成为地方共识，一些生了儿子的家庭早早就开始为孩子未来结婚准备资产，甚至已经帮孩子买好了房子。即使部分家庭还没有买好房，父母也仍然年轻力壮，能够为孩子结婚进行长时间积累。在代际强支持力度下，正在读书的学生容易对家庭产生依赖，认为自己即使失败也不会对家庭造成实质影响，自己的未来并不会太坏。普通班学生的父母大多在初二分班之后就接受了孩子"不会读书"这一事实，对孩子的期待也就变成了不要干坏事，在学校里好好待着，顺利拿到毕业证。他们也很少会对孩子的学习施加压力。至于未来做什么，稍微有实力的父母会让孩子读中专，不太有实力的父母则会让孩子跟着师傅学一门手艺，或者是跟在自己身边打几年工，等着孩子长大更加懂事以后再作打算。在这种保护性环境下，学生认为未来走一步算一步，不会过度担忧。

最后，新兴行业和职业的发展为低学历者提供了更多发展机会。经济社会的快速发展创造了许多新工作，比如外卖员、快递员、主播等，这些工作的特点是自由且相对体面，工资收入还可以，不被视为纯粹的体力劳动，并且比较受社会推崇。换言之，体力劳动和脑力劳动之间的界限在某些工作上是模糊的，这弱化了文凭在工作上的吸引力，而不认真学习也能够从事这些低门槛且看起来比较体面的工作，进一步强化了不好好学习的学生对自己未来的信心。

陷进手机里的留守儿童 *

随着打工经济发展，很多农村父母外出打工，把孩子留在家乡，形成了庞大的留守儿童群体。2021年以来，我们分赴河南、湖北、湖南、江西四省十县（区）展开专题调研。调研发现，中部农村留守儿童占比很高，在部分农村，其占比超过50%。学校及家长反映手机管理是普遍的难题，其中最难管理的群体是留守儿童群体。

◎ 留守儿童沉迷手机的原因

我们面向河南、湖北、湖南三省九县（后文简称"三省调查"）中小学生家长开展了留守儿童手机管理问卷调查，共回收有效问卷13 172份。调查显示，40.4%的留守儿童有专属手机，49.3%的留守儿童使用长辈的手机。看短视频和玩游戏是留守儿童主要的上网娱乐方式，占比分别是69%、33.1%。67.3%的家长认为自家孩子出现了手机沉迷的趋势，其中

---

* 本文源自武汉大学社会学院夏柱智、何志逵的调查。

21.3%的家长认为孩子严重沉迷手机,事态已十分严重。江西某县六年级某班,老师反映周末在家玩手机10个小时以上的学生超过了一半。

留守儿童沉迷手机的原因是多方面的,可总结为以下四点。

第一,互联网快速发展,为留守儿童上网提供了基本条件。首先,快速普及的互联网成为农村日常生活的一部分。中国是世界互联网基础设施最为完善的国家之一。近10年,国家在农村大力进行电信基础设施建设,农村互联网使用成本迅速降低,留守儿童使用互联网极为便利,互联网成为其认识世界的主要窗口。其次,一些互联网产业不断吸引着留守儿童沉迷其中。仅仅是网络游戏产业,每年就有上千亿元的规模。在利益驱动下,与互联网相关的产业不断开发新产品增加用户黏性,吸引留守儿童进入互联网。最后,互联网使用规范尚不完善。国家和社会还没有形成相应的使用规范,互联网负面效应被放大。

第二,家庭管理缺位,导致留守儿童长时间使用手机。祖辈作为监护人,在日常生活中无法约束留守儿童的手机使用行为。因为祖辈在照看孙辈的同时,还需要做农活或者其他工作,很难全程看护。出于方便的考虑,祖辈在节假日时甚至会将手机当作"保姆",这样孩子既不会乱跑,也不会打扰自己。由此导致留守儿童过早拥有支配手机的权力,很早便对网络世界产生依恋。很多老师反映留守儿童的假期生活就是玩手机，既不学习也不出去玩，仿佛活在手机世界里面。即使祖辈有时觉得需要管一管，出于对孙辈的溺爱，也不会太严厉。缺乏约束的留守儿童更加肆无忌惮地畅游在网络当中。疫情防控期间中小学生上网课，也大大加深了其沉迷手机的程度。

第三，同辈群体示范，导致手机沉迷成为新潮流。在家庭影响能力较弱的情况下，同辈群体中的流行观念会深深影响留守儿童成长。不仅仅是留守儿童，一般的农村儿童也普遍沉迷手机。为了能够合群，留守儿童会主动去关注同辈群体关心的事物。湖南某县一名乡镇小学校长说："学校里玩手机的学生比例达到70%～80%。"河南某县一所学校的心理老师做现场测验，问学生喜欢什么，结果55人的班级中，男生全部异口同声地说："游戏！"老师们普遍反映，男生们聚在一起时最喜欢讨论的就是手机游戏。同辈当中的"杰出人物"也是那些"游戏大神"，即游戏技术高超，或者拥有很多稀有游戏装备的学生。

第四，学习环境自由，加剧留守儿童沉迷手机。近几年，中小学减负工作迅速推进。减负的目的是要减掉压在中小学生身上过重的课外课内负担，在农村却产生"意外"后果。与城市不同，农村课外培训班原本就少，爷爷奶奶也很少有辅导能力及意识。留守儿童除了课内时间被老师监管学习以外，课余时间一般处于无人管理状态。学校原本可以通过布置作业或者组织考试等方式将他们的时间利用起来。在持续的减负要求下，课后作业、考试大幅减少。留守儿童几乎没有了课外学习任务。玩手机便成为他们消磨时间的主要方式，加剧了手机沉迷。

◎ 沉迷手机的严重危害

长期沉迷手机，使得互联网主导了留守儿童成长的方向，这是过去留守儿童不曾面对的新问题。这一问题的危害具体表现在损害青少年身心健康、造成青少年严重精神坍塌与青少年抗拒正常课程学习等方面。

第一，长期接触不良网络内容，损害青少年身心健康。首先，沉迷手机而忽视户外活动和身体锻炼，导致青少年体质下降。湖北某县一中学2021年例行体检中发现，初一年级30%的学生达到重度视力不良，初三年级一个班有2/3的学生戴眼镜。一位班主任表示："现在孩子身体差、近视都不是学习导致的，都是因为玩手机。"其次，留守儿童更容易接触到暴力、色情（包括软色情）等不良内容，产生极端心理问题。河南某县两名初二女生带手机到学校，被老师发现后，一名女生当着家长和老师的面说："不还我手机，我就撞墙！"湖北某县一名女生"网恋"，将手机藏在内衣中偷偷带进校园，被发现后，坚决不肯交手机，声称如果老师坚持要收手机，她就自杀。这些都不是个别现象。

第二，"三观"扭曲，造成严重精神坍塌问题。网络主导下，留守儿童的社会交往与价值观念都来源于网络。调查发现，学校只能影响学生的在校时间，在课外时间，娱乐化和游戏化的网络世界成为留守儿童的"引路人"。网络世界宣扬的娱乐化、游戏化的价值观念，如人生苦短、及时行乐、拜金主义等观念潜移默化地塑造着留守儿童的"三观"，造成他们严重的精神坍塌。在他们看来，"网上说的都是对的，现实当中的老师和家长什么都不懂"。在互联网面前，家庭、学校都失去了传统的话语权。湖北某县一位初中老师介绍道："很多学生通过手机建了表白墙，在上面想什么时候表白就什么时候表白，想对谁表白就对谁表白。"湖北某县一名初三学生在作文中这样写道："沉迷电子游戏就像一面无形的空气墙，把中学生对生活的激情隔在了远方。"

第三，抗拒正常课程学习，少数人甚至自我放弃。许多沉迷在游戏当中的留守儿童都对学习产生了厌倦和抗拒心态，严重者甚至自我放弃。在学习态度都成问题的情况下，留守儿童难以通过学习提高自身素质。三省调查显示，58.5%的家长认为使用手机对学习成绩有负面影响，22.6%的家长则认为负面影响严重。江西某县一位中学老师说："现在的学生周末回家都在玩手机，根本不会想着学习，布置的作业都不写，哪怕是有答案，也不愿意抄，就让作业空着。"许多老师反映，不少学生的学习状态基本就是"回家熬两天，在学校睡五天，浑浑噩噩，无心向学"。网上教学期间，则是厌学情绪大爆发的阶段。由于只能上网课，许多留守儿童又都拥有手机，他们难以自控，又缺乏家庭监管，成绩普遍下降，低分率大幅提升，正常开学后，老师不得不专门再花时间来补课。

◎ 将防止沉迷手机作为关爱留守儿童的重点

第一，以学校为中心，将手机与网络管理常规化，加强对留守儿童及其监护人的网络教育。可以将手机管理教育纳入课程，以学校为主，加强网络教育，增强家校协同管理手机的能力。比如，在思政课上经常进行以手机为主题的专题教育。湖北阳新县某初中探索开设防手机沉迷作文课，评选优秀作文，让中学生认识到沉迷手机的危害。对家长的教育的目的是让监护人（尤其是老年人）充分意识到在家庭中严格手机管理、教育孩子合理使用手机的重要性。学校还可以通过召开家长会、定期家访等方式教育家长，就手机管理的方式进行沟通，达成共识，使课内课外教育相结合。

第二，在留守儿童占比较大的农村学校，探索校内手机管理的各类有效措施。为了扭转手机管理失控状态，一些中小学校配置探测器，尽力杜绝手机在校园出现；加强校内对手机使用的巡查力度，不定时在课堂或课间巡查；在寄宿制学校中，加强夜间就寝后巡查。在管理难度特别大的学校，还可以成立专门团队。湖北阳新县某初中，是一所5 000人的学校。2020年秋季开学之后，由于学校老师缺乏精力和相应技术，手机管理几近失控。学校聘请退伍军人等组成"教官团队"，参与手机管理工作，取得了很好的效果。这种管理方式每年需花费大约50万元，生均约100元。教育部门可以对一些重点学校加强相关资金支持。

第三，探索将手机管理工作延伸至课外，最大限度减少留守儿童接触手机时间。课外时间，尤其是暑假等长时间假期，是留守儿童沉迷手机的"黄金时间"，需要加大管理力度。湖南长沙县一些学校做了有益探索。比如，在重大节日里，给小学低年级学生布置手工类的实践作业，给高年级学生布置家庭劳动类的实践作业。农村中小学还可增设时间较短的第三学期，在该学期中充分利用已有师资，开展多种形式的素质教育课程，如思想教育、劳动教育、历史教育和音乐体育等课程。这样做，既将留守儿童的课外时间利用起来，让他们远离手机，同时又能促进留守儿童的全面发展，补上素质教育的短板。

第四，国家要强化监管措施，为留守儿童创造绿色网络环境。互联网发展不仅关系经济发展，也关系儿童成长和国家未来，具有战略意义。国家采取的一些监管措施，如限制未成年人游戏时间等，实践效果有限，未成年人仍可通过各种方式逃脱监管。监管范围仅限于游戏，而短视频、直播等方面监管力度不大。未成年人通过刷短视频、看直播等沉迷网络、沉迷游戏，短视频、直播中所传递的信息与价值观念好坏参半。建议监管范围要从游戏扩大到短视频、直播、网络小说与社交软件等。同时进一步立法和出台政策强化互联网企业内容审核责任，为留守儿童创造绿色网络环境。

第五，相关部门要提高发现问题和干预的能力。新修订的《中华人民共和国未成年人保护法》明确提出要对未成年人进行网络保护。政府相关部门要对留守儿童的日常生活保持密切关注和引导，发现存在严重沉迷手机等异常状况时，需要及时介入，防止出现更为严重的身心健康问题。在介入过程中，多元力量协调非常重要，要结合政府、群团组织（共青团、妇联）、学校、家庭、社区、医院、社会组织等力量共同介入留守儿童的手机沉迷问题。

与网络小说有关的少年时代 *

2019 年我们在中部地区一个县城里的私立中学做调研。这所学校有小学、初中、高中三个学部，90% 的学生都是从农村转来的寄宿生。该校八年级分为重点班（4 个）和普通班（10 个），共有学生 1000 人左右。我们发现，八年级普通班中看网络小说的现象很普遍，以男生为主，玄幻、修仙、盗墓、恐怖是最流行的几类小说。另外，沈石溪的作品和曹文轩的作品是教室图书角的读物，也有一些孩子很喜欢。只有极少数孩子读过经典名著，一般都是父母买的。

◎ 谁在看网络小说

从现在了解的情况来看，孩子看网络小说集中在五年级到八年级这段时间，尤其是七、八年级。上初中后，重点班看小说的孩子很少，普通班比较多，集中在成绩不上不下的一些孩子中。

---

* 本文源自西安交通大学人文社会科学学院王旭清的调查。

这些成绩不上不下的孩子最大的特点就是一般，各方面都一般。正因为一般，他们很少被注意，既不像优秀的学生那样受老师、同学关注，又不像"混混"那样招摇张扬。对于上学，他们没有特别大的动力，也没有很抗拒，在学校的时候想回家，回家后又想去学校。虽然每天都和同学、老师在一起，却仿佛进入了一种真空状态，既没有对升学有很强的意愿，也没有和同学、老师建立起密切的关系。相比学业优秀的孩子，他们的课外时间更多，目标没那么明确；相比表现差的孩子，他们更听话老实，想得更多。

◎ 看到了什么

访谈的时候，我们会让每个看小说的孩子讲述故事梗概，以此来研究他们看到的东西。印象深刻、比较典型的有这样几个孩子。

孩子1，六年级，女生，普通班，喜欢看动物小说。她看的这一本，是典型的伤痛小说，书中的主角经历了许多创伤和波折，在无奈的现实中苦苦挣扎。这个女生代入感很强，将自己当作了书中人物。后来家访得知，该女生还有个弟弟，母亲有些重男轻女，奶奶对她总骂骂咧咧，天天把"你笨死了"挂在嘴上。只有不善言辞的父亲默默关怀着她，常给她买好吃的，带她去逛商场。虽然物质上从不匮乏，提的要求父母也都会尽可能满足，但这个女生还是常常觉得自己在家里被忽视，觉得家人不爱自己，感觉很孤单。班主任说，这个孩子有早恋倾向，假期和班里一个男生经常聊天到半夜。

孩子2，八年级，男生，普通班。这个孩子家境普通，成绩中上游，性格温和，为人端正，说话条理清楚，对人对事有自己的分辨。他刚刚看完一本讲猎鹰的书，感觉触动很大，从头到尾将故事情节复述了一遍。这是一本关于欺骗和背叛的书。书中的鹰原本是奴隶，后来争取自由，经历了种种欺骗、背叛、伤害后，转身自愿为奴，最后为那个背叛和虐待自己的主人献出了生命。这本书从头到尾都在美化这只鹰的所有选择，包括被欺骗、被虐待、被背叛后的默默承受，以及最后自愿为奴和献身。访谈中的一段对话令我们印象非常深，也让我们深刻感受到文学的精神灌输力量：

> 你看这书感觉怎么样？
> 很现实。
> 你觉得鹰做得对吗？
> 对。
> 为什么？
> 它没有办法，那是它的主人。

哪怕它主人这样对它？

主人还是对它好、爱它的。

鹰这么做是为什么？

因为对方是主人，它不能背叛。

孩子3，八年级，男生，普通班，喜欢看灵异、恐怖类小说。这个孩子家境差一些，父母长期不在身边，沉默寡言。从他的表现以及同学们的反馈来看，这个孩子可能被欺负过。他成绩很差，现在已经不想学习。他喜欢看的那些小说，主人公大多孤僻，会遭遇一些奇怪的事，偶遇一位陪伴者或引路人，最后慢慢成长起来。这类故事的情节多少都会有些诡异、阴森、恐怖，到后面会转为明朗，属于感官上比较刺激的一类。

孩子4，八年级，男生，普通班，父母长期不在身边，话少，和我们对话时明显紧张。后来稍微放松后，我们让他讲一讲看过的故事，谈谈感受。他说了一句话让我们印象非常深，他说在经历很多事情之后，人心会扭曲。在我们对话的场景下，他的意思是坏人原本并不坏，都是因为一些遭遇才变坏的。而这其实是个危险的征兆，因为他只认识到坏人可以被理解，却没看到坏的背后是罪恶，是错的、不该那样做的。他今天可以理解坏，明天就有可能将坏当作顺其自然，后天就可能觉得除了坏也没有其他选择。我们尽量转移话题并且表达了我们的看法，但一直难以和他互动。

孩子5，八年级，男生，重点班，比同班同学大两岁。这个孩子有个哥哥已经上大学，父母一直在本地工作，和亲戚家关系不太好。他从小学四年级开始接触小说，五、六年级非常沉迷，中学后开始努力学习，不再看了。他看的是玄幻小说，故事大概就是男主人公本来很弱小，后来经历了种种磨难，虽然遇到各种比自己厉害的对手，但是通过自己的努力和坚持，最后变得很强大。他已经不太记得具体情节，也并没有想过这个主人公为什么会遭遇这些、为什么会陷入不断的斗争中，只记得当时看得特别爽、特别燃、特别带劲儿，看到男主人公战斗的情节就觉得浑身充满了力量。

除了这几种网络小说，一个女生告诉我们，同学们最近在疯传一本十宗罪，是描写各种变态犯罪的书。我们在微博上查了一下，主要关注了评论区，"社会是阴谋黑森林""他人即地狱""罪恶也有理"的观念在该书读者中相当普遍。这本书已经被学校列为禁书，但同学们私下仍然在传阅。即使不在学校看，假期回家也免不了看一看。

青春期的孩子往往有着这个阶段独特的精神需求。我们发现，这个时期孩子们看小说，不是在吸收知识，而是在寻找自我以及成长的力量。他们很容易将自己以及对现实生活的体会带入所阅读的小说里。尽管小说主人公所体验的世界不是真实世界，读者却可以在阅读中将其变成对真实世界的想象和预判，在书中主角身上看到了自己的影子，顺势就会把书中对人际关系和世界的理解带入现实。

那个女生，家人对她的态度的确有问题，但她从书中看到的，不是如何去积极认识和面对现实，而是不断加深加重自己孤独、被无视、被伤害的感受，甚至学会了进一步贬低自己，然后无止境地向外索要，好像家人和世界都亏欠了自己。

那个看猎鹰故事的男生，已经将欺骗、背叛、虐待、奴役看成一种现实，并且认为无底线忍受这样的现实是对的，甚至是高尚的。

另外两个话少的男生，他们找到了和自己同样孤独的男主角，在书中感受到了同伴的关怀，好像自己也被理解了一样。但与此同时，他们也接受了作恶合理的观念，"因为一些原因，人会做坏事，但这是可以被理解的"。

最后那个小学开始看小说的男生，主要被男主角热血的战斗激情吸引，看着男主角从弱小变强大，就好像看到了自己未来的道路一样，给他幼小的心灵打了一针强心剂。

可以看出，孩子们带着青春期的困惑与纯真进入了网络小说的世界，遇到了书中描绘出来的"现实"。这个"现实"，展示了欺骗、背叛、伤害、痛苦、欺压、罪恶，却并没有交代为什么，以及这些意味着什么。它们通通都被处理成一种理所当然的背景环境，主人公能做的不是思考，而是习惯和适应，弱小的适应强大的，受害者适应加害者，痛苦适应罪恶。至于他们在其中感受到的温暖和力量，并不来自深刻思考后的是非判断，而是接近于一种用渲染和自我感动完成的对现状的合理化与美化。

◎ 谁来指引我们的孩子

分析孩子们看的网络小说不难发现，这些书大都服从流量规律，迎合感官刺激，情节简单，故事雷同，出书速度极快，文学性不强，思想立意未必高远。这里不是说这些书不该出现，而是说，这些书成为青少年中非常单一的流行读物，反映出很大一批孩子在精神上吸收着大量低质量信息。在青少年懵懂之中需要精神指引的时候，是这些书占据了他们的头脑和心灵，成为他们看待自己、看待世界的第一双眼睛，形成了他们初始的审美和趣味。

实际上，除了这些看小说的孩子，还有大批孩子正在游戏、短视频、漫画、电视剧、综艺节目、社交平台中度过自己的青少年时代。他们从中会吸收什么？会形成对现实怎样的认识？谁又能指引和教育他们呢？

调查时，我们问了许多女孩子，她们说消遣时会看看电视剧和综艺节目。问她们是否喜欢时，得到的答案是一致的，没有很喜欢，也没有很厌恶，主要是没得选。她们觉得电视剧演的都是假的，现实中怎么可能有那样的男生。问她们觉得网红美不美时，她们也说不出来，好看，但主要是到处都是这种脸，没得选。印象很深的是，六年级（十二三岁）的女孩子们很多次都围着我们，让我们教她们心理学。问她们为什么想学心理学时，有女孩说，想一眼看穿人心。再问为什么时，有女孩回答，这样就知道真假，就不会被骗，不会受到伤害。不知道她们是遇到了什么事情才产生这样的困惑和渴望，但是好人坏人、真真假假，是她们走出童年后首先遇到的谜团。我们也会问刷真人小视频的同学，都看到了什么。他们大多都想不起来，没什么印象了，笑过但忘了为什么笑，许多感受无法形容。

无声的暴力：
一起高中校园欺凌事件剖析*

江苏某市一所知名高中发生了一起让人心痛的校园欺凌事件。高三某班的一名男同学小 Q 从高二开始被另外四名同学联手欺凌了整整一年时间，直到换了新班主任这一事件才被处理。在这一年中，小 Q 遭受了肢体与语言的多重攻击，而班级中的大部分同学对此讳莫如深，且在人际关系互动中还排挤与疏远小 Q，使他长期处于孤立无援的困厄境地。这所高中是该市最好的高中，教育资源、学校环境、师资力量等在当地出类拔萃，每年的一本上线率超过 90%，还曾多次出过省市高考状元。为何在一所知名高中还会发生如此恶劣的事件呢？

◎ **一起持续的校园欺凌事件**

小 Q 给我们的初次印象是瘦瘦的，个子不高，厚厚的镜片下躲闪的眼睛，说话底气不足，也没有什么特别的才艺和兴

---

* 本文源自武汉大学社会学院徐亮亮的调查。

趣爱好，但很有礼貌，全身上下透露出的就是"普通"。小 Q 这样介绍自己："我是从乡下的初中考上来的，中考分数和他们差得还挺多，是由于市里给我们初中分的那几个名额我才上了现在的高中。"小 Q 在乡下初中的中考成绩是学校的前三名，但是，他的同学超过 80% 都是市内知名初中的学生。从成绩角度来讲，小 Q 无疑是这所知名高中里的边缘者。

小 Q 在学习上一直都很勤奋努力。在班级早读时，他的声音最大。尽管在很多同学听来，他打了鸡血般的背诵与并不标准的普通话是一种折磨。他会自己认真完成假期作业，但很多同学在三周休一次的假期中是不愿意做作业的，而选择把作业推到最后通过抄作业解决。假期时，班级同学组织的游玩活动，他也因住在乡下而不能参加。种种行为都使得他在班级里总是表现出和大家有各种不同。尽管他永远在努力学习，但是成绩并不是很好，50 人的班级只能排到 30～40 名。单亲家庭与父亲务工的家庭环境，使得他缺少爱和关怀，性格内向，基本不表露情感，也不太会正确处理自己的情绪。他没有朋友，总是一个人闷着，只能在不断自我质疑与渴求上进的矛盾中努力着。

由于小 Q 单亲家庭及父亲务工的信息在班级中不胫而走，小 Q 被贴上"不正常"的标签，越来越被大家排斥。欺凌事件起源于一次矛盾冲突。当班级同学惊奇地发现小 Q 在被辱骂和欺负之后脸面涨红、语无伦次、手足无措、孤立无援，这样"滑稽"的场面迅速变成了他们枯燥生活中娱乐消遣的内容。同学对小Q的欺凌，从最开始辱骂、"起外号"到课间推搡、宿舍殴打、排挤、造谣，各种花样层出不穷且越来越隐秘化、日常化。小Q的一位同学说："欺负小Q本身是没意义的，但是很好玩，会有不少人在我边上叫和笑。"这期间，小Q找班主任反映，但班主任总是置若罔闻，点名批评的简单处理等同于没有处理。失望至极的小Q变得更加封闭，后来面对欺凌时也不再表现出难过与愤怒，甚至还会麻木地配合着、微笑着。辱骂和欺凌尚且可以用"装死"应对过去，但班上同学在课堂上对他的疏远和排挤，则是一种无声的暴力，其伤害性超出了直接欺凌所带来的痛苦。

小Q班主任的简单处理无疑加剧了这场欺凌。那么班主任为什么要这样做呢？主要有以下几个方面的原因：一是没有直接证据，尽管有学生会用手机拍下证据，但是不敢给班主任看，因为会暴露自己带手机进校园的行为，可能会因此受处分；二是存在偏见，该班主任嫌弃小Q来自乡村学校，基础差、成绩差，而欺凌者中又有她喜欢的学生；三是当时班主任计划调到别的市，带班时间只有半年了，出于稳妥或避责考虑不想介入欺凌事件。

在原班主任调走之后，小Q升入高三，他终于拿着不愿意透露姓名的同学提供的欺凌场面录像，走进了新班主任的办公室。新班主任当天就作出了反应，他以"高三必须清正班级风气，全力以赴冲刺高考，取得高考好成绩"为依据，坚决处理了这件事。之后很长一段时间，整个班级里都很安静，新班主任的手段奏效了。学校也作出了处理，情节严重的两名欺凌者受留校察看处分，另两人受记过处分。

◎ 欺凌者的身份保护与旁观者的冷漠利己

关于这起严重的欺凌事件，需要思考欺凌者是如何一步一步走向深渊的。最开始他们可能只是试探，青春期的躁动与社会阅历的浅薄一度让他们误以为自己无所不能因而无所畏惧，更何况他们中的大部分人有"好成绩、好家境、好孩子"的身份背书。直到真正的惩罚来临，他们似乎才如梦初醒。事后曾有人发问："当时为什么要欺负小Q？"有人回答："因为觉得他不正常，所以就要欺负他。"有人回答："因为我原来也被欺负过，所以我也要欺负他。"还有人回答："因为大家都这样，所以欺负与欺凌就变成了常态。"从这样的回答中，可以看出他们的幼稚、报复与从众心理，以及对于作恶行为的好奇心理。遏制校园欺凌，需要学校、家庭和社会充分重视青春期孩子的成长状态，从思想、心理、体质等多重维度进行多个层面的干预，帮助他们树立正确的道德观、价值观与世界观，"不作恶"是基本原则，但同时更要能够"知善恶"。

在欺凌者逞凶作恶的过程中，班级中的旁观者无疑加剧了欺凌事件的破坏性。首先，旁观者起哄时的火上浇油，给欺凌者提供了炫耀的舞台。其次，旁观者附和的指责与自发的排挤成为欺凌者的帮凶，他们并不在乎一个与自己无关的人所遭受的屈辱与苦难，甚至觉得这些都抵不过自己学习之余开心一下的乐趣。最后，旁观者讳莫如深的沉默充分体现了他们的利己心。他们不理解坚持正义、惩前毖后的重要性，法不责众是他们的挡箭牌，精致的利己主义观念似乎永不会出错。他们甚至还可以在欺凌事件之后自我宽解式地对其定性，认为这一切只是同学之间一件恶作剧般的"小事"，尽管这件"小事"持续发生"长达一年"。

◎ 欺凌事件中的教育歧视与家庭教育缺位

这起欺凌事件之所以能持续一年之久，学校和原班主任难辞其咎。学校和原班主任对于教育理解的片面性与只抓成绩的唯目的性，充分显示了一个"名牌"教育工厂异化教育理念、实践功利主义教育的现状。整所高中"以成绩论英雄"的基调，使得部分老师缺少培养和健全学生人格的基本意识。如果成绩能够代表一切，在班级中成绩好的同学就可以为所欲为，成绩就会变成一种新式的"符号暴力"。当这样的"符号暴力"在班级甚至学校横行时，每个学生都可能受到"符号暴力"所滋生的身体暴力与心理压力。

原班主任在班级管理中对学生区别对待是一种教育歧视，在与学生交流中泄露被欺凌者的家庭背景和信息，则反映了该教师的歧视和偏见，容易在学生中造成恶劣的影响。教育本身具有"再生产"功能，需要教师在日常教育实践中注重公平，尽可能减少每位同学在受教育过程中所受的阻碍。这种区别对待是一种更深层次的欺凌，受到教育歧视与偏见的学生，注定会在这样的教育环境中遭受更大的伤害。

出现如此恶劣的欺凌事件，家庭教育的缺位也是重要原因。这就涉及不同学生的家庭现状，既包括被欺凌者，也包括欺凌者及旁观者。被欺凌者小 Q，来自务工、单亲家庭，其家庭教育状况在一定程度上影响了他的性格与行为，使得他在欺凌事件中较为被动。对于欺凌者和旁观者而言，他们的行为与其原生家庭的教育同样有关，比如有的欺凌者可能长期生活在放任教育或打骂教育的家庭中，有的旁观者的家庭则可能缺少责任教育、善恶教育和是非教育。

"教育的全部目的是把镜子变为窗户。"镜子前的学生，往往只能够看到自己和身边的同学。学校和老师给他们提供了

"唯成绩论"的标尺，他们就不得不日复一日地在镜子前盯着自己与同学，内卷式地重复练习。面对镜子，他们永远纠结于自己获得的知识，纠结于考试的分数，纠结于别人的进步和自己的差距。在这样低效的内耗中，孩子们每一天的生命都将在镜子前重复，他们的观念、人格与行为也可能在重复的内耗中偏向于攀比短视、精致利己和恃强凌弱。此时，需要好的老师引导他们将"镜子"转变为"窗户"，窗户玻璃上的反光能让孩子们看到自己成长过程中的进步，打开"窗户"，和自己的"同窗"好友们一起，则会看到外面更大的世界、更多的美好和更高的目标。这样，孩子们才能够以更健全的人格、思维与体魄去面对未来更加广阔的世界。

避免校园欺凌：
分配好学生的时间与精力[*]

近年来，乡村中学的校园欺凌事件成为社会关注的热点，也是学校治理的难点。根据在广西 B 县 L 镇的调研，本文对校园欺凌事件进行机制分析和治理策略的探讨。

◎ 校园欺凌的特点与性质

根据对校园欺凌事件的分析，我们发现大量校园欺凌事件发生的导火索微不足道，比如不小心碰到、插队、说错话、看不顺眼、感情误会等，这些矛盾虽小，却可能会演化为大打出手、拳打脚踢甚至拔刀相向的严重事件。在 2014 年以前的 L 镇一中，每周会有 2～3 次学生打架事件，同镇的 L 中学打架事件更多。不过，一般情况下，学生打架不会产生严重的影响，L 镇一中会对产生严重后果如有人受伤的事件进行严惩，如果没有产生严重后果，一般就批评教育，不会记录在学生档

---

[*] 本文源自中南大学公共管理学院雷望红的调查。

案里。根据对所搜集的学生打架事件的分析，发现校园欺凌因学生群体和学校场域的独特性而具有自身独有的特点。

一是具有偶发性。偶发性是指学生欺凌事件的发生，多半不是提前策划的，而是临时起意的结果，主要是为了释放心中的"气"，针对得罪自己的学生施暴。

比如L镇一中233班的小俊被一个女生不小心绊了一下，还没有摔倒，绊他的女生A便急忙道歉，但他认为是A前面的女生B绊他的，遂打了B的后背一巴掌。等他出去上完厕所，回来后还是没有解气，又给了B两巴掌。

二是具有弱组织性。弱组织性是指学生在打架前不会进行严密组织，而是看准时机就打，打完就跑。他们缺乏组织目标，只是义气斗争和解气行为。

三是具有娱乐性。娱乐性是指学生将打架作为娱乐消遣的方式，以此为乐，只要一听说打架就围拢过去过把瘾，打完就一哄而散了。有学生说："没事就打打架，看谁不顺眼就打谁。"

校园欺凌本质上是中学生的违纪、违规行为，多数校园欺凌行为并未达到违法的地步。不违法，不仅仅是未成年这一年龄所提供的保护，更重要的是他们的本意并非恶意伤害，而是释放情绪和消遣时间，甚至是同学之间的互动方式之一。尽管这种互动方式并不友好，但是一些打架事件也为矛盾双方提供了相识的机会，甚至日后成了好朋友。校园欺凌也是初中生所处年龄阶段不成熟行为的表现，在高中阶段，校园欺凌事件会少很多，高中生普遍认为打架是非常幼稚的行为。理解校园欺凌事件的本质，是探索其发生机制和治理策略的前提。

◎ 校园欺凌为何会发生

厌学情绪的累积

校园欺凌事件的施暴主体一般是学习成绩不好的青少年，他们在学习上无法获得成就感，校园生活也处处不如意。一方面，他们对于学校生活感到厌倦，希望能够早日脱离校园；另一方面，他们希望在校园生活某个领域获得成就感，通过某种突出表现来证明自己的强大。这种情绪的累积会让他们将精力放在其他非学习性的小事上，只要被人惹到，他们就容易引爆情绪，通过欺凌他人释放积攒的情绪与能量。

自我娱乐的需要

当厌学的学生在学校中不学习，又没有相应的活动来填充空虚的校园生活时，他们就会自发地娱乐，以打发时间。在课堂上，他们会讲小话、发呆、逗乐同学、睡觉、照镜子等，有的学生可以玩弄一块橡皮擦持续整整一节课时间。在课间，他们会四处瞎逛，遇到有人挑衅就异常兴奋，摩拳擦掌，打上一架,甚至还会一来一往,持续不断。

小胜是 L 镇一中 233 班最难管的学生之一,他母亲在外打工,父亲在家。231 班同学 C 不小心撞到了他的兄弟 D,C 已经跟 D 道歉,二人本已和解。后来 D 无意中跟小胜提到了这件事。小胜就叫了班上七八个同学要给兄弟 D 报仇,硬是跑到 231 班宿舍将 C 打出内伤。老师问他为什么要打人,他说:"我没有理由,想不通就打。"他还经常半夜偷东西,或者直接闯进别人宿舍,找人要东西吃,不给就打。

当学生在学校不好好学习时,就会自娱自乐,生活缺乏目标和意义感,极易走向暴力和堕落的边缘,通过暴力维持学校生活的意义,彰显自己的存在感。

外部的力量支持

有的学生之所以敢于欺负其他学生,是因为能够依赖外部力量。外部力量包括校内团伙力量和校外社会力量。校内团伙一般是本班玩得好的同学,也包括其他班关系好的朋友。在 B 县,校外社会力量来源于同村年轻后生的支持和帮助,以及滚雪球一样认识的朋友。他们如果在学校受了欺负或被得罪,只要一个电话,就可以叫来一大帮朋友报仇。

这些学生在实施校园欺凌时,外部力量的支持会减少他们施暴的后顾之忧,增强施暴的兴奋感。每一次集体打架,他们都看作深化朋友感情的契机。因此,有些人打完架之后也不跑,就等着接受集体惩罚,受到惩罚之后依然我行我素。

由于初中生多是未成年人,接受的是义务教育阶段的教育,学校不能开除学生。因此学生的违纪违规成本低,经常置学校和老师的管教于不理。一方面,他们本身属于后进生,学习成绩不好,对学校生活厌倦,早就想脱离学校;另一方面,他们在打架之后,学校不敢严厉惩罚他们,打伤了人最多用钱解决,用钱解决不了就索性离开学校。

学校在对于校园欺凌的管理中,最怕的就是打群架。本校学生打群架,若处分严重可能引发集体退学,学校还要花费心力去学生家中求着学生返校学习,若处分过轻又起不到惩戒学生的效果。社会青年的参与,则会使得事件的恶性程度升级,增加解决问题的难度。

◎ 如何有效治理校园欺凌

校园欺凌事件的发生,所涉及的是两个层面的问题:一是学生在校时间如何安置的问题,重点是如何安置后进生的校园生活,其中涉及在班级配置上如何分配优差生、如何分配教师资源、如何处理教学与活动的关系等;二是学生行为规训与惩罚的问题,即由谁来管、如何管的问题。从学校的角度来讲，当前的主要目标仍然是提高升学率，且在管理权力被压缩之后，老师将精力主要集中在优生上，至于后进生，只要能够保障学生在校且安全即可。对于农村家长而言，他们一方面没有能力管教孩子，另一方面迫于生计压力无暇顾及孩子的教育。因此，学校才是有效治理校园欺凌问题的主体。就当前校园欺凌事件的发生机制来看，可以从以下几个方面进行治理。

开展活动与发挥学生的主体性

在学生之间，客观上存在学习成绩好与差之分。一些学生不擅长学习，学校可以为他们提供展示自身才能的平台，一方面打发他们在学校的无聊时间；另一方面又能协助学校推进发展，以此增强差生对学校的感情。

L镇二中就通过开展丰富多彩的校园活动，为学生提供了展示的舞台，有效减少了学生打架行为。该校每年的常规活动有：体育运动，如一年一度的校运会，每个年级每学期举办一次运动比赛，七年级有拔河比赛、八年级有排球比赛、九年级有篮球比赛；校园元旦晚会；十大歌手比赛；五一游园活动；感动校园十大优秀学生颁奖活动，专门评选品学兼优的贫困学生；足球比赛（该校为足球特色学校，曾获得市级奖项2次、县级奖项1次），校足球队的选拔要求是身体好、有兴趣；爱心助学活动；毕业生为母校留下一棵树活动。

这些活动为厌学学生提供了学习以外施展才能的平台，他们将旺盛的精力用于参与活动，既能消耗闲暇时间，又能锻炼个人能力，还能密切师生关系和同学关系，有助于他们的成长。

强化管理与抑制学生违纪违规行为

学生参与校园欺凌的重要原因在于缺乏监督和约束，要有效抑制他们的违纪违规行为，就需要对他们强化管理，减少他们发生违纪违规行为的可能。L镇二中通过两种方式布置严密的管理网络：一是完善监控系统，二是组织多级学生会。摄像头遍布校园，一旦发现学生有打架的意向，学校会立马作出反应。不过，最厉害的还是学生会组织。

L镇二中有三级学生会。一是校级学生会，主要负责组织学校的大型活动，督促其他学生工作，监督值周班管理学生。校级学生会成员10人，由校团委牵头、班主任推荐，通过演讲竞选出优胜者作为校级学生会干部，主要考察组织能力、管理能力和口才，以高年级居多。

二是年级学生会，主要负责本年级的工作，管学生纪律、学生仪容仪表，协助年级主任和政教主任开展本年级的工作，包括打架斗殴等问题的监督和纠察（值周班的功能与之交叉）。

三是村级学生会。该校学生主要来源于7个村，每个村成立一个村级学生会，每个学生会8人。每个年级都有威信高、家族势力大的学生，就选这些人作为村级学生会干部。他们的职责是负责学生放假期间和上下学路上的安全，有人被欺负了要及时报告，发现本村人出现矛盾时要及时向学校反映。

学校通过技术设备和人员安排的方式进行管理，能够将矛盾化解在萌芽之中，有助于抑制违纪违规行为的发生。此外，学校通过各种方式为学生安排管理职务，能够增强他们的能力和自豪感，也能够强化他们对于学校的感情，可谓一举多得。

凡事必究与惩戒学生违纪违规行为

校园违纪违规成本低，由此助长了学生违纪违规行为的发生。要有效治理，必须对违纪违规事件进行惩处。L镇二中在解决校园欺凌事件上，态度非常严肃，严格执行"凡事必究"的原则，只要有学生打架被报到学校，学校一定会进行处理。即使学生在校外打架，学校也会管，目的在于防止学生把矛盾带到学校后继续恶化。只要是打架，一定会进行处分，如果打架没有伤人，就由学校调解矛盾，在周一升旗仪式结束后通报处分。

学校的处分分为三种：一是没有伤人的情况下会给予警告；二是有人受伤则给予记过处分，真实地记录在学生档案中；三是从社会上找人帮忙打架者，给予记大过处分，处分期一年。学校严格执行处分规定，对抑制学生打架行为具有极强的威慑力。

治理校园欺凌事件：一要认清学生打架的起因，二要采取有效的遏制措施。校园欺凌本质上是厌学学生在校时间安排不充分和违纪违规成本低的问题，因此要从校园时间的安排和充实、违纪违规行为的抑制和惩处的角度来思考解决之道，当学生的校园活动更加丰富、违纪违规成本更加高昂时，他们就会选择将时间和精力投放到其他更具发展性的活动上。

青少年抑郁：
痛苦没有被及时分享*

青少年心理健康问题俨然已成为一线教育中的重点问题，我们访谈的一线教师几乎都有一个明显的感觉：现在学生出现心理问题的越来越多了！尽管这些教师没有精准的数据统计，但在教书育人过程中时不时地就会碰到这样的学生，"突然不愿意来学校上学""脾气突然特别暴躁""挽起袖子猛然发现有一条条伤痕""突然有大喊大叫、撞墙等怪异行为""突然跑到教学楼想跳楼"，等等。这些偏离正常行为举止的学生，其心理健康事实上已经受损而进入心理问题状态，其中极大概率是"抑郁了"。

◎ **青少年抑郁状态类型**

当前青少年的抑郁状态，按照压力来源的不同，可大致分为三种类型：学习型抑郁、人际型抑郁和情感型抑郁。尽管不同类型抑郁诱发的情境和原因不同，但这些"抑郁问题"在发

---

* 本文源自湖南师范大学历史文化学院孙敏的调查。

现方式、发病表现、病程发展和传播效应等方面存在一致性。

学习型抑郁

顾名思义，学习型抑郁是指由学业竞争诱发的心理问题。当前教育竞争时间节点不断提前，教育竞争烈度因家庭介入不断增大，学生的学习压力具有笼罩性和整体性特征。在这个过程中，学生个体的学习压力来自两个方面：一是自身学习成绩与家长的教育期待不匹配，二是自身学习能力与同辈竞争位置不匹配。前者往往发生在优等生群体中，后者则大概率发生在中等生群体中。

一是优等生不再"优秀"带来的学习压力。在小学和初中阶段长期表现特别优秀的学生，学生自身及其家长一直以来抱有较高的期待，但进入高中阶段后他们发现自己似乎无法适应高中学习的节奏和强度。这些学生"如果长时间找不到适合自己的学习方法，长期无法适应高中学习的难度和强度，在正常考试中自然无法继续保持优异成绩，他们便逐渐丧失了学习热情、学习自信"。义务教育阶段积累的"优生光环"逐渐淡化，由此产生巨大心理落差，"这些孩子会变得越来越敏感，部分特别敏感且在乎外界评价的学生，这时候也就容易出问题，特别害怕或者反感家人询问自己的学习状态和考试成绩"。

二是中等生努力无果被反超带来的学习压力。义务教育阶段处在中等位置的学生，在分数上与同段位学生并没有特别明显的差距，"但是进入高中阶段之后，有些学生看着曾经比自己差的同学突然赶上自己，或者发现自己很努力也无法保持原来位置的时候，有的就会表现得非常慌张，不知所措"。我们访谈的多位高中教师提到，高中阶段的学习更考验学生深层次的思维能力，而不再是简单的机械式记忆，因而数量庞大的中等生群体在高中学习过程中适应能力有差异，"看似大家成绩都差不多，但如果不能及时找到合适的学习方法，不能及时转变学习思维惯性，就很容易被其他同学超越"。同段位学生之间深层次的学习能力能够被考试成绩和排名检验出来，他们也会因此产生巨大的压力。

人际型抑郁

人际型抑郁是指由同辈关系排斥诱发的心理问题。当前学生之间的关系总体比较纯粹，但也出现了一些新变化。某学校的心理老师谈到，在她接触的学生中，有些是因扭曲、异化的同学关系产生的心理问题，"有些孩子在校期间，经常被同学取外号，或被同学集体孤立，或被同学全体嘲讽。有些严重缺乏同理心的孩子给同学取外号简直肆无忌惮，甚至在这些孩子看来就是一种乐趣，比如嘲笑同学说话的音色就说娘娘腔，嘲笑同学的耳朵偏大就取绰号'大象',嘲笑同学体形宽大运动不灵活就叫'东北熊',等等"。这些带有明显嘲讽性的语言或行为上的欺凌,给一些学生带来了持续性的伤害。

有班主任总结说:"这种欺凌其实很隐蔽,一般发生在班级中成绩不拔尖但比较善良的学生身上,他们常常独自忍受这些羞辱,如果不主动表露出来,班主任就不会注意到他。"如果长期遭受排挤、诽谤等不公正的待遇,孩子就容易产生心理问题,也许是仇恨的积累,也许是自卑的积累,"这些负面情绪积累到一定程度后就有可能爆发,或者导致严重的心理疾病,或者产生报复性行为"。事实上,有组织地、有针对性地排斥某位同学的现象,反映当代中小学生人际关系呈现出"团体化""利己化"的倾向。"现在的初中生,2～3人的小团体特别盛行,在一个寝室内可能就有3～4个小团体。小团体内部成员的占有欲很强,如果不小心被这个小团体抛弃了,而其他的小团体又特别封闭,那这位同学就可能成为'孤岛',真的没有人跟他玩耍!"

情感型抑郁

情感型抑郁是指由父母不当关爱诱发的心理问题。具体表现为两种:一是生活在离异或留守家庭,长期得不到父母的关爱;二是虽然生活在完整的家庭中,但得到的是父母专断式的关爱。这两种情况下，学生无法感受到家庭的温暖。此处仅讨论第一种情况。农村中离异和留守家庭具备有家庭收入不稳定、家庭教育不完整和家庭陪伴难供给三大共同特点。首先，家庭收入不稳定所产生的经济压力会通过各种途径传递到子女身上，比如对子女零花钱的开支进行过于细致的监管，或者经常表达家里挣钱供孩子读书特别不容易，以刺激子女在校努力学习等。其次，家庭教育不完整，如因家庭教育主体缺位、家庭教育方法不当等产生的"棍棒式教育""否定式教育"，这些以惩戒为主导的家庭教育可能会不断削弱子女的自信心。一位心理老师说道："有个上初二的女孩子，她母亲就经常骂她：'你怎么不去死？！你到底要折磨我到什么时候？！'母亲经常这么说，她也就听进去了，所以经常跟朋友讨论死亡方面的话题，到我这里来咨询的时候，已经没有多少求生欲望了！"最后，家庭陪伴的实质是亲子有效沟通和情感深度互动，以父母合力为主导的家庭陪伴才是培养子女安全感的关键方式，但离异家庭或留守家庭在这方面很难发挥作用。当隔代陪伴长时间替代亲代陪伴或是陪读替代陪伴时，子女难以从中获得根植于亲子关系的安全感。

总体来看，当代青少年抑郁总体上呈现出四大特点：一是从发现方式来看，一般都是由班主任通过日常观察发现学生出现了异常，然后转介心理老师与该学生深度交流沟通后才被确定，进而引起家长重视；二是从发病表现来看，从最初的只是有负面情绪到最终发展为极度厌学、封闭自我甚至出现自残自杀的行为，精神抑郁带来的自我伤害日益极端化；三是从病程发展来看，非病理性抑郁心理发生呈现低龄化趋势，当这些非病理性的抑郁情绪得不到及时疏解而不断积累时，当青春期多重压力聚焦个体时，就容易转变为病理性的精神疾病，最终经相关医院诊断后成为抑郁症患者；四是从传播效应来看，随着网络时代、数字时代的到来，青少年抑郁群体通过各种网络传播途径强化负面情绪、建构消极话语、合理化自残行为等，这类网络传播事实上放大了抑郁情绪带来的"消极感""无意义感""病态感"。

◎ 为青少年走出抑郁提供社会支持系统

面对日益严重的青少年心理健康问题，结合一线教师的教育教学经验，我们建议至少可以从以下三个方面着手。

一是主动发现而不是被动告之。从抑郁症的病程发展来看，在确诊为精神疾病之前，绝大多数有心理问题的青少年会经历一个漫长的"潜伏期"，即情绪低落、排斥学习、生活消极，处于心理亚健康状态。青少年的心理亚健康状态可能在小学或者初中就已经初现端倪，但因为种种原因没有被重视，如心理老师的配备重点在高中而不在初中或小学阶段，又如大多数家长会以子女年龄偏小为由而简单地认为他们只是"不开心""生闷气"甚至"无病呻吟""小题大做"。在心理老师看来，"这往往容易错过最佳干预期，即使他们当时就是有点钻牛角尖，也需要家长或老师进行积极回应，使孩子的负面情绪得到及时释放，才不会长期处于学习和生活的低谷"。湖南隆回某中学的心理老师陈某，工作6年以来，接触了上百人次的前来咨询的学生，她说："不论是主动来找心理老师咨询的还是班主任建议其来咨询的，绝大多数同学通过2～3次毫无负担的沟通交流后，他们埋藏在心底已久的情绪得到释放，心境就会随之发生变化，如果家长积极配合，理解子女的状态，积极改善亲子关系，这些孩子就能逐渐从非病理性的抑郁状态中走出来，重新回归正常生活。所以，对于这些孩子，发现要趁早，被看见即治愈，被倾听即治愈。"

二是融入班集体而非小团体。在与经验丰富的班主任聊天过程中，我们发现优秀的班主任都善于引导学生建立"大家庭式班级"。在这类班级中，同学关系具有整体性和开放性特点，师生关系具有规则性和生成性特点，由此形成师生共建的一个有温度、有爱心的"大家庭"。整体性强调同学在参与班级事务管理中有分工合作但无特权主义，开放性强调同学在彼此相处中有边界远近但无歧视排挤；规则性强调班主任在处理学生矛盾过程中需坚持基本原则以维持校园正义，生成性强调班主任在管理学生日常学习中需"恰当点缀"以调剂枯燥压抑的学习状态。对于心理已经出现问题的同学，由清朗的生生关系、师生关系所支撑的陪伴式教育非常重要。比如湖南某县高级中学某班主任，虽为历史老师，却喜欢养植物来调节生活，于是，她给自己班上每位同学都发了各种小型植物、营养土和盆栽工具，有多肉、有绿萝、有仙人掌、有茉莉花等。她说："一开始有些男孩子不太接受，但是看着班上其他同学都有一盆植物精心打理，也就慢慢习惯了。现在孩子们都把自己的植物当作宝贝，课间有时间就搬到外面给它们晒晒太阳、修修枝，自己没空的时候会拜托前后左右的同学帮忙浇浇水啥的。有一次，班上一位同学的植物被人蓄意破坏，我真没想到大家那么团结，全班同学非得要求学校查看监控，一定要找出破坏者。虽然最后没有找到'凶手'，但班级的凝聚力、荣誉感，对班级'财产'的集体保护的主人翁意识立刻展现出来。"

　　三是环境支持与个体治疗相结合。目前绝大多数学校对于已确诊为抑郁症的同学所采取的措施相对保守，即学校出于学生人身安全考虑一般建议学生休学在家治疗，通过药物治疗基本恢复后再返回学校继续学业。但调研发现，这些孩子回到家庭并非最优选择。一位心理老师就提道："这些孩子本身内心非常孤独，让他们独自回到家庭，如果监护人并没有真正转变，对他们来说会更加艰难和痛苦。其实，只要真正打开了他们的内心，让他们真正感受到来自班主任、同学、心理老师、朋友的关爱，加上学校各种丰富多彩的活动进行调节，他们可能更容易恢复。"经正规医疗机构鉴定的中度、重度青少年抑郁症，其背后往往是多重因素叠加造成的。他们从心理问题发展到心理疾病的过程，其本质是个体成长所需的社会支持网络持续遭到破坏且自身难以继续面对现实生活的"孤岛化"过程。尤其是青少年所在的家庭，原本作为最重要的社会支持系统，但因种种原因，比如离异、留守、家暴等，无法发挥作用。因而，在治疗阶段让这些青少年"回家调整"并非最优选择，他们在熟悉的学校、班级场域中依托"有温度的集体"，同时配合药物治疗，其实对他们走出抑郁状态更加适合。

孩子为谁而学 *

青少年的心理健康问题已经成为当前不容忽视的问题。我们在中小学调研时，通过对学校教师、家长的访谈，能够感受到他们对于中小学生心理健康问题的重视，并看到他们所做的努力。通过与学生的交谈，我们也了解到青少年的成长环境与内心的隐秘压力。

◎ 青少年的压力来源

青少年为谁而学？从主体性的角度来讲，青少年是为自己而学，通过努力完成自我价值的实现。但是从实践来看，青少年成长过程中背负了家人的太多期望，青少年在学业上的成绩和社会上的成就不仅是自我满足的基础，也是家人社会期望实现的表达。

青少年在成长过程中面临着来自家庭的高期望和来自社会的高竞争压力。这构成了青少年成长过程中的压力来源。随着

---

* 本文源自安徽大学社会与政治学院齐燕的调查。

家庭子女数的减少和"80后""90后"家长的教育意识增强，家庭对于子女教育的重视程度大大提升。表现在教育过程中，包括为了子女教育进城买房进城陪读、从务工地返乡陪读、母亲从职场回归家庭做一段时间的全职妈妈等。除了上述经济投入和劳动力分工外，家长还会投入大量时间学习和摸索教育规律，争取做到科学养育和精细化养育相结合。

我们2023年在安徽某镇调研时，访谈过很多陪读家长，这些陪读家长不论受教育水平高低，都在尽自己所能地学习教育知识。一些县城的中产阶层家长，因为自身的受教育水平较高，自学能力强，会购买很多专业教育类图书进行学习。一些从事白领职业的家长，具有良好的学习能力和信息搜索能力，会购买一些市面上畅销的教育类图书进行学习，同时在抖音、微信等平台搜索与教育相关的账号，从这些账号发布的视频或者文章里学习青少年心理知识和亲子互动知识。在调研时我们访谈到一位白领陪读妈妈，她自孩子高二起就离开职场，回家做全职妈妈，在照顾孩子衣食起居的同时学习育儿知识，她的抖音关注列表里，除了教育专家的账号，还有镇里托管机构的账号。不少托管机构为了扩大影响和招生，经常开设直播，向家长传播教育知识、如何应对中学阶段青少年的心理变化以及家长应该采取何种教育方式。这些托管机构的直播内容，因为镜头和案例对准的都是中学生，对准的是正在发生的事情，在讲解遇到问题的同时，也教家长怎么去应对出现的问题，因此深得这位白领陪读妈妈的喜爱。

家庭对于教育的投入，已经从普遍的经济投入，转向了普遍的劳动力投入、时间和精力投入。家长对于子女的教育投入越多，对于子女成长的期待就越高。这里的期待不仅包括了好成绩，还包括了健康的心理。当班级里的家长普遍在子女身上增加投入时，学生的整体能力会有所提升，但是班级排名不一定上升。家长们赖以比较的参照之一即学生的班级排名，这就导致很多家长会觉得自己的努力没有效果，由此会产生对子女的失望情绪，并将自己的情绪传达给子女。青少年能够感受到来自父母的高期望与压力。

除了家庭的压力之外，来自社会的竞争压力也被青少年感知到。社会的竞争压力主要有两类：一类是来自学校的学习压力，一类是来自社会的弥散性压力。很多学生感受到学习压力是在初中和高中阶段。初中阶段学习科目增加，学习难度加大，没有跟上节奏的青少年会出现学习困难的情况。高中阶段学习难度提升，高考竞争压力增加，一些初中知识基础不扎实的青少年会出现学习吃力、学不懂甚至放弃的情况。来自社会的弥散性压力则是以周围人信息交流的方式传导到青少年的意识中，在这种耳濡目染的环境中，青少年感受到社会竞争的压力。

◎ "无菌"社会化与青少年的"空心化"

压力本是青少年成长过程中必然要面临和学会克服的东西,如果能够克服,会获得更大的成长,正如孟子所说:"所以动心忍性,曾益其所不能。"然而现在这些来自家庭和社会的压力却让青少年不堪重负,原因在于青少年的"无菌"社会化和家长的精细化养育,剥夺了青少年主体性的成长机会,青少年出现"空心化"的成长状态,因此面对压力时容易被击倒。

青少年的"无菌"社会化是家长有意构建的结果。孟母三迁的故事反映了中国人很早就知道良好的社会化环境对于青少年成长的重要性。当前不少家长对于子女社会化环境的要求极高,通过有意识地规划子女的社会交往范围,为子女的成长打造"无菌化"环境。在调研中听过这样一个例子,一位小学六年级女生的成绩在班级里名列前茅,周末和班级的几个同学一起玩耍。当该女生的妈妈通过电话得知一起玩耍的同学成绩不如自己的女儿时,在电话里对女儿大发雷霆,骂女儿和成绩差的同学一起玩会学坏。该女生被妈妈骂了以后,威胁妈妈说自己要跳楼,随后离开了一起玩耍的同学。该女生的家长十分害怕,急忙赶到现场去找女儿,其他同学和家长得知后也十分紧张,也参与到寻找该女生的队伍中。最终在一座高楼的楼梯上找到了该女生。当天一同玩耍的同学都被各自家长教育不要再和该女生一起玩耍。实际上,当天与该女生一起玩耍的学生并不是存在不端和越轨行为的问题学生,都是行为表现良好的学生,只是成绩没有该女生好(该女生在班级里成绩排名第一)。但是这位妈妈对女儿同伴的期待是,必须和自己女儿的成绩一样好,甚至更好。成绩不如自己女儿的同学,被这位妈妈认为不适宜女儿结交。

除了这种较为极端的案例,我们也在调研中发现弥散在日常生活中的,家长干预孩子社会交往、对孩子社会化进行有意规划的现象。不少家庭对于孩子独自在小区里的游乐场玩耍并不放心,基本上每个在游乐场玩耍的孩子都有一个家长跟随。孩子之间发生冲突的时候,不少家长会立刻冲上前去,代替孩子解决冲突,包括但不限于批评其他的孩子、批评其他孩子的家长、把自己的孩子带走。除此之外,家长会专门规划子女的社交内容,比如报什么样的培训班、和什么样的小朋友一起玩等。在作出报培训班的决策时,家长会通盘考虑很多需求,社交互动能力与学习能力培养一样,也是家长希望培训班能够提供的功能。

精细化的养育节律是家长对青少年成长的"科学控制"。近些年来,科学育儿的思想在国内快速普及并被广为接受,不少家长都希望能够以精细化的养育培养出优秀的子女。为此,家长们采取了各种方式。家长们的努力包括但不限于以下内容：有专家讲语言能力要尽早培养，不少家长在幼儿园阶段就给子女报英语学习课程；有专家提出玩需要动手的游戏可以提高孩子的专注力，很多家长便给孩子买乐高玩具，甚至专门报乐高培训课程；也有专家说，应该给孩子培养一门特长，以此发展孩子的自信，很多家长会给孩子报体育、音乐类课程，或者是绘画类课程。

当教育学和心理学相关的育儿知识流行于育儿市场的时候，家长们如饥似渴地吸收这些知识，同时发现：每个时间段对于孩子的成长都至关重要；对孩子大脑的开发越早越好，"学习要趁早"；孩子的一举一动都有心理学解释。科学育儿的观点，是科学育儿类著作的作者，基于生物学、生命科学、心理学等学科的研究，进行取舍和整理而来的。因为有科学研究加持，这些新的育儿观点较容易为大众所接受，被付诸实践，并被家长们奉为圭臬。

然而，无论是"无菌"的社会化过程，还是精细化的教育节律，都是家庭依据理想类型中的教育理念和教育方式对子女进行教育。在这一过程中，只见家长、科学研究和专家，而不见学生。学生的成长过程应有明确的精细的规划，但是在规划的制定过程中学生只是客体。在这种成长过程中，青少年学习的知识很多，习得的技能也很多，综合素质会超过上一代人在同时期的能力。然而，在快速的成长过程中，青少年的成长有其繁花似锦的形,却缺失了能够扎根大地、岿然不动的主心骨。

为谁而学?奋斗的意义是什么?这不是缥缈的哲学问题,而是青少年在成长过程中应积极去寻找答案的现实问题。在古代,青少年自开蒙以后,就开始接受儒释道思想的影响,追求"修身齐家治国平天下""穷则独善其身,达则兼济天下",在差序格局中,根据能力的培养过程和变化,逐步去加重自己的担子。新中国成立后,国家提出要通过教育培养社会主义建设者和接班人,同时并不否定"修身齐家治国平天下"的思路,但是青少年的成长实践却越来越缺少这样的内核。认真学习是为了取得好的成绩,取得好的成绩会有机会升入大学,读了大学可以找到工作机会。对于青少年来说,从学习中获得个人利益、满足家长的教育期待,即是他们努力学习的主要目标,超越于个体和家庭利益的目标很少被青少年考虑。

不是青少年摒弃了这些超越性的奋斗目标,而是他们的成长过程一直被家庭和学校强化个体与家庭的利益目标。青少年从"无菌"的社会化过程中收获了经过家长甄选的来自相似圈子的社会关系,但是也缺失了对异质性群体的了解,这包括了对自己阶层之外的其他阶层的了解、对充满丰富性和多样经历的其他同学的了解。青少年在"无菌"的社会化过程中顺利成长,但也减少了很多探索和受挫的机会,缺少了磨炼心智的机会。在精细化育儿节律的影响下,青少年只要听从父母的安排去学习,就可以掌握很多技能,并顺利完成小学—初中—高中—大学—找工作等一系列成长步骤。然而青少年在精细化育儿节律的影响下,缺少了主动选择和试错的经历,也缺少了主动探索自己的兴趣和爱好、主动寻找人生目标的机会,甚至缺少了思考"为谁而奋斗""为谁而活"这样的问题的机会。

无论是从学习的知识量上看,还是从掌握的技能上看,当前的青少年都比其上一代在同一年龄段更有优势。但是信息丰富、资源增加、知识增加,并不与主体性成长和人生价值目标的确立画等号。在"无菌"的社会化环境和精细化育儿节律中成长起来的青少年,处在一种被呵护的环境中,甚少经历需要呕心沥血去克服的问题,这种节奏快但是缺乏内在主体性的成长是一种"空心化"的成长。遇到困难的时候,缺乏超越个体利益追求的目标,很容易让青少年陷入当前困难的痛苦之中无法自拔,从而出现心理问题。

◎ 不能出错的成长压力与遭受挫败后的无助

虽然家长们为孩子营造了温室般的成长环境,但是总有家长无法左右的环境,这是青少年成长中必须面对的问题。这些环境包括班级中的学习竞争环境、在校园中与同辈群体相处的人际互动环境。当青少年从家庭营造的温室中进入这些环境时，会因为无法处理在这些环境中遇到的困难而产生无助心理，导致精神出现崩溃。

一方面，青少年背负着家庭的期望，自身也对自己有高期待，有着持续进步、不能出错的压力；另一方面，遇到困难又会打击他们对自己的期望。随着家庭教育意识的普遍觉醒，教育竞争空前激烈起来。不少民办学校凭借着高强度的教育竞争和良好的升学成绩吸引了很多家长，但是在民办学校的高度竞争体系下，是快节奏地学习、不断地优胜劣汰和后进生的被边缘化。我们在湖南某镇调研时，当地一所公办初中的校长反映，学校每年都会接收几个从民办学校转来的学生，这些学生转学的原因是无法适应在民办学校从优生降到后进生后被边缘化的心理压力。这些从民办学校转学回来的学生，有的甚至患了抑郁症，不得不由家长在学校陪读。

除此之外，与同辈群体的互动也容易给青少年带来压力。青少年在与同辈群体的互动中会出现两类困境：一类是受到校园欺凌，一类是沟通不畅带来的互动困境。当前校园欺凌现象已经变得隐秘化，打架斗殴减少，言语攻击、孤立等冷暴力的方式增加。被孤立的同学会产生极强的孤独感，甚至会产生抑郁情绪。沟通不畅的互动困境，主要源于有些学生会对生活中出现的问题各执己见、互不让步，这种情况多发生在中小学寄宿制学校内。在开始住宿之前，学生在家里感受到的是父母和家人对自己的无限包容，自己的需求都能及时被满足，沟通顺畅。开始寄宿制生活后，集体宿舍有多名学生，且每个人的生活习惯和作息习惯差别较大，在满足自己生活和作息需求的同时，与其他学生和谐相处，是青少年在寄宿制学校需要面临的成长经历。这一过程需要青少年学会沟通和妥协，最终达成一致。然而在这一过程中，当发生冲突时，经常出现希望他人满足自己的需求，而自己不愿意满足别人的需求的情况。于是就会出现沟通中断、彼此需求都无法满足、宿舍关系恶化的情况。在宿舍关系恶化后，家长们为了不影响子女的学习状态，一般会选择在校外租房陪读的方式，让子女远离集体住宿环境。青少年处于一种较少与同辈群体深度交往，或者有冲突立刻减少同辈群体交往的环境中。一旦与同辈群体出现深度交往的较大困境，就会出现逃避问题的倾向，以致产生巨大无助感而导致精神崩溃。这也是为什么大学里很多学生宿舍出现矛盾后大家并不化解矛盾而是僵持，或者提出换宿舍，或者在校外租房，有少数人会因为这类矛盾无法解决而出现严重的心理问题。

　　当前快速发展和高度竞争的社会对于个体的心理素质要求越来越高，对于个体的个人能力要求也越来越高，这就要求青少年在进入社会之前要经历复杂的成长磨砺。然而当前青少年的成长环境却如温室一般,以"无菌"的社会化过程和精细化的养育节律来加快能力培养和增加知识储备,忽略了处理困难情境和复杂人际关系的能力培养。这种情况下成长起来的青少年,遇到困难时,往往容易被困难击倒。

三

陪读妈妈与家校关系

高精神压力下的陪读生活*

◎ 母亲陪读现象日益普遍

我们在安徽 D 县农村调研时发现，当地母亲陪读的现象非常普遍，高中阶段大部分家庭选择母亲陪读，少部分家庭由爷爷奶奶陪读。如果陪读一个小孩，陪读妈妈大多是"半工半陪"，即在陪读的同时打一份零工，一般是选择那些工作时间有弹性的工作（如小服装厂）；如果同时陪读两个小孩，大部分妈妈则没有时间打零工。调研发现，这些陪读妈妈之前基本都是和丈夫一起在外地大城市务工，大多是到小孩上初中或高中时返乡陪读。其回乡陪读的原因大致有以下几种情况：一是为了提升小孩的学习成绩；二是为了避免小孩学坏；三是小孩上初中或高中之后往往比较叛逆，爷爷奶奶难以管教；四是为了不留遗憾，尽其所能培养小孩，以免以后小孩怪父母对自己的成长不上心。

---

* 本文源自南开大学周恩来政府管理学院李永萍的调查。

以我们调研的 D 县为例，当地陪读现象大致兴起于 2000 年以后，在 2010 年之后尤甚。也就是说，当地的陪读现象主要是从"80 后"为人父母之后开始的，目前陪读妈妈中的主流也是"80 后"。如果只有一个小孩，且只陪读高中三年，这对于母亲个人的职业发展影响较小。然而，当地很多母亲从孩子初中甚至小学就开始陪读，并且，当地的"80 后"普遍都生了二孩，当一孩陪读完成之后，又要继续陪读二孩。这样算下来，当地的"80 后"母亲陪读的时间短则三五年，长则十几年。如此一来，当地的"80 后"女性在 30～45 岁大概率在陪读，一些"80 后"生育二孩的时间比较晚，其陪读的时间可能持续到 50 岁左右。可见，陪读重塑了女性的生命历程和生活轨迹，"80 后"女性一生中最宝贵也是最精华的时光完全花在小孩身上，这对于女性的影响是重大的。陪读不仅重塑了女性的生活世界，而且还重塑了男主外、女主内的家庭分工结构，走出家庭的女性因为子女的教育再一次被拉回家庭之中。

当然，虽然女性因为陪读被重新拉回家庭，但这并不意味着女性回到传统社会中对男性的依附。事实上，由于子女教育成为家庭的重要目标，而陪读妈妈在此过程中付出最多，因此女性在家庭中的地位并不会因为陪读而下降，相反，通过陪读，女性可以进一步主导家庭。同时，陪读妈妈深度参与到子女的成长过程之中，看到子女健康成长，尤其是看到子女学业进步，陪读妈妈也能获得幸福感和满足感。实际上也正是这种幸福感和满足感支撑着陪读妈妈坚持下去。然而，我们也不可忽视陪读妈妈在陪读过程中面临的精神压力。在调研中，很多陪读妈妈都坦言面临很大的精神压力，甚至有陪读妈妈说陪读让自己变得快要抑郁了。

◎ **陪读妈妈精神压力的来源**

对子女教育的高期待

陪读妈妈在陪读过程中始终处于精神紧绷状态，她们放弃自己的工作来陪读，对子女教育抱有极高的期待，希望通过自己和子女的共同努力，改变家庭的命运。但并非每个孩子都能如母亲所愿考上好的大学，尤其是当一些孩子在学习上不够努力时，陪读妈妈就会非常失落，认为自己的付出没有得到相应的回报。以下是 D 县 Y 村两位陪读妈妈的真实感受：

> 陪读妈妈的精神压力很大，妈妈放弃所有来陪你，结果你学习上不努力，妈妈就会很生气。如果最后考不上好的大学，这么多年的陪读就白费了，对妈妈的打击很大。（ZLY，1982 年生）

> 陪读妈妈有压力，主要是小孩成绩上的压力。小孩考试，我比小孩还要紧张，好像自己要去考试一样，心里怦怦直跳，担心她考不好。我和其他陪读妈妈交流，很多妈妈都有这样的感觉，有些妈妈连饭都吃不下去。都希望小孩能够考好，考得不好，（陪读）妈妈心里就很失落。别人在背后都会说，那么多年，陪在身边，结果成绩还不好，别人就认为肯定是你没有管好。（ZM，1985年生）

亲子关系紧张

陪读家庭的亲子关系容易紧张。在陪读家庭中，孩子的唯一任务就是学习；陪读妈妈的任务就是尽一切可能保障孩子的学习，并且要尽可能屏蔽一切对孩子学习不利的因素。在此情况下，陪读家庭中孩子的生活节奏由母亲全权掌握，孩子的自由空间较少。陪读妈妈对孩子严格的时间管理和情感施压，使得孩子极容易产生逆反心理，导致亲子关系紧张。陪读妈妈对孩子的管理主要有以下几种方式。

第一，精细化的生活照料。陪读妈妈的首要任务就是照顾好孩子的生活，让孩子可以心无旁骛地学习。为了让孩子能够吃好，大部分陪读妈妈一天三顿饭都是亲自做；为了让孩子能够节省更多时间学习，即使是上高中，妈妈也一般会骑车接送，不让孩子走路回家。

第二，时间上的严格管理。陪读妈妈一般都会计算好从家里到学校的时间，不让孩子早去，也不允许孩子晚回。D县一位陪读妈妈说，如果孩子比预计时间晚回家几分钟，她一定要问清楚是怎么回事；如果晚了十分钟孩子还没有回家，她就会四处找人。平常一般也不允许孩子独自和同学出去玩，只能在父母陪同下外出。

第三，细致的情绪观察和及时的情绪干预。陪读妈妈不仅要保证孩子吃好学习好，还要时刻关注孩子的情绪问题，避免不良情绪影响孩子的学习。D县一位陪读妈妈对我们说，女儿每天回家她都要细致地观察其情绪如何，"如果女儿连续几天回家都非常高兴，那说明她在学校和朋友玩得很开心，这个时候就要提醒一下，不要玩得忘了学习。如果女儿回家心情很低落，板着脸，就要及时问一下，是不是在学校和同学闹矛盾了？是不是被老师批评了？"总之，通过对孩子情绪的及时感知和干预，陪读妈妈希望孩子能够保持平静的心态，专注于学习。

第四，通过情感施压强化孩子的学习动力。对于初中或高中的孩子，父母意识到打骂的作用很小，还容易起反作用，因此，当孩子学习不努力时，陪读妈妈一般会通过情感施压的方式让孩子感受到压力，进而提升其学习动力。D县Y村一位陪读妈妈就经常用以下话语来教育子女要好好学习："你爸爸一个人在外挣钱多不容易，还要自己做饭洗衣服，你不好好学习，怎么对得起父母？我陪你们读书，一天跑那么多趟，风雨无阻，像快递小哥一样。"

通过上述几种方式，陪读妈妈实现了对子女生活的完全掌控。然而，处于青春期的孩子极容易产生叛逆心理，父母越管得严，子女越容易叛逆。如此一来，陪读妈妈与子女之间的亲子关系就很容易紧张。这种紧张的亲子关系轻则表现为子女经常和陪读妈妈斗嘴，重则发展为吵架，甚至是比较严重的对立。D县Y村"80后"的陪读妈妈WP给我们讲述了她和女儿一次比较严重的冲突：

> 我女儿成绩一直比较好，有一年因为家里在种植木耳，我就让她奶奶帮忙带了一段时间，我回到村里去种植木耳。我每天都打电话问婆婆，女儿今天表现怎么样。婆婆说很好、很乖。我总觉得有点不对劲。过了一段时间我不放心，还是自己去县里陪读。到晚上该睡觉的时候，我也装着睡了，结果发现女儿躲在被子里玩手机，我一气之下就把手机给砸了。那一次我冲她发了很大的火，问她为什么那么不听话、究竟还要不要读书，骂着骂着我自己坐在那里急得哭。女儿看到我哭了，也知道自己错了，说妈妈我会努力的。

◎ 无处释放的精神压力

陪读妈妈不仅要面临陪读过程中较为紧张的亲子关系，而且还可能遭受各种委屈。更为重要的是，她们往往要独自面对这些负面情绪，没有人可以帮忙化解。D县"80后"的陪读妈妈ZLY说：

> 我这几年在家带小孩，自己都快抑郁了。有话都没人说，也没地方可说。遇到困难，没有人可以沟通。跟老公说了也没用，他那么远，说了也帮不了我，还增加他的负担，一般就不和他说。也没有朋友可以说，天天在家带孩子，哪里有朋友？同龄人好多也不在家，在家的都是上了年纪的，也说不到一块。只有自己慢慢排解，有时半夜睡不着，我就一个人在（村委会）广场上走来走去，排解一下压力。

一方面，夫妻之间难以及时沟通。陪读妈妈的丈夫通常都在外地务工，他们的主要任务是挣钱养家。虽然夫妻之间经常会视频通话，但丈夫毕竟远在外地，不能及时感知妻子在家所面临的压力，一些丈夫甚至可能以为妻子在家带小孩很轻松。并且，陪读妈妈一般也不愿意向丈夫诉苦，以免增加丈夫的心理负担。

另一方面，陪读妈妈的社交圈子也非常有限。陪读妈妈的大部分时间和精力都花在小孩身上，她们几乎没有时间和精力来构建和维系自己的朋友圈，大部分陪读妈妈回老家来陪读之后都没什么朋友，因此当她们情绪不好时也难以从朋辈群体中获得情感支持。在陪读妈妈看来，回来就是为了专门带孩子，如果还想着和朋友去玩，那就肯定带不好孩子，因此很多陪读妈妈也不再发展新的朋友圈。

县城陪读妈妈：
形成原因与社会风险 *

近几年县城陪读现象日益普遍且愈演愈烈。打工经济兴起后，农民家庭依靠以代际分工为基础的半工半耕，通过年轻人进入大城市打工、老人在农村种地顺便照顾孙辈生活和上学，实现家庭劳动力最大化配置和家庭收益最大化。然而近 10 年来，年轻母亲返乡陪读打破了代际分工平衡，形成以获得优质教育为目标、以夫妻分工为基础的"半工半陪"机制。这一方面导致陪读妈妈的劳动力价值无法实现；另一方面孩子和妈妈进入县城后生活成本提高，导致农民家庭经济压力增大和家庭再生产成本提高。

◎ **乡村教育转型与母亲陪读现象的兴起**

Y 镇位于安徽某县东部，距离县城 25 公里。2007 年 G 乡与 Y 镇合并，成立了现在的 Y 镇，下辖 14 个行政村，常住人

---

* 本文源自湖南师范大学马克思主义学院齐薇薇的调查。

口 3.2 万多人，小学 11 所（3 所完小、5 所初小、3 个教学点），共有学生 1352 人；中学 1 所（由 G 中学和 Y 中学合并），学生 600 人。Y 镇的陪读现象在 2010 年左右开始出现，但早期的陪读只限于少数家庭，近几年当地社会逐渐形成陪读风气，陪读队伍不断壮大。大量陪读母亲进入县城，在学校附近形成一片片租房陪读集聚区。陪读母亲的时间和生活安排围绕着孩子的学习、生活展开，与居住、生活在县城的居民形成一定的区隔，相互之间没有往来，而一些家庭条件好的则选择在县城买房陪读。根据我们的调研，Y 镇的陪读情况经历了以下三个方面变化。

一是从精英陪读向大众陪读转变。早期的陪读现象主要出现在少部分经济条件较好和具有一定知识与文化水平的家庭，陪读目标明确，即以孩子的学习为中心，为孩子提供良好的学习环境和生活照料。近几年陪读逐渐走向大众化，不管家庭条件好坏、家长是否有知识和文化水平，都会陪读，陪读的原因呈现多样化，有理性选择的，有迫于社会压力的，也有盲目跟从的，从而在当地形成一种陪读风，席卷所有学龄家庭。

二是从阶段性陪读向全周期陪读转变。早期的陪读是阶段性和重点性陪读，主要在高三阶段，且一般是孩子上重点高中、学习成绩较好、有较大希望考上大学的，家长才会选择陪读。这种陪读的时间较短，孩子高考结束后陪读家长可以再次进入劳动力市场，对家庭经济影响不大。然而，现在很多家长从小学阶段就开始陪读，初中和高中更是必陪阶段，不管孩子是否上重点初中或高中、成绩好不好，家长都会陪读。这种全面、全周期的陪读方式，不仅周期长、投入成本大，而且陪读妈妈因长期脱离劳动力市场和年龄太大，在陪读结束后难以再找到合适的工作，因此对农民家庭经济和发展产生较大影响。

三是从隔代陪读向亲代陪读转变。打工经济兴起之后，农民家庭分工模式以代际分工为主，即年轻人外出务工、老年人留守农村务农和照顾孙辈。因此，早期陪读主要是隔代陪读，奶奶在镇上租房全职陪读或陪读时顺便打点零工，爷爷则留在村里种地和打零工。近几年，返乡陪读的年轻妈妈队伍不断壮大，成为当地陪读大军中的主力。

◎ 陪读兴起的原因：乡村教育供给体系难以满足需求

对于绝大部分农民家庭而言，公共教育供给是家庭获取教育资源的唯一途径。随着农民家庭经济条件改善和教育预期提高，日渐衰败的乡村教育供给体系难以满足农民家庭日益增长的教育需求，陪读在此背景下逐渐兴起。

第一，农民家庭教育预期提高与乡村教育衰败之间的张力。当前农村父母对子女的教育预期越来越高，他们深刻感知到知识和文化水平对于个人发展的重要性，因此普遍希望子女接受更优质的教育。然而，乡村教育质量并没有随这一代年轻父母教育预期的提高而提高，反而呈现出衰败的趋势，主要表现在如下几个方面。一是教师队伍的流失。一些优秀的、年轻的或有关系的老师通过各种方式向县城学校流动，留在乡村的老师通常年纪偏大或业务水平有限。一位乡村小学校长感叹道："乡村学校成为教师队伍的培训基地。"二是生源大量流失。完整的班级结构是学生内部形成"比学赶帮超"的学习氛围和老师教学激情的基础。乡村学生大量流失导致班级结构不完整，班级内部无法形成良性竞争的学习氛围和学习环境，从而影响了学生学习的积极性和老师的教学激情。乡村教育的衰败无法满足农民家庭日益提高的教育期待，很多家庭不得不将子女送到县城上学并陪读。

第二，农民家庭分工与县域教育基本公共服务供给之间的张力。大量的乡村学生进入县城上学后，对县域教育的基本公共服务提出了更高要求（如餐饮、住宿、公共交通等），但中西部大部分县城没有经济能力来回应这种需求，由此导致农民家庭不得不通过调整家庭分工以应对。调研发现，中西部地区县域学校普遍无法提供充分的教育公共配套服务。许多中西部县城的中小学，因为地方财政能力有限，学校没有食堂、无法提供住宿、无法提供公共交通等，居住在村里的学生上下学只能靠家长每天骑车或开车接送。由于爷爷奶奶年纪太大，且一些地区地形较为复杂，上下学途中存在较大的安全隐患，很多家庭不得不由妈妈返乡陪读。

第三，家庭权力结构变化与学校教育责任转移之间的张力。一方面，随着家庭权力重心由祖辈转移到父辈，爷爷奶奶在管教孙辈时越来越放不开手脚，隔代教育的弊端日益凸显。"孙子不听话，打重了怕儿子儿媳不高兴，尤其是怕儿媳不高兴，打轻了又不管用""孙子不听话打了他，他转身在视频里告诉儿子儿媳，儿子儿媳会认为我们对孙子不好"，访谈中许多老年人都提到现在不敢严厉管教孙辈。另一方面，学校通过缩短学生在校时间、让家长参与学校教育任务、将学校管教权部分让渡给家庭等措施，不断向家庭转移教育责任。但教育具有高度的专业性，学校教育向家庭转移对家长的教育能力、投入时间、知识水平、理解能力等都提出了更高要求，隔代教育显然已经无法应对当前的教育变革，从而倒逼越来越多的年轻妈妈返乡陪读。

◎ **母亲陪读的社会风险：束缚劳动力和加剧教育焦虑**

基础教育属于大众教育，大部分家庭的教育需求主要依赖于公共教育供给，因此公共教育政策以及教育供给方式等都会影响农民家庭的教育决策。对于大部分农民家庭而言，陪读是一种无奈的选择，对农民家庭和整个社会都带来诸多负面影响。

第一，对农民家庭的影响。首先，增加农民家庭经济负担。母亲陪读不仅导致作为家庭主要劳动力之一的年轻女性无法实现劳动力价值，而且母亲和孩子在县城生活也增加了家庭经济支出。其次，影响夫妻关系。陪读意味着年轻夫妻要长期分隔两地，由此导致夫妻情感淡漠，甚至可能因为婚外情而离婚。Y镇一位陪读妈妈说："生病的时候（丈夫）不在身边，心情不好的时候不能跟他说，怕他担心，除了聊孩子我们没什么好聊的。"在县城这个陌生社会，大量陪读妈妈聚集，一些无法排遣寂寞的陪读妈妈出现了婚外情现象，"有的陪着陪着把婚姻赔进去了"。再次，导致亲子关系紧张。陪读使得母亲将注意力过度集中到孩子身上，这不仅使得陪读妈妈普遍面临较大的精神压力，而且还极容易导致亲子关系紧张。最后，影响孩子健全人格的发育。孩子的成长是全方位的，学习只是其成长的一部分。然而，很多陪读妈妈大包大揽，不让孩子参与任何家务劳动，帮孩子解决所有问题，孩子过着衣来伸手、饭来张口的生活，学习成了孩子的唯一任务。在家长长期的细致照顾和全方位保护下，孩子无法培养独立人格和独立解决问题的能力。

第二，对社会的影响。首先，将大量劳动力束缚在家庭。

陪读意味着农民家庭必须专门抽出一个劳动力来陪伴子女的学习，降低了家庭劳动力的市场参与率。尤其是母亲陪读，意味着作为壮劳力的年轻女性无法进入劳动力市场，这不仅降低了家庭经济收入，而且可能影响国家整体的经济发展。其次，降低农民生育意愿。陪读提高了农民家庭的生育、抚育和教育成本，增加了农民家庭再生产的压力，降低了农民的生活幸福感，从而导致越来越多的年轻农民家庭不敢生、不愿生或不能生。最后，加剧教育竞争和教育焦虑。几乎所有陪读的家庭都希望自己的孩子能够取得好成绩、考上好大学，因此陪读家庭通常都会加强对孩子的时间管控和教育投入，以期提升孩子的学习成绩。如此一来，在县域社会内部逐渐形成高度竞争的教育生态，加剧了农民家庭的教育焦虑。

◎ 如何破局：着力办好乡镇基础教育

县域教育不同于大城市教育，它的服务主体主要是广大农民家庭，因此应立足于广大农民家庭的需求和特点，办农民需要而满意的教育。当前陪读妈妈现象的兴起，本质上是县域教育供给与农民家庭发展、教育预期、家庭分工等不匹配的结果，农民家庭因而不得不作出相应调整。母亲陪读不仅增加农民家庭经济负担，而且将大量的青壮年劳动力束缚在家庭，加剧了沿海发达地区用工荒、用工难问题，不利于我国城市化和工业化的发展。

基于此，发展和完善县域教育要着重处理好以下几个问题。首先，应该着力办好乡镇基础教育。在城镇化的过程中依然有相当一部分农民无法进城，还在为进城做准备，要通过办好乡镇中小学，为农民家庭提供低成本教育，减轻其经济压力和教育负担。其次，加大教育公共服务配套供给。学生向县城集中的同时，县城也要配备相应的教育公共服务，为距离学校远、上下学不方便的学生提供公共交通工具、餐饮和住宿等。最后，要强化学校教育的公共性，避免将教育责任过多转移至家庭。绝大部分农村父母的知识和文化水平有限，如果学校将过多教育责任转移到家庭，不仅会加剧家庭的教育负担和教育焦虑，而且还会进一步拉大教育的城乡差距。

城乡家庭对学校惩戒权的不同接受度 *

  中小学学生上课期间不专心听课、不能完成作业或作业不符合要求，或者不遵守课堂纪律、校纪班规，教师可以采取一定的教育惩戒措施。根据教育部审议通过的《中小学教育惩戒规则（试行）》，教育惩戒指学校、教师基于教育目的，对违规违纪学生进行管理、训导或者以规定方式予以矫治，促使学生引以为戒、认识和改正错误的教育行为。根据学生违规违纪情节轻重，教育惩戒有轻微惩戒、较重惩戒、严重惩戒之分，其中轻微惩戒包括点名批评、责令道歉检讨、承担公益任务等。无论惩戒轻重与否，合法惩戒都不包含身体伤害、言语辱骂等惩罚方式。

  然而，在乡村中小学的管理实践中，不仅惩戒运用得比较多，惩罚措施也较为常见，两者之间基本上没有界限，打骂是一些学校政教处、教师的日常管理方式。在惩戒规则出台之前，在体罚学生事件接二连三被曝光的时候，不少乡村中小学的错误惩戒惩罚方式仍未改正，打手掌、扇耳光、踢屁股、罚

---

* 本文源自武汉大学社会学院杨华的调查。

长跪等屡见不鲜。与此同时，调查也发现，在同一区县内，城区学校在学生管理上的转变要快得多，许多学校基本上完成了从管理学生到服务学生的蜕变，有的甚至服务周到到"就差给学生盖被子"了。

乡村学校与城区学校在管理上的差异，除了与学校管理理念、教育管理部门监管、学校资源条件、学生素质等有关系外，还与不同家庭对学校惩戒惩罚的接受度有关系。相对来说，乡村家庭对学校惩戒惩罚的接受度要比城区家庭高。城区学校能够很快从管理学生转向服务学生，一定程度上与相关惩戒惩罚的实施被家长曝光或告状有关。

家庭和学校都是教育主体，它们在学生的知识教育和养成教育方面理应扮演重要角色。学校对学生的惩戒惩罚属于养成教育的一部分。从家庭看，并不是所有家庭都能在知识教育和养成教育方面扮演好自己的角色，这与学生家庭有没有时间和有没有能力有关系。时间与能力是分析学生家庭教育参与度的重要因素，不同家庭在时间与能力两个方面的条件不同，造成了它们教育参与度的差异。

就参与中小学生养成教育而言，可以将县域学生家庭分为三大类：一是既没时间又没能力参与的农村家庭，二是有时间但没能力参与的集镇家庭，三是既有时间又有能力参与的县城家庭。调查发现，农村家庭对学校惩戒惩罚学生普遍持支持的态度，而集镇家庭对学校严厉惩罚学生有意见但做工作后多能理解，县城家庭则一般持否定态度，特别是不能容忍体罚和辱骂方式。

◎ 农村家庭：愿意将管教子女的权力让渡给学校

在养成教育上，农村家庭首先是没时间。时间条件是家庭管教、规训子女和配合学校教育的前提。在当前农村，大部分有中小学生的家庭基本上是"80后"和"90后"家庭，这些家庭的家长正是壮劳动力和家庭的顶梁柱，而这些家庭也正处在经济压力最大的时候。这样，这些家庭要获取足够多的劳动报酬支撑家庭在当地过上中等收入水平生活，或者积累进城买房、孩子接受教育的资本，就得参与全国劳动力市场竞争和分工。学历低、没有技能和不会经商的人，多数只能从事纯流水线或工地工作，工资水平低，其家庭劳动力的配置就越是刚性，即年轻夫妇必须外出务工，而中老年人则在家务农、做家务、照顾小孩，有的家庭甚至还需要年轻的祖辈共同外出务工。这些"80后""90后"家长很难有时间在家照顾子女，对他们的知识教育、养成教育也就无法顾及。一年回家一次参加家长会或被"叫家长"尚可，多了就影响工作。即便是在本地务工的家庭，也因为在非正规劳动力市场就业，没有节假日、每天上班时间较长或者上班时间不规律等原因，而没有固定的、大量的时间陪伴和管教子女。

从调查来看，农村"90后"的小孩还在上幼儿园或小学，年轻妈妈返乡到县城陪读的较多，少数年轻夫妇皆外出务工则小孩由爷爷奶奶带。多数"80后"的小孩已经上初中了，且一般在本地上学的多，只有少部分到县城上学，这样年轻父母都外出务工，爷爷奶奶在家看护小孩。而初中正是未成年人养成教育最关键的阶段，学好还是学坏就在此阶段。所以，有些"80后"父母在孩子上初中后就咬紧牙关返乡，而有些无法返乡，小孩的管教就只能交给学校和祖辈。

其实，农村中老年人在管教孙辈，尤其是已就读初中的孙辈上，有着天然的弱势。一方面，他们是替儿子儿媳代管小孩，没有自主管教的权力。因此，即便儿子儿媳不在旁边，他们也不会对孙辈进行惩戒惩罚，甚至不敢大声、粗声对孙辈说话，事事顺着孙辈。阻止孙辈到处乱跑和调皮捣蛋的唯一方式是给他们看手机。他们在孙辈看护上主要是照顾衣食住行，而不能正确履行管教职能。另一方面，他们的知识、见识已经远不及孙辈，讲的道理也不再能说服孙辈，甚至可能被孙辈嘲笑为"老古董"。孙辈不仅掌握了更多的"道理"，口才还比祖辈好，在祖孙"交锋"中，祖辈不是落下风就是被气得无计可施。因此，祖辈对初中阶段孙辈的养成教育基本上是"无能为力"和"无所贡献"。许多受访祖辈说，孙辈在幼儿园、小学阶段还能够管得住，到初中阶段就只能放任自流了。

在农村家庭，不仅祖辈没有能力管教孙辈，年轻父母也没有能力管教子女。首先，对于子女来说，父母在外打工是天高皇帝远，鞭长莫及，管不了他们。偶尔通电话，父母也是问问基本情况，最多说些"要听爷爷奶奶的话"之类不痛不痒不起作用的话，而不会严厉教训。其次，父母对子女的学习内容、学校教育方式、同伴群体情况、兴趣爱好、心理精神状况等基本上一无所知，很难同他们进行正常交流，不了解他们的偏好，也就无法有针对性地进行说服教育。父母的知识体系和观念架构也因为长年不学习而跟不上青少年群体的步伐，使得他们在子女面前话语体系陈旧，被子女嘲讽，管教子女时说话没底气。

正因为农村家长既没时间又没能力管教自己的子女，他们就愿意将管教子女的权力让渡给学校。他们知道自己子女的情况，既然自己管不了，就需要学校来管。学校再不管，走入社会可能就成了废人、坏人（"当二流子，做强盗"）。学校帮忙管，不仅可以让自己少操心（"可以安心打工"），还至少可以让子女正常成长（"不会进管教所"）。所以，"只要不打死、不打脑袋（怕打傻）"，他们就接受学校包括打骂在内的惩戒惩罚措施。

◎ 集镇家庭：不愿意让渡管教子女的权力但又无能为力

县域集镇居民主要有以下几类：集镇所在村组的农民，他们通常经营自己的门面房或摊位；在集镇租房或买房做生意的村组农民；在当地务工或经商而在集镇上购房生活的农民；驻集镇的政府机关、企事业单位（医院、学校、银行、供销社、邮政及乡镇站办所）工作人员，他们在集镇安家或长期工作和生活。从调查来看，这些集镇居民有以下几个特点：一是家庭收入水平高于当地的中等收入水平，属于当地的较高收入者，因而这些家庭的生活水平较高，在子女身上投入较多；二是家庭收入较为稳定，这些家庭的收入如租金、工资、门面（摊位）营收等都较为固定，因此谋生、赚钱的压力都不大，不需要到处奔波，生活较为悠闲自如；三是家庭生活完整，不存在三代人多地分离的现象，年轻父母未外出务工或经商，子女在当地中小学就读，有的家庭还有祖辈在一旁帮忙打理。

在子女养成教育的参与上，集镇家庭最大的优势是有时间。年轻夫妇除了工作、经营之外，有大量空余的时间，而打发时间的主要方式是打牌。所以，调查中经常看到集镇有大量的牌馆、麻将馆，这些场所中不仅有老人，还有年轻人，尤其年轻妇女较多。许多店铺里面也布置了麻将桌或者简易的牌桌，年轻夫妇基本上都在牌桌上，家里也常常是牌声不断。当然，年轻夫妇还有个任务就是照顾学龄子女的饮食起居，子女一般走读，一日三餐都在家吃。所以，集镇上的走读生较寄宿生吃得好、被照顾得好。此外，这些家庭因为收入较高且稳定，所以能够给子女提供更多教育资源，如集镇上为数不多的培训班，诸如英语、书法、舞蹈等；购置较多的营养品，如牛奶、保健品；提供更好的衣着打扮，如名牌衣服、鞋袜等。在子女教育、成长上，他们较农村家长更细致、更投入，自然也会有更多的期待。同时，由于家庭生活完整，父母与子女共同生活时间长、互动频繁，亲子之间有稳定的情感纽带。加之一般家庭都是一两个孩子，孩子少，父母的价值和情感会更多地寄托在他们身上，因此在与孩子沟通、互动时更多的是采取平等商量的方式，也更容易原谅孩子的一些过错。

基于上述原因，集镇家长一方面认为自己能够管好孩子，另一方面则可能宠爱孩子，不希望他们受到任何伤害和委屈。因此，他们在子女受到学校惩戒惩罚时，最本能的反应是受不了，"老师欺负自己的小孩"，找学校"要说法"。集镇居民之间聚在一起时也会相互讨论社交平台里学校惩罚学生的事情，会形成学校惩戒惩罚是"违法"的舆论氛围，从而相互强化学校过错、孩子受害的心理。他们会在这种氛围的支持下，气冲冲地去校领导、老师的办公室找麻烦，有的还带着一群宗亲到学校，扬言要严惩班主任。但是，当学校老师耐心地跟他们做了说明和说服工作之后，他们会很快冷静下来，不仅不再有底气找麻烦，还会对学校的惩戒惩罚措施表示理解，并感谢学校、老师对自己子女的教育。何以如此？

集镇居民多数有时间管教孩子但没有能力管教好。第一，他们跟村里的农民一样，多数都是初中文化水平，知识不多，见识不广，懂得的道理也不多。因此，他们不善于跟子女讲道理，在与子女交流时也无法让子女信服。第二，他们不懂得学生养成教育的基本规律，认为为子女提供吃饱穿暖的保障和基本陪伴就行了。第三，他们看似在家，有时间陪伴子女，但空闲时间多用于打牌、打麻将了，事实上疏于对子女的陪伴和教育。第四，他们也并不真切了解子女在学校的实际情况，在一些事情上往往听子女的一面之词，有的无法想象子女在学校调皮到什么程度。第五，他们对子女有溺爱、纵容的一面，因而会自觉或不自觉地屏蔽子女的一些问题，或把问题往好处想。因此，当子女受到学校惩戒惩罚时，在社交平台不实信息、身边朋友的蛊惑下，他们会本能地觉得子女受到了委屈、老师在欺负自家小孩，因而心里受不了，心疼得要命，非要找学校讨说法。而当学校将其子女在学校的真实表现、具体做法告知他们，并讲明白其中道理之后，他们会恍然大悟，意识到学校惩戒惩罚的必要性，当然也认识到了自己没有能力管好子女的局限性。

◎ 县城家庭：有时间、有能力行使管教子女的权力

对学校惩戒惩罚持否定态度的是县城家长。县城家长主要有如下几个群体。一是党政机关公务员群体。县级领导、部门和乡镇公务人员的子女一般都在县城就读，这些家长是县域最有地位的群体，他们掌握县域政治权力，拥有广泛的社会关系网络。二是学校、医院及其他企事业单位工作人员，这部分家长掌握了县域教育、医疗、技术等资源，属于有学历、有文化的群体。三是商人群体，他们通过各类经营活动获得成功，是县域财富的主要掌握者。

上述三类群体有以下几个特点：第一，他们各自掌握着县域某一方面最优质的资源，在县域内相互关联、彼此交换资源，使单一性质的资源转变成总体性资源和可复制资源；第二，商人家庭是有钱有闲的家庭，其他家庭则多是双职工家庭，经济相对宽裕，晚上、周末和节假日时间可以自由支配；第三，他们都有一定的见识和知识水平，以及较强的文化学习能力，善于运用新的技术和平台提高自己。这些家长是典型的城镇中产阶层，他们对子女的培养比较上心和有主见，乃至有比较长远的规划。

就子女养成教育而言，这些家庭普遍有时间陪伴子女。在商人家庭中，可以请保姆、家庭教师管教子女。双职工家庭的

时间安排相对固定，但是可以协调双方的时间。所以，这些家长在照顾和陪伴子女、带子女上培训班方面会花费较多时间，他们也有能力对子女进行精细的管教。因此，他们在家校关系上比较主动积极，是家委会的主要成员和活跃分子，踊跃组织和参与学校各项学生活动或管理活动，为学校和班级贡献自己的各类资源。由于与学校互动频繁，信息灵通，对学校、班级管理和子女在校情况都比较熟悉，能够有针对性地对子女进行教育，也能够很好地配合学校管教子女。他们通过看书、上网、培训、同伴群体分享等方式，积极学习各类生育、养育、教育子女的知识，比较熟悉孩子在各年龄段的身体、心理情况，并辅之以相应的对策措施。他们对子女的精神、心理健康状况比较关心，在亲子关系上推崇平等、协商作风，不希望子女在成长过程中产生心理阴影。

他们只要认为学校、老师的行为不符合他们的理念，就会向学校提意见，如果学校不予理会或更正，就可能向教育部门反映。比如关于学校布置过多的作业，这些家长为了让子女有更多的校外时间参加培训，有可能提意见表示反对。如此，一方面，他们能够对子女有较好的养成教育和社会规训，而无须学校过多管教；另一方面，学校、老师的惩戒惩罚与他们管教子女的理念不相契合，因此他们对这些行为采取零容忍态度。学校、老师忌惮他们告状，在养成教育上自然就以他们的理念为准，并将更多的惩戒权交给学生家庭。

以上分析了不同家庭在养成教育方面扮演的不同角色，以及对惩戒惩罚的不同态度。事实上，不仅养成教育如此，知识教育方面亦如此。县城家庭有时间、有能力对子女进行知识教育，如校外培训、课业辅导；集镇家庭有时间但没能力对子女进行知识教育，他们有时间陪伴子女做作业，但是没能力辅导；农村家庭则既没时间又没能力，既不能陪伴子女做作业，也无法进行课外辅导。对于集镇和农村家庭来说，子女的知识教育主要依赖学校教育，而对于县城家庭来说，知识教育不完全依赖学校教育。

作为家校之间桥梁的家委会 *

我们在东部某县城区几所小学和初中调研教育问题时,发现家委会这一组织很有趣。学校的不少事情都有家委会的身影。

◎ **家委会成员的构成**

家委会是所有家长的自助组织,一般设置主任 1 名、副主任若干,还有若干委员。班级家委会的委员较少,年级家委会的委员由各班级家委会的主任或副主任组成,学校家委会则由年级家委会主任或若干委员组成。家委会的主要成员中有不少是家庭主妇,丈夫做生意当老板,不用妻子出来工作,家庭主妇就能够有时间来参与家委会的事情。还有的是政府工作人员和文教系统的人,工作较为清闲,也有一定的管理能力。能够进家委会的人对学校的事情通常都较为热情和关心,他们往往希望通过进入家委会接近班主任、了解自己孩子的情况并希望班主任能够多关注自己的孩子。普通家庭没有资源也没有闲暇,难以参与到家委

---

* 本文源自武汉大学社会学院杨华的调查。

会中来。中产家庭虽然有各种各样的资源，一般也是学校在教育和管理过程中用得上的，但是它们往往工作较忙，没有闲暇，对家委会的兴趣也不大。所以，家委会成员一般由当地有资源、有闲暇时间的精英家庭的成员所构成。

◎ **家委会的正面作用**

家委会本是家庭与学校之间的桥梁，但在实际运行中其扮演的角色远比这要复杂。其中一项重要任务是参与学校治理，主要包括以下几个方面。

一是参与班级活动管理，有些公开的班级活动由班主任与班干部组织转变为由家委会来组织。家委会是家长在学校的自助组织，由它来组织活动可以借助不同家长的不同资源，将活动搞得更丰富多彩。同时，学生家长组织的活动，学生参与的积极性也就更高，还能加深亲子互动。更重要的是，班级活动需要经费支持，而在教育管理规范化的背景下，班级和学校不能向学生收缴和摊派活动费用。家委会作为自助组织，就可以通过家长自愿捐助的形式筹集班级活动费用。

二是调解因学生之间的摩擦带来的家长之间的矛盾。在过去，学生之间的摩擦一般不会闹到家长那里，即便闹到了家长那里，家长也不会将矛盾升级到学校。现在有的家长过于娇惯孩子，只要孩子受到一点委屈，就会将矛盾闹大，给学校管理带来麻烦，也造成了家长之间的不和谐。这时候如果由学校介入处理，就可能将矛盾扩大化和复杂化。若交由家委会去处理，就可以充分利用其中立角色在家长之间进行协商，亦可以利用家委会成员的资源进行调停。大多数情况下，家长之间的矛盾并不是不可调和的，更多的是要找个台阶下，要出一口气，所以一般也较为容易解决。家委会在第一时间了解情况，使许多问题在萌芽状态下就解决了，避免了许多以前会引起家长之间、家长与学校之间误会的事情。

三是协助班级和学校作出管理决策。班级和学校在一些涉及学生管理的具体事情上，也会请家委会协商，并可能由家委会来做决策乃至执行。有些涉及学生管理的具体事情，会因不同学生家长的偏好不同而给班级和学校带来麻烦。比如某中学某个年级购买校服，从校服的样式选择、定制到价格、收款和分发等，学校和班级都没有插手，而是放手让家委会去办理。其中出现了问题，也由家委会负责解决。学校在这个过程中，既没有出力不讨好，又将购买校服的事情办妥了。

四是帮助学校传递正能量。在宣传政府及学校的政策、传递正能量方面，如果由家委会出面来做这些事情，可能会被认为是家长的普遍主张，与培养孩子的素质有关，往往更容易得到家长的响应。也因此，家委会的宣传更有力度。如东部某县城区一所学校的家委会就着力宣传过"三改一拆""五水共治"等政策,并将学生也纳入进来,在家长中起到了很好的宣传作用,同时也教育了学生。

五是增加学校治理的资源。过去在学校管理中可以利用的资源,在规范化管理之后,有些不能使用了,从而可能会弱化学校管理。但是家委会的参与却给学校和班级管理带来了诸多新资源。比如,可以通过家委会来管教学生,学生违纪就通过家委会找家长谈话,然后让家长来教育学生。又如,可以通过家委会的影响力拉来赞助,以家委会的名义设置诸多奖励项目。在素质教育中,不同家长有不同的资源:有的家长是医生,家委会就可以请他们来给学生做公共卫生讲座;有的家长是书画家,家委会就可以请他们来讲书法、绘画方面的知识;有的家长是厨艺高手,家委会就可以请他们来制作并分享美食;等等。

总之,家委会参与学校管理,承担了学校管理中的诸多事情,减轻了学校和班主任的负担,加强了学校、班级与家长之间的沟通,加速了信息的传递。

◎ 家委会的负面作用

家委会在家校联合中扮演着重要角色,但也承接了许多本应该由学校承担的任务和责任,加重了家长的负担,推动了家庭教育责任的扩张，进而对校外培训有直接的促进作用。

  首先，学生学习的责任落到了家长头上。家校联合原本是为了促进家庭与学校共同对学生的学习负责。学校对学生在校时的学习负责，家长则对学生校外的学习负责，包括陪孩子做作业和批改作业，辅导孩子的课外学习。家委会在其中扮演着帮助学校传递压力给家长的角色，强化了家庭教育在基础教育中的功能，进而在一定意义上弱化了学校教育和教师的责任。就家长批改作业而言，如果家长没有给学生批改作业，老师不仅会在家长群里通报，给家长以压力，还会通过家委会施加压力。在知识教育方面，若课堂上的传授达不到教学大纲的要求，教师往往会要求家长在课外时间辅导学生学习相关的知识点。要给孩子批改作业、辅导学习、传授知识点，家长就得自己重新学习，这对于工作繁忙的家长来说着实是一项难以完成的任务。如果学生在考试中表现不好，学校也会与家长沟通。家庭教育的重要性凸显出来，家长要想让孩子获得较好的知识素养、综合素质，自己又没有相应的时间和能力，就得从校外培训班获得帮助。不仅要培训孩子，自己也要接受培训；除了培训学科知识外，还要培训如何教育孩子。家长被迫成为教育专家。逐渐地，老师觉得家长在学生知识教育上有不可推卸的责任，要配合学校对学生的知识学习进行监督，而家长也认为孩子的教育不仅是学校的责任，自己也要负起责任来。

其次，学生安全的责任落到了家长头上。安全问题成了学校教学管理的重要工作，许多教学事项、文娱活动、管理办法等都因为涉及安全问题而被取消。确保不出事的逻辑妨碍了学校正常的教学工作，管理者不敢管理学生，教师不敢管教学生。在有的农村学校，甚至出现了谋利型"校闹"，就与少数家长抓住了学校管理者这种怕出事的心态有关。有的学校则将这些不得不举办的活动交给家委会来组织，将很大一部分学生安全责任转嫁给了家委会和家长。过去许多活动如体育活动、文娱活动、班级活动等不邀请家长参与，现在都交由家委会去组织。运动会、出游等是最难以管理、最容易出问题的学生活动，让家委会组织，除了可以利用家长的相关资源外，还出于以下几点考虑：一是决策不是由学校单方面作出的，而是经过了家委会和家长同意的，若有问题则由多方责任主体来承担；二是家长参与其中可以一对一地进行盯防式管理，使安全问题控制在最小范围；三是打消家长对安全问题的顾虑，使得活动更容易通过家委会的决策，参与率更高。

在目前的情况下，家委会原本的自助性和独立性逐渐弱化，而成了学校教育、教学和管理的重要资源与工具，失去了监督学校的作用，有些本该由学校来承担的责任转变为家长的责任。家长不仅要在课外辅导和培训孩子，还要参与学校的诸多事务和活动，大大增加了家长的负担，使得一些家长不堪重负，对家委会和家校联合产生了负面的评价。

校园正义维护：
家校深层次互动是关键 *

我们在贵州 T 市 W 区 C 镇调研时发现，当地学校教学和管理秩序较好，教师可对学生进行正常惩戒，家长支持学校工作。当地学校保持了良好的校园正义，而校园正义的维持，与当地家访制度和家委会制度发挥了积极作用不无关系。

◎ **保留家访制度的多重意义**

家访制度曾经在全国农村学校盛行，后来随着撤点并校，一些学校合并或撤掉，农村学校的区域空间被打破，导致很多学校不再进行家访。贵州因为一直要开展控辍保学工作，不少中小学都保留了家访制度。

贵州 T 市 W 区 C 镇的中小学，从 20 世纪 80 年代至今一直保留着家访制度，家访分为常规性家访和临时性家访。常规性家访在每年的 2 月和 8 月，这一时间刚好是在寒暑假结束、

---

* 本文源自中南大学公共管理学院雷望红的调查。

新学期开学之前，最初是为了控辍保学、劝返学生而设置的，后来成为常规性的制度。临时性家访是老师根据学生的实际情况而进行的家访，尤其是在学生出现心理波动、成绩波动或情绪波动时，老师会到学生家中了解情况。家访制度的保留具有多重意义。

一是家访过程是家校之间沟通信息与意见的过程。家长能够了解学生在校的学习状态，老师也能够了解学生在家的生活状态。C镇中心小学的蒋校长反映，现在农村有很多离婚家庭，平时老师们不敢或不便过问，家访时到家里一看一聊，便一目了然。

二是家访过程是家校之间达成教育统一意见的过程。家长和老师之间存在教育冲突和隔阂时，可以在面对面的深度交谈中化解。有的孩子娇生惯养，在家什么家务都不做。老师们在家访时，就会提醒家长要给他们布置一点任务，能做一点是一点，学会引导孩子融入家庭中，让他们有家庭小主人翁的意识。

三是家访过程是老师对家长进行教育示范的过程。很多家长不懂如何教育孩子，而教师具有专业知识和科学教育学生的能力，他们可以将一些行之有效的教育方法教给家长。一些家长反映不会与孩子沟通，C镇中心小学的老师会提醒学生，每天回家之后要跟家长说说学校发生的有趣的事情，家访时也会提醒家长要学会倾听，要让孩子感受到家长在关注他们。

四是家访过程是塑造和强化学校权威的过程。老师亲自来到学生家庭，意味着学校对于学生教育的重视，也将学校教育管理的内容和权威延伸到家庭中，学生在家庭中的表现会充分暴露在老师面前，使得他们不得不尊重老师的权威。某校长说："有的家长不重视教育，小孩犯了错，家长还安慰我们不要在意。我们在家访时就会趁机'教育'他们，把学校的管理理念带给他们，形成家校教育的合力。"

五是家访制度对于学校而言是一种约束。由于老师每年都要下乡入户进行家访，如果老师缺乏责任心、能力不强，也会受到家长的质疑和否定。家访制度的保留使得老师和学校会进行自我约束，以维持自身的权威和公信力。

简言之，家访制度是一项约束家校双方、解决家校矛盾、使家校双方达成一致目标的制度。家访的效力，从当地老师可对学生违规违纪行为进行正常惩戒即可以看出。有学生犯错了，老师可以坦然惩戒学生，且家长会站在老师一边。有的家长会对老师说："孩子不听话，您就狠狠地铲（'铲'在当地方言中是扇巴掌的意思）。"

家访制度所塑造的家校沟通模式，是当前流行的微信群沟通模式不可替代的。由于沟通的空间、场景和方式不同，二者的互动程度存在显著差异。

从空间上来讲，家访是在同一空间中进行面对面沟通，家长和老师都能够亲身感知对方的语言、表情、情绪。在进行意见沟通和信息交流时，双方能够进行深度密集的互动，从而容易达成一致。即使存在意见冲突，也能够在现场协调解决。微信群则是一个虚拟空间，家校双方只能进行信息的简单沟通，互动交流的信息十分有限。冰冷的文字无法完全真实传递出双方心中所想和情绪状态，有时不恰当的文字和表情符号还容易引起误解，从而加重彼此之间的猜忌和隔阂。

　　从场景上来讲，家访所触及的是学生所处生活环境的真实情境。有时不需要语言表达，老师通过观察就能够了解学生的生活环境和家庭关系，从而对学生的家庭状况与生活背景进行综合研判，更为全面地把握学生的状况，便于更好地因材施教。微信群则是老师和家长之间的线上沟通，只能根据为数不多的文字信息大致判断家长的性情、秉性和家庭的大致情况，无法对学生家庭进行综合研判。因此，通过微信群简单的文字沟通，老师对于学生家庭的认识和理解是有所缺失的。

　　从方式上来讲，家访过程中家长和老师之间的互动，不仅有语言互动，还有情感互动。比如老师会表达对学生学习状态的关心，会在表现良好的学生的家长面前流露出喜悦，会在表现不佳的学生的家长面前流露出担忧，会对调皮但聪明的学生表达出又爱又"责备"的情绪。家长也会对老师的表现进行评分：对于能力强、有责任心的老师，通过各种方式表达感激；对于表现不佳的老师，通过责备、生气、轰赶等方式表达不满。这种深刻且具有激励作用的互动、深刻的情感交流是家校建立互信关系的坚实基础。微信群内的家校交流，往往只有文字互动，且以老师发布通知为主，单向的信息输出会产生不对等的权力关系和交往的隔膜感，双方不能深层次互动，因此也不能产生互信，双方之间的信息沟通是琐碎的、片面的。学校看似拥有对于家长的权威，实则并未形成实质性的威信，家长对学校的不满容易通过其他一些事情表现出来。

总体而言，家访制度是一项有效沟通家校关系的制度实践，也是一项塑造学校权威的制度实践。这一制度虽然超出了教育空间，延伸至学生的生活空间，却能够打破单向度的教育关系，唤醒和强化家庭的教育意识，并建立家校之间在教育上的权责利边界，同时形成家校之间互信互惠的教育关系。

◎ 家委会的基础功能与类型比较

家委会是透视家校关系的另一个视角。家委会不是学校教育管理的传统机构，而是伴随着教育规范化而新设的社会组织。国家对学校的规范化要求表现在多个方面：一是财务规范化，随着国家取消农业税和实行免费义务教育，基层办学主要依靠国家财政支持，国家要对学校资金使用进行管理；二是行为规范化，尤其是对教师体罚行为进行规范，禁止出现针对学生的伤害行为；三是流程规范化，对学校教育管理相关事务的流程进行规范化管理，上级通过各种检查加强了学校管理规范化的工作。由于学校规范化建设会在一定程度上影响学校的日常管理工作，家委会应运而生，即选取家长代表组建家委会，由家委会协助学校完成相关事务，从而保证学校正常运转。

贵州C镇中心小学的家委会分为两个层级，分别为班级家委会和校级家委会。班级家委会是在召开家长会时，在班级内部推选家长代表3～5人，由家长代表组建成班级家委会。校级家委会是每个班级选一个家长代表，该校有20个班级，就由20位家长代表组建成校级家委会，再从中推选出家委会会长。在召开家长会推选家长代表时，先由班主任推选出候选人，然后由全体家长对候选人进行举手投票。班主任所推选出的候选人，要具备几个方面的特征：有责任心，有担当，与老师关系好（主要是能够与老师一条心），必须在当地（有时间参与学校的相关工作），孩子成绩要好。这样的家长才具有说服力和带动性。一般情况下，班主任所推选的家长都可以顺利被选上。家委会的成立，不是放开让学生家长自由选举，而是在班主任掌控大方向的前提下进行，从而保证了家委会在学校主导下开展活动。

家委会主要参与以下几项工作。一是需要收取费用的工作，比如购买校服、纯净水。学校没有收费的权限，但是学生又需要穿校服，就由家委会出面与校服供应商对接，确定服装款式和价格，并向家长收取费用。一些班级的学生不愿喝学校的开水，可以由班级家委会出面收钱购买纯净水。二是学校大型活动的组织工作。比如学校开展六一儿童节庆祝活动，需要志愿者协助学校工作，就由家委会成员出面协助。三是矛盾纠纷调解工作，包括家校矛盾和家长之间的矛盾。当家长和老师出现矛盾冲突，且明显是家长的问题时，家委会成员会出面调解，利用熟人社会的关系说服不讲理的家长。比如有的家长不愿意交钱让孩子参加研学旅行活动，家委会的成员就会站出来指责家长说："你不舍得花80块钱？这点钱还抵不上你打一场麻将输的钱，也抵不过你吃一次消夜的钱，你还不交？你要是不交，我帮你交了吧。"家长之间往往都相互熟悉，有的虽然不直接认识，但是通过一些熟人关系也可以建立联系。此外，敢于说真话、有责任心的家委会成员一般在村庄中也是这样的人，他们对家长的劝导具有一定的舆论约束力，能够起到一定的压制作用，从而协助学校稳定校园秩序。家委会所参与的工作，主要是协助学校进行规范化建设，在学校管理中起到协调关系和志愿参与等方面的作用。

当地的家委会不同于目前网络媒体上经常报道的功能异化

的家委会。功能异化的家委会有两种组织类型：一种是谋利型，这种类型家委会的成员会为了争取教师的关注度而进行竞争；一种是负重型，这种类型的家委会承担了大量本应由学校承担的工作，家委会的成员成为老师的助手。前一种类型的家委会是偏向于家长私利的组织，后一种类型的家委会是偏向于学校利益的组织。

与这两种类型的组织不同的是，贵州 C 镇中心小学的家委会是一个公共组织，具体表现为三点：一是公共性，即家委会不能成为表达个人私利的扬声器；二是公益性，即家委会成员参与学校相关事务是义务的；三是有限性，一方面保障家委会不会逾矩，家委会成员不会超越学校管理的权限，另一方面保证家长在学校任务和自身工作中进行平衡，家长没有为了完成学校任务而影响自身的工作。简言之，家校之间明晰了边界之后，就能够建立权责利之间的均衡关系。

◎ 家校教育共同体与校园正义的维护

从贵州的家访制度和家委会建设来看，当地的家校关系是一种协作型家校关系，这种关系以学校教育为主、家庭教育为辅，家校之间目标一致，家长信任学校且给学校充分授权，而学校则对家庭的教育期待负责，由此构筑出良性的家校互动关系和家校信任关系。协作型家校关系有助于维护校园正义。

每一所学校都有自身维持学校运转的规则体系,这套规则体系需由老师、学生和家长共同遵守,即当学生违反校纪校规之后,老师按照这套规则体系惩戒学生,家长支持和认可老师的惩戒。在进行学校规范化建设以前,大多数学校均在不同程度上允许教师适当惩戒学生,这种惩戒符合学校校纪校规要求,也是获得家长认可的。随着学校实施规范化建设,学校的校纪校规的约束力下降,有时甚至形同虚设,老师惩戒学生的行为失去支持,一些地区出现了老师惩戒学生之后被家长上访上告的现象。然而,在贵州 C 镇却几乎没有出现过老师惩戒学生之后被家长纠缠、闹访的事件,关键就在于学校和家长维持着教育共同体的关系,二者具有一致的教育目标。这一目标的达成,在一定程度上得益于家访制度和家委会建设的积极影响。

家访制度和家委会建设塑造家校教育共同体的关键在于:一是建立了家校之间的信息沟通渠道,保证家校之间的信息互通和教育互动,避免了不必要的冲突和矛盾,实现了家校之间目标一致;二是打破了学校和家庭之间的空间壁垒,通过家校密集互动实现学校教育和家庭教育的有效沟通;三是构筑了学校教育的权威,即通过全面的教育服务供给强化学校权威(入户家访和家委会都具有较强的回应能力);四是明晰了家校之间的界限,确保了学校的教育主体性和资源动员能力。当家校之间形成一种互信关系,学校获得了教育权威,家庭愿意将资源分享给学校之后,学生的行为就会受到学校的有效引导和合理纠偏,学校的校园正义就会得以维护。

家校关系的公共基础:
校社关系 *

在山东 A 县调研时,我们发现当地乡村家校关系总体来说比较良性,家校关系相对和谐。具体来说,教师具有比较强的权威,敢于管学生;家长对于学校和教师的工作比较认可,家校关系和谐,"校闹"事件较少。本文从乡村和学校关系的角度,探讨为何当地会形成良性的家校关系。

◎ **乡村的公共教育需求与学校的整体性回应**

在山东 A 县,农民家庭的私人教育需求能够转化为村庄的公共教育需求,主要有两个方面的原因:一是村庄内部分化较小,村民收入呈现两头细中间粗的分布状态,中等收入群体在村庄中占绝大多数,中等收入水平家庭的教育需求具有很大的共性;二是村委会的公共性和组织能力,村民向村委会反映教育需求,村委会作为公共组织对村民反映的教育需求进行过

---

* 本文源自安徽大学社会与政治学院齐燕的调查。

滤后，将具有普遍性的教育需求转化为村民的集体性教育需求。村民对乡村公共教育的依赖性较强，教育需求主要指向就近入学和教育质量。

税费改革以后，义务教育经费的供给主体从村集体、乡镇上移到了县级及以上各级政府，村级组织不再承担筹措办学经费的责任。然而，由县级和更高级别政府财政所承担的教育经费主要以项目的形式落地，国家对于项目经费的使用进行严格的监管，这些项目经费采取专款专用的方式，也就意味着项目落地时涉及的选址、征地补偿、周边基础设施配套建设等方面的费用不一定列入项目支出中，还需要其他主体承担。实际上，在项目建设过程中，村委会往往需要协助解决相关问题，甚至可能要承担一定的成本。

村委会所做的工作概括起来包括两个方面。一是动员村民，整合资源。具体的动员工作包括召开村民大会讨论新校址选择或原有校址扩建，征地协调、征地补偿标准商议，学校门口的道路维修等问题。以吕村完小为例，该校建在吕村，辐射周边8个行政村，2018年县教育局在吕村另择一块地建了新校区。新校址占地面积60多亩，比旧校址面积扩大了30多亩。建设学校需要使用农村的建设用地。旧校址可以承担30亩的建设用地指标（旧校址面积30亩），还有30多亩建设用地指标需要协调。为了尽快把学校建好，吕村完小校长和8个村庄的村干部协商，最终由 8 个村庄共同协调分担。新校址落在吕村，征地时需要迁坟，迁坟在农村是比较忌讳的事情，8 个村庄的村干部协调配合，一起给村民做工作，最终将土地征用过来，做好了学校建设的前期准备工作。

二是代表村民向政府反映村集体的教育需求。村委会以村民在教育上的公共利益作为村集体行动的合法性，争取教育局和中心校在自己村庄投放项目，将学校布局在自己村庄。2010 年，教育局在学校布局调整中准备将刘村小学撤掉。这样一来刘村小学的学生就要到隔壁村庄去读书。刘村有 1 500 多人，村民都希望学校能够保留。然而学校原址面积太小，未来无法容纳逐渐增加的适龄入学人口。为了保住刘村小学不被撤掉，村民自发筹资 11 万元，村书记带领村民将学校后面的坑塘填平，为学校扩建提供了条件。教育局看到村民们为保留学校所付出的努力，同意扩建学校。刘村小学扩建后学生持续增加，甚至还因为优秀的教学质量吸引了其他村庄的学生前来就读。

在社区支持办学的基础上，将家长与学校的私人性关系转化为社区与学校的公共性关系，是保持和谐家校关系的重要前提。个体家长和学校的关系是私人性的，私人诉求必须整合为公共诉求，学校才能够进行整体性回应。

◎ **家校私人关系向校社公共关系转化的途径**

村庄将家长与学校的私人性关系转化为村庄与学校的公共性关系，主要通过以下三个途径。

一是为学校提供配套设施。吕村完小新校址投入使用后，学校门口的道路十分狭窄，上下学高峰期家长接送学生很容易造成拥堵，雨雪天气道路泥泞，更是增加了交通风险。部分家长主动向学校提出由家长们捐款修缮这条路，但是遭到了校长的拒绝。校长拒绝的原因是怕被举报学校向家长乱收费。校长联系了该校辐射的8个村庄的村干部，8个村庄的村主任主动提出由8个村庄共同承担修缮道路的成本。于是8个村庄平摊了2万多元的道路硬化资金。由村集体来承担助学工作，就使这一工作超越了家长群体的私人助学性质，在村庄层面具有了公共性，村庄与学校的公共性关系得以维系。

二是协调解决家校纠纷。村干部或村庄理事会成员参与协调家校纠纷，能够对家长的不合理行为进行遏制，维护学校的教育权威。例如，李村有位小学生的家长因为孩子的班主任管理较为严格，对班主任不满，跑到学校去找班主任大闹一场。校长将这件事情告诉了李村村书记，村书记知道后上门批评闹事的家长："你还想不想让你的孩子在学校里上学？老师管你的孩子是为了孩子好，也是为了你好。你应该感谢老师。"村书记对家长批评了一番之后，家长认识到了自己的错误，村书记要求家长去学校向老师道歉，家长也照做了。除了自己上门之外，遇到类似的事情，村书记有时也会带上村庄理事会成员一起做思想工作。村庄理事会成员一般是村庄中各个家族的核心人员，在家族中有威望，说话有人听。

　　三是村庄与学校的制度化沟通。当地实行校长和村书记就重要事情开会的议事制度，以及村庄每年在教师节向学校教师表达心意和祝福的传统，形成了相对稳定和制度化的良性沟通。校长和村书记定期议事的制度使得学校和村庄有畅通的沟通渠道，增进了双方的了解，有利于积极协作。庆祝教师节的传统则将村民对于教师的尊重和感激之情通过村集体进行了公共表达。在"八项规定"出台以前，村两委用集体收入或者是村民集资捐款的钱给教师买一些简单的小礼物表达感激之情。在"八项规定"出台之后，就改为在教师节与教师们座谈（形式是请教师们在饭店吃一顿饭），以此表达对于教师一年来工作的感激，并表达出希望教师能够继续努力，保持良好的教育质量，满足村民们的教育期待的想法。

　　由村两委代表村民向教师表达尊重和感激之情及教育期待，具有重要的意义：一是降低了村民与教师沟通的成本，村民的教育需求被村两委收集整合起来，与教师进行集中沟通；二是排斥了阶层分化的影响，避免出现村民之间为了讨好教师争相攀比的情形；三是村两委表达的是村民的公共性诉求，会对教师形成一定的道德压力。村两委通过这种方式与教师沟通，使教师转变为具有公共性的"村庄自己人"，必须认真工作。在这一制度下，即使教师非本地人，也会因村庄的信任和支持而感受到来自村民的期待与压力。

◎ 乡镇政府在乡村教育中的引导与激励作用

乡镇政府在乡村教育中的角色是激励者、引导者和支持者。乡镇政府的激励者角色主要表现在乡镇政府对村庄支持办学行为的表彰和对教师工作的表彰上。乡镇政府会在每年的教师节举行教师节表彰大会，乡镇全体教师参加，所有村庄的村书记也会参加，乡镇党委书记和乡镇主要领导出席，表彰对办教育作出重要贡献的村庄，以及在教育工作上表现优秀的学校教师。在表彰大会上，会对受表彰的教师发放物质奖励，曾经发过洗衣机、毛巾被等物品。开一次表彰大会，乡镇政府要开支三四万元。

乡镇政府的教师节表彰大会，所产生的象征意义非常重要。乡镇党委书记出席，体现了乡镇政府对教育的重视和对教师工作的认可，也是对村庄尊师重教行为的表彰和鼓励。在乡镇缺乏行政晋升或者是处罚等手段以督促村干部支持教育的背景下，这种正向表彰所起的鼓励作用十分明显。这其实是乡镇政府在村庄之间建立起了一个竞争体系，优胜者所获得的表彰和奖品是乡镇政府颁发的荣誉，在熟人社会内部面子竞争的驱使下，村干部会围绕着这一竞争体系而积极行动。

此外，乡镇政府还会积极支持学校行使教育权力和管理权力。典型表现是学校出现校闹事件时，派出所接到学校的报警后会立刻出警，依据《中华人民共和国治安管理处罚法》处理现场人员，控制现场秩序，坚决制止以违法方式表达诉求而影响学校正常教学秩序的行为。如此一来，当地就减少了很多无理校闹事件，维护了教师权威，维持了教学秩序。

总结来看，山东 A 县乡村教育能够形成良性的家校关系，关键在于社区将农民教育诉求公共化，乡镇政府在社区中进行引导和激励，从而形成正向积极的乡村教育氛围。在社会分化的背景下，多元化的教育诉求表达能够体现学生及其家庭的期待，但是也会在一定程度上挑战学校教学秩序和教师权威，使得学校管理难度加大。社区和乡镇政府的积极作为，有助于塑造良性的家校关系，助力学校稳定而有保障地发展。

四

"双减"之后

"双减"之后：
城乡学校表现大不同[*]

2021年7月，中共中央办公厅、国务院办公厅联合印发了《关于进一步减轻义务教育阶段学生作业负担和校外培训负担的意见》，引起了社会的广泛关注。"双减"政策实施以后，不同群体对"双减"政策的评价褒贬不一，批评者认为"双减"实际上增加了学校和家长的负担，支持者认为"双减"确实起到了减轻学生和家长负担的作用。调研中发现，城乡学校对于"双减"政策的评价存在差异，乡村学校实施"双减"政策产生了一些意想不到的效果。

◎ 作业和厌学难题的破解

"双减"政策要着力解决的是学生学业负担过重和校外培训负担过重的问题。事实上，在实施"双减"政策之前，双重负担过重的问题主要发生在城市学校，乡村学生的负担总体而

---

[*] 本文源自中南大学公共管理学院雷望红的调查。

言并不重。乡村学生因家庭条件和交通条件限制，参加校外培训的不多，校外培训市场在乡村的发展空间不大。即使有部分学生参加校外培训，也主要是放学后或在寒暑假期间，家长为了孩子有个安全的去处而将之送去补习，这种校外培训具有托管功能，学业竞争较少。同样，在实施"双减"政策之前，乡村学生的学业负担并不重，此前很多乡村教师面临的最为头疼的问题之一就是学生不写作业。也就是说，乡村学生的学业负担不是"过重"而是"过轻"。不过，学校放学时间早，对家长来说，接送孩子影响劳作倒是一个负担。

由于"双减"政策在实施时没有进行城乡区域的划分，城乡学校均要实施"双减"政策，因此乡村学校也纷纷响应政策号召，开展了课后延时服务。一般是在下午放学后延长1.5～2小时，分为两节课：一节课用于学生写作业，一节课用于学生开展社团活动。意外的是，一些乡村学校在实施"双减"政策之后有了令人惊喜的改变。

最令人惊喜的改变是，乡村学生在课后延时服务中，利用在校时间完成作业，作业完成程度和完成质量显著提高。在实施"双减"政策之前，很多学生回家写作业，由于缺乏家长监督和指导，不写作业是常态，有的则利用手机查抄答案。学生留在学校写作业，因为有老师的监督和指导，写作业会更加认真，如有不懂的，也可以及时向老师请教，因此作业完成情况比"双减"之前要好很多。此外，老师在其他学生写作业时，还可以专门针对学习落后的学生进行辅导，学校的辅差功能得以回归，有助于帮助学习落后的学生及时跟上学习节奏，避免因一步落后步步落后而产生厌学情绪。

◎ 集体玩耍和童年的回归

华南理工大学林辉煌研究员在 2022 年六一儿童节之际，写下《童年的丧失，或许是这个时代最隐秘的病症》一文（发表于"行业研习"公众号），文章指出："童年在本质上是有人陪伴下的无所事事和自由探索。无所事事，就是没有硬性的任务要完成，玩乐和游戏才是重要的事情。自由探索，就是对自己和外部世界的自主认识过程。关键是有人陪伴，父母的陪伴和其他小朋友的陪伴。"当前的乡村社会，不仅家庭生育数量普遍减少，而且因少子化趋势，有的打工家庭会将孩子带在身边，乡村留守儿童的玩伴更加稀缺，手机在一定程度上成为其替代的玩伴。

为推动"双减"政策的执行，乡村学校广泛开展各种社团活动，鼓励学生加入各种类型的兴趣小组，包括篮球、足球、乒乓球、羽毛球、跳绳、唱歌、绘画、舞蹈、手工等兴趣小组。一些学校还开展了特色兴趣活动，比如军号、鼓队、花样跳绳、竹竿舞等。课后延时服务中的社团活动和兴趣小组，都是以集体参与的方式开展，使得孩子们消逝的童年又得以回归。

对于孩子们而言，参加何种类型的兴趣小组并不重要，重要的是能够跟小伙伴们一起玩。孩子们纷纷表示，自己放学后更愿意留在学校而不愿意回家，因为学校更好玩，可以跟好朋友一起玩。与同辈群体交流和玩耍，能够让他们身心愉悦。

校园延时服务，也意外地缓解了乡村学生的手机成瘾问题。由于乡村学校的学生规模不大，学校开展的社团活动和兴趣小组，能够确保人人都可参加，学生在学校中能够找到自己的兴趣。他们的精神世界有了寄托，且增加了与同辈群体以某种活动为基础的交流互动，能够在一定程度上摆脱对手机的依赖。我们曾经询问过一些中小学生"为何如此爱好玩游戏"，一些学生的回答是"因为没有其他可以玩的"。当学校开展了丰富的社团活动，学生找到了自己的兴趣，自然就会减少对手机游戏的喜爱和依赖。

河南N县一所中心小学的老师反映，一些学生在学校学习乒乓球和篮球之后，每周日都会到镇里的球场上打球。乡镇的广场上有一些乒乓球台，经常有一堆学生围着球台打球和看球。有的学生喜欢十字绣，在学校学习了十字绣以后，会把十字绣带回家绣。我们在湖南P县某村的篮球场上，也看到了当地中小学生晚上聚集打篮球的场面。这也意味着，校园文化生活可以延伸到校外时间。

◎ 玩与学的平衡和师生共同成长

学生的校园娱乐活动是否会影响其学业发展呢？答案是否定的。多位老师直言："学生玩嗨了，学习更有劲。"一位小学校长说："小学生如果运动不到位、活动不到位，精力无处释放，注意力分散，上课的时候就会把注意力放在作业本、文具盒、橡皮擦等物件上，而不会认真听课。"原因在于，运动玩耍和安静学习能够实现动静平衡与状态转换，娱乐和学习互补使得学生的校园生活不至于太单调。过去，校园生活过于贫乏，学生只是坐在教室里上课，被动地接受知识，浑身精力无处释放，上课没精打采，实际上学习效果并不好。在开展多样化的校园文化活动之后，学生们在该玩耍的时候玩耍，精力得到充分释放，心情保持愉悦，进入课堂也能够快速安静下来，迅速进入学习状态，学习效果反而更好了。

在实施"双减"政策过程中，乡村教师也在不断成长，不断激发自己的创造性。由于乡村师资力量不强，教育设施、设备等条件有限，乡村学校要开展活动缺乏专业师资和专业设备，老师们就边学边教，边教边创造。有的老师有一定的音乐、体育或美术基础，在教学生时能够利用自己的兴趣爱好，和学生一起进步。有时老师还能够有回归童年的感觉或与时俱进地进行教学，比如河南 N 县的一所乡村小学因学校条件有限，老师就带着学生玩老鹰抓小鸡、跳绳；刘畊宏健身操特别火时，老师还带着学生一起跳。

◎ 城乡家长的不同态度

乡村家长对"双减"政策后开展的课后延时服务十分支持。尽管学校会收取少量费用，但是家长的接送和陪伴负担减轻了，更为重要的是孩子在学校的学习和精神状态要比在家中好得多，他们不仅拥有更多与同辈群体交流的时间，还减少了玩手机的时间。家长对于课后延时服务收费也没有怨言，有的学校说要收费，当天晚上就可以收齐。

反观城市学校，实施"双减"政策和开展课后延时服务的难度要大得多。城市家长的诉求更加多元，城市学校要兼顾多元化的需求较为困难，且城市家长的学业竞争意识和参与竞争的能力更强，学校要么需要制定复杂的延时服务方案，要么面临着家长拒绝参加课后延时服务的情况。

一些城市家长认为学校的兴趣活动不够专业或不符合自己的要求，会到校外寻找对口和专业的特长培训班。中部某省省会城市的一所小学，一个班上50多个孩子，只有不到10个孩子参加了课后延时服务。家长普遍认为学校的兴趣课程不够专业，课程质量不高，于是仍然继续送孩子去参加特长培训，同时陪着孩子一起"学习"。

还有一些城市家长考虑到升学压力，会请家教或寻找非公开的培训机构让自家孩子补课。2022年，某省会城市中考分数线出来之后，学生和家长顿感压力山大，初中生要进入当地的高中名校就读，需要680分以上（总分720分）。要正常进入公办高中（不包括美术班、音乐班等）就读，也要620分以上。如此激烈的中考竞争，让城市家长不得不采取极端的方式与"双减"政策做"斗争"。于是有的城市家长抱怨，"双减"政策让家长的经济压力和精神压力都进一步增大，让大家更加焦虑。

从"双减"政策的实施状况来看，乡村学校将"双减"政策作为学生教育和培养的调节手段，取得了一定的效果。在乡村学校实施"双减"政策之所以有效，在于乡村家长彻底将教育主导权交给了学校，有助于学校打通校内教育和校外教育的关系，并做到了知识教育和素质教育的平衡。尽管城市学校的资源和活动更加丰富，但是学生、家长和教师的压力都未减轻，因为家长们在升学压力之下仍然强势介入学校教育，利用家庭能力去进行教育竞争。换言之，城市家长因竞争意识和竞争能力较强，看到的是"双减"政策对于学生学业成绩可能带来的消极影响，因此更加积极地介入学校教育，成为"双减"政策实施的牵制力量。当然，城市家长也有自身的无奈。

◎ 理解"双减"政策背后的意义

我们需要从国情和教育功能的角度去理解"双减"政策。我国作为社会主义国家，教育政策具有公共性和民生性，需要回应不同层次的问题，兼顾不同群体的利益。我国人口多、发展压力大，教育要同时解决两个问题：一是国际竞争问题，国际竞争实力的提高依赖科技发展，需要通过培养高精尖人才得以实现；二是社会稳定问题，教育作为阶层流动的重要渠道，需要确保各个群体拥有发展希望，确保所有人享有公平的教育机会和发展机会。

在实施"双减"政策之前，教育家庭化的趋势愈加明显，教育竞争高度异化，影响了教育发挥阶层流动渠道的功能，也将大量家庭卷入学科培训中。家庭对于学校教育的过度介入，使得自身深陷其中不可自拔，同时也使得教育秩序出现严重失衡。从国家发展的角度来讲，"双减"政策的实施实际上是国家收回教育主导权的重要举措，通过学校实现以下两项内容的平衡：一是平衡素质教育和知识教育的关系，确保学生能够获得德智体美劳全面发展，不至于在某一方面出现偏废；二是平衡不同家庭的教育能力，通过学校的公共教育弥补弱势家庭的教育短板。尽管"双减"政策还会面临少数家庭的反对，但是乡村学校的实施效果却证明了这一政策的利民性和必要性。或许，放心地将孩子交给学校，让他们回归集体，是最好的选择。

"双减"之后农村家庭的得与失 *

"双减"政策实施之后,根据近一年多在河南、湖北数县的调研,我们发现农村地区的"双减"政策取得了显著成效。

◎ 匹配农民家庭"半工半耕"的生计模式

在整体工业化背景下,中西部农村大部分年轻父母外出务工,孩子留守和半留守依然是家庭教育结构性常态,主要由祖辈照料。由此,大部分家庭最直接的教育需求是延长课后托管时间和增加集体作业辅导。而学校落实"减负"的最直接措施是将学生在校时间从原来的下午4点半延长到了6点半或7点,并针对性地开展课业辅导。这不仅解决了农村中小学生的托管难题,延时的时间段也与农民家庭"半工半耕"的生计模式和生活节奏相匹配,方便了农村青壮年打工和老人务农,调和了农民家庭经济生产和教育抚育之间的矛盾。学校集中开展课业辅导,还缓解了农村家长因自身文化水平有限和课程知识变化

---

* 本文源自南京农业大学人文与社会发展学院尹秋玲的调查。

所产生的教养困境。换言之,"减负"中的延时服务通过强化学校管教责任减轻了家庭教养负担。

◎ 用集体生活充实学生课余时间

"双减"重塑了学生的在校集体生活,减少了农村青少年沉迷手机游戏、短视频的时间。一方面,在城镇化浪潮下人口向城市流动,农村日渐空心化,对充满好奇的青少年而言不再是一个完整、丰富的成长环境;另一方面,游戏、短视频、网络小说等借助手机在农村传播。这两股社会变迁的力量对国家、社会、学校和家庭提出了最直接的教养挑战:如何为农村青少年创造一个丰富的集体生活环境,来充实其课余时间,避免农村教养环境萎缩和手机进村给农村青少年带来的成长困境。需要明确的是,农村家长本就处于弱势,唯有依靠国家的系统治理才可能化解由手机带来的成长风险。

我们在调研中发现,很多学校在落实"减负"政策开展延时服务时,一个重要举措是组织学生开展音体美等各类社团活动,尤其是一些学校创造性地召集地方人才传承地方特色文化,比如河南某乡镇学校教学生跳竹竿舞。这些活动丰富了学生的课外生活,提高了学生音体美方面的素质,更重要的是通过学校组织的方式重新构筑了以往由传统乡村社会为学生所提供的集体生活，增加了学生在校社会关系与社会生活的丰沛度，极大地缓解了农村学生因为社会生活贫瘠而对手机的过度依赖。调研中一名初中生说："以前玩手机主要是无聊，不知道干啥，自从学校开展了象棋活动后，手机就不香了，喜欢在学校与大家一起玩，回到家也是和姑姑一起下象棋。"

◎ 平衡玩与学，遵从青少年的成长规律

在"双减"政策实行之前，由于教育竞争日益激烈化，学校和家庭关于学生如何在玩和学之间保持平衡缺乏一定的节奏把控感和边界感，造成了学生巨大的课业负担。事实上，几乎所有教师和家长都明白学生的教育成长自有规律，正如一位校长所言："只有玩好才会学好。"学校以社团活动和课业辅导为重心的延时教育实践通过争夺学生成长的留白时间，将学生学习生活的部分管理权从家长和市场手中拉回到学校，在学校内部重塑了学生张弛有度的学习生活节奏，避免了对学生学习主体性和身体健康的损耗，有益于中小学生的健康成长。其效果正如一位教师所说："以往小学生运动量不够，活动不到位，精力无处释放，上课就会分散注意力，不认真听讲。有了社团活动之后，学生们更有劲读书了，会玩才会学！"

◎ 打造良性教育竞争环境，形成公平的教育阶层流动秩序

地方政府落实"双减"政策的一个重要举措是规范或取缔市场培训机构，其普遍做法是将整顿培训机构上升为地方政府治理的重点工作和中心任务，并针对性地开展运动式治理。比如河南某乡镇联合派出所、司法所等多个部门，对各类培训机构进行地毯式摸查并取缔，该镇某酒店在"双减"政策实行之前，每年通过组织暑期培训收入颇丰，"双减"政策实行后生意冷清了许多。

通过整顿资本主导的教培市场，地方政府再次将教育竞争从高度异质的私人资本领域拉回到同质性较强的公立学校，化解了教育竞争的剧场效应，缓解了所谓"起跑线竞争"产生的教育焦虑，并减轻了农民家庭由培训带来的经济负担。正如湖北某家长所说："我也并不是特别想给小孩报班，但是别人报，你不报，你就是对小孩不负责，大家都不报我也就不报了。"长远来看，整顿教培市场会日渐重塑以公立学校和学生个体努力为基础的良性教育竞争规则，有助于形成公平的教育阶层流动秩序。

总的来说，在我国经济社会持续变化的背景下，"双减"政策的长远执行效果并非仅限于减轻学生的课业负担和市场培

训负担。从民生建设和社会发展的宏观角度来看,"双减"政策的核心是在当下阶层日趋分化、农村教育整体式微和农村教养环境变迁的背景下,以强化教育服务供给中的政府责任、抑制市场资本力量为抓手,重塑良性、稳定、平衡、有序的教育环境与生态,形成公平有序的阶层流动秩序,服务于经济社会的良性发展。毫无疑问,该政策的贯彻执行以增加政府,尤其是地方政府和公立学校的教育责任与教育担当为基础,而且,要想从根本上解决此问题也只能依靠国家、政府和公立学校。

如此,要继续保持"双减"的良好政策效应,政府主管部门和学校应从以下几个方面继续努力。

第一,保持并适当激发公立学校的教师积极性,适度利用财政经费对进行延时服务的教师提供补贴,或对延时服务进行规范性收费。需明确的是,在农民家庭经济收入提升和教育需求升级的背景下,普通民众需要的是高质量、发展性的教育服务,而并非完全免费的服务。

第二,保持"双减"政策执行力度,尤其是对市场培训机构的规范整顿力度不能松懈,这是让家长对教培持稳定心态的定心丸。

第三,深入贯彻落实城市"双减"政策,避免城乡"双减"不均所产生的新教育竞争不公平。因家长的能力和市场资本力量更强,城市情况更复杂,"双减"政策落实也更难,但其对全国"双减"政策的整体效用也更为关键。

第四，农村"双减"的底线是不能牺牲农村教育质量，在减轻课业负担的同时向课堂要效率，提升减负要求与升学压力的适应性和匹配度。最根本之处就是要提升农村教育质量和升学率，缩小城乡教育差距。

"双减"背景下不同阶层家庭课外管理再分化 *

◎ **课外生活：从"童年社会"到课外空白**

以前，我国基础教育阶段学生的课外生活主要由游戏和劳动两部分组成。由村庄或社区集体生活密集而形成的游戏娱乐活动，比如传统游戏丢手绢、丢沙包、捉迷藏、老鹰抓小鸡、跳皮筋等，都是以学生的集体参与、自主组织为主要方式。这样的集体娱乐塑造了一种"童年社会"，可以培养权威意识、组织能力、管理能力等，也可以培养友谊、爱情、守望相助等情感。以家庭劳动生产为基础而形成的青少年参与农业生产、家务劳动、家庭经营等活动，都嵌入青少年的家庭和社区生活中，通过帮助家人劳作来参与家庭生计经营，不仅是劳动教育，也是感恩教育。青少年通过体验劳动过程，在共同的社区中劳动，来习得人们对于劳动的认识，升华劳动情感，形成劳动自觉。

---

* 本文源自河南农业大学文法学院宋丽娜、武汉大学社会学院邹蓉的调查。

以上两部分课外生活都是内嵌于家庭、村庄或社区生活中，通过自主组织、道德教化的方式进行的。它们并不专业，也不一定科学，却构成了青少年成长历程的有机组成部分，是学校教育的有效补充，也是个体社会化进程的一部分。

经过多年的打工潮，农村社会已经发生了快速的变化，村庄集体游戏和劳动教育的条件也随之发生了变化。一方面，村民外出务工或外出求学，引起村庄空心化，进而引发村庄公共生活解体。村庄中的集体游戏丧失了基本的组织条件，也受到了更多安全风险和邻里关系的制约，很难再生产出"童年社会"的样态。另一方面，半工半耕的家计模式也减少了青少年参与生产劳动的可能性。不少农民家庭已经很少种田，不允许使用童工的规定使青少年没有机会参与外出务工，而家庭中往往会留下祖辈专门做家务，如此，青少年在家庭生活中愈加丧失了接受劳动教育的空间。

集体游戏和劳动教育失去了存在的空间，智能手机很快就乘虚而入了。而今，农村中小学生的课外生活主要是玩智能手机。一方面，祖辈普遍难以对农村青少年使用智能手机进行有效监管；另一方面，智能手机所代表的网络世界以方便快捷和吸引眼球的内容获取了青少年的大量注意力，使他们沉迷于网络。与此同时，"双减"政策在减轻学生学业负担的同时，也使得大量的课外时间空余出来。如何看待课外生活、如何进行课外管理，已经越来越成为对于青少年的成长非常重要的问题，也是"双减"政策的实践效应体现。

◎ 课外管理：从社会化融入到专门化介入

在课外生活的论域中，如果说"童年社会"是以家庭、学校和社区为基础，是对于成人社会的社会化融入，是一种浑然一体、相互嵌套的融合状态，那么当下所呈现出的课外生活状态则越来越表现为专门化介入，即课外生活愈加被作为一个专业领域来进行讨论、规划、实施。课外生活从一种自觉的社会实践转变为专门的管理介入，即从社会化融入到专门化介入，其前提是课外生活管理成为一个社会性问题。

农村中小学生课外生活发生的变化，来自四个层面的情境转变。

第一个是家庭层面。父母外出打工，不在身边，祖辈隔代抚育，这使得农村中小学生的很多成长问题，尤其是课外生活中遇到的问题，难以及时、有效地得到第一监护人（父母）的回应。作为留守儿童，他们在安全、学业、精神等方面遇到了诸多困难。

第二个是学校层面。学校的教育生活安排与国家的教育政策有很大关联。在强调"减负"的时候，各公立学校都严格控制学生的在校时间、学业难度等，这种教育实践会在一定程度上增加学生课外时间，并且提高对于家长的教养要求，而农村家庭很难满足这种要求。

第三个是村庄层面。打工经济兴起之后，村庄日益空心化，公共生活匮乏。原本能够承载青少年集体游戏的条件和场景日渐丧失，而且安全风险增加，这使得村庄作为集体生活的场域越来越丧失意义。

第四个是智能手机层面。虚拟网络世界的兴起以智能手机的普及为爆发点，智能手机以方便快捷、吸引眼球、多元丰富等特性快速捕捉到了青少年的注意力，并且很快占据了他们大量的课外时间。网络世界充斥着大量负面信息，会在社会交往、生活方式、价值观念等层面形成对于青少年的消极影响。

综上所述，家庭、学校和村庄在学生课外生活中的作用整体上在不断萎缩，学生的课外生活管理在此情境中越来越成为一个社会性问题。

◎ 专门化介入：有偿供给与具体实施

"双减"政策出台后，各个主体纷纷作出反应，教育主管部门针对校外培训机构开展全面督查，各学校结合自身情况制定校内课后服务工作实施方案。湖南某县的课后服务从2019

年 10 月开始试行。县城小学先试点，2021 年上半年初中学校开始提供课后服务。服务提供主体以学校为主，服务选择权在家长手中。服务时间可由学校自行决定，每天一般不少于 2 个课时，即 90 分钟。收费标准是城区 1000 元 / 学期，乡镇 800 元 / 学期，因假期而少上的课程会退还相应费用给家长。也有一些学校目前尚未收费（截至 2021 年 9 月）。

课后服务内容主要包括基础性服务和个性化服务，个性化服务课程中可设置兴趣小组。基础性服务主要内容包括作业辅导、自主阅读、观看影片等。其中作业辅导由老师进课堂负责，一般要带领学生完成 60%～70% 的家庭作业。某些初中还设置了培优补差项目，根据学生实际情况提供有针对性的服务。个性化服务主要内容包括艺术、体育、科普活动、娱乐游戏、拓展训练、社团活动及兴趣小组活动等。学校根据年级的不同而决定是否设置兴趣小组，一般在小学三到六年级和初一年级设置。兴趣小组主要包括书法、漫画、花样跳绳、3D 打印等，由在校老师自主申报、学生自主选择课程。

截至 2021 年 9 月，课后服务辐射范围在全县中小学达到 87%，其中初中达到 90%。某镇中心小学学生参加课后服务的达到 80.8%，某镇中心中学参加课后服务的达到 98.36%。老师一般全部参与课后服务，学校除了安排科任老师进行课后服务，还需要安排相关行政老师进行检查。

"双减"政策实施后,大部分家长很支持。总的来说,主要有以下三个方面的积极作用。

第一,减轻学生负担。校内作业布置更加合理,学生作业更加精准化、科学化、高效化,课后服务的设置能够帮助学生相对高效地完成作业。同时,校外培训机构的文化课程培训被大幅压缩,大多数工薪阶层家庭选择了不再参加培训,也减轻了学生的校外培训负担。

第二,减轻家庭压力。一方面,校外培训的大幅减少使得大多数家庭放弃了培训,减轻了家庭在教育方面的经济压力;另一方面,学校课后服务的开展,一定程度上缓解了大多数家长上下班与接送孩子之间的时间冲突问题,解放了家庭的劳动力。

第三,缓解家庭教育焦虑。培训机构的减少以及课后服务的提供让教育职责更多地回归学校,尤其是课后服务的开展,使得学生在学校待的时间更长,在完成作业的同时,还能获得一定的兴趣课程教育——这些课程往往成本相对低廉、地点安全,质量也有所保证。

◎ **新的问题:教师压力变大与城乡需求差异**

第一,教师普遍表示压力变大。学校课后服务的提供需要老师的全力配合,老师的下班时间变得更晚,需要辅导学生,甚至偶尔还要授课。有学校表示，课后服务课程开设后，"家长叫好，老师叫苦"。此外，这也是学校教师资源紧张的一个表现，有些学校教师年龄结构偏大，更难以满足提供多样化课后服务的要求。

第二，城区家庭的教育焦虑更为严重。城区家庭对子女教育预期很高，竭尽全力为子女提供自己所能提供的高质量教育。在"双减"背景下，便利的市场化文化培训无法轻易获得，城区家庭转向成本更高的私人文化培训。简言之，"双减"政策实施之后，不少城区家庭并未从中获得解放，家长和孩子仍旧被卷入培训的浪潮之中，且家长的教育焦虑更为严重，在行为上的表现就是在教育上投入更多的资源。

第三，乡村学校的课后服务供给存在问题。一方面，老师数量少，无法提供众多个性化服务课程，于是部分学校将个性化服务课程转变成基础性课程，即作业辅导，开设的兴趣小组也变成了语文、数学、英语等学科的学习小组等；另一方面，课后服务打乱了寄宿制学校的原有教学安排，甚至可能引起家长对于额外收费的不满。在原来的中学寄宿安排中，学校一般选择下午进行正常教学，晚上组织学生上自习，相当于已经将课后服务包含在了学校教学安排之中。开展课后服务后，老师被要求停止在课后服务时间教授新课，这就打乱了原有的教学安排，拖慢了教学进度。且原本无须收费而现在需要收费，给学校管理带来了一定的难度。因此，有些寄宿制学校现在只好不收费，免费提供课后服务。

◎ "双减"背后教育分化的再思考

教育是一项系统化的工程，需要系统化运作。在课外管理成为社会性问题的背景下，"双减"政策实质上开启了专门化介入的历程。它确实能够减轻一部分家庭的教育负担，但是这一教育成本并未消失，而是转移到学校内部。学校内部目前还能够通过适当调整来承担相应负担，但是也面临着教育资源城乡不均、学校教育质量"公私不均"等问题。在这个背景之下，"双减"政策和课后服务看似解决了学生压力过大、家庭负担过重的问题，但是实际上却因为地区差异和城乡差异而无法解决教育相对公平的问题。在九年义务教育之后，学生有的进入高等教育体系，有的则进入职业教育体系。如果国内的职业教育质量与发展前景能够与高等教育相当，那么确实不存在太大的"分流"问题。但是在现有条件下，强行将城乡教育和公私教育"扯平"的背后，家庭和个人仍旧是"分流"的后果承担者，而此时的"分流"即意味着"分层"，这样教育反过来就可能会加剧阶层固化。

"我们都是兼职做老师的"：
防止非教学任务干扰正常教学 *

当前，县级部门各种非教学任务大量涌入中小学教育体系之中，不仅给各教育主体带来了极大负担，还分散了学校的教学精力，影响了正常的教学秩序。学校作为教师开展教育活动的场域，在行政权力过度干预下有偏离教育"立德树人"根本任务的风险，这是当前基础教育阶段需要高度重视的问题。

◎ 过多的"进校园"活动是当前学校管理的难点

非教学任务大量涌入学校，主要表现在以下三个方面。

第一，职能部门安排了大量的"进校园"活动。调研发现，学校中充斥着各职能部门布置下来的大量"进校园"活动，这些活动通常与教育教学环境相关，但与教学无直接关系，如食品安全、消防安全、禁毒教育、防溺水工作等。职

---

* 本文源自武汉大学社会学院张一晗、湖南师范大学历史文化学院孙敏、武汉大学社会学院邹蓉的调查。

能部门通常以宣传为名进入学校，下发细致的执行办法，以"五个一""六个一"为载体要求学校进行配合。这些活动的本意是加强学校的安全管理、防范风险，但每个部门都想要进行活动宣传，就会给学校带来极大的实际负担。这种现象在小学尤为显著，湖南某小学校长无奈地说："什么事情都要进课堂，那我怎么安排得过来？我们的课表都是省里制定的，一个活动进课堂就肯定要有一节课从课堂里面退出来，那我退出来哪节课呢？"以 2021 年 9 月开学为例，先后有公安、消防、卫健等 9 个部门找到学校要求开展"开学第一课"的教育活动，老师们纷纷感叹说："这哪里是'开学第一课'，简直是'开学九课'！"过多的"进校园"活动是当前学校教学管理的难点之一。

第二，职能部门频繁进校检查并催生了繁重的材料准备工作。在多次调研中，一线教师普遍反映，当前非教育系统的检查、督查工作过多。这些检查通常围绕校园安全、重大主题、中心工作等项目展开。一般流程是由负责相关事项的行政部门发布通知，再由教育部门转发给相关的中小学校，学校按照要求准备检查材料，验收当日需要安排相关教师做好接待工作。一线教师对这些检查、督查工作最大的意见在于两个方面：一是过于频繁，二是过于注重材料。湖北某村小反映，2021 年下学期，仅开学一个月就迎接了 5 次检查。关键在于，这些检查往往是重复检查。检查工作通常围绕一个具体事项展开，但由于相关内容存在部门业务交叉的情况，不同部门又有不同的检查步骤和职能范围，因此学校就需要反复迎检。同时职能部门为了"避责"，证明自己工作"到位"，各级各类检查、督导都将相关文档材料和数据作为重要乃至唯一的依据，而且呈现出材料清单化、数据表格化、台账统一化的趋势。这导致兼任行政工作的一线教师不得不花费大量的精力来准备各种材料。

第三，其他行政系统向学校大量转移非教学任务。除了上述以校园环境管理为切口的工作外，学校还承担了诸多其他行政部门以任务交办的形式下达的非教学工作。整体来看，这些工作包含三种类型。一是与中心工作有关的事务，典型的如教育扶贫工作、疫情防控工作、文明城市创建工作等。由于这些工作的完成度会影响教育部门的年终考核，因此各个学校不得不积极回应。在这个过程中，部分本来应该由行政系统内部承担的工作也产生了外溢，转由学校负责，原因在于，"村干部有时候能力不行，老师对家长说话更有用"，或是"有时候村干部很难理解政策意图，收上来的数据不对，老师的理解能力就比较强"。二是其他职能部门无法完成、需要学校帮忙的事务，具体包括网络投票、关注公众号等。这些事务不仅需要老师配合，往往还需要老师在家长群进行广泛动员，并将完成效果向上反馈。三是围绕重大主题开展的宣传教育工作。职能部门不仅举办各类比赛要求教师、学生参加，还以"小手拉大手"为形式，要求学校分发并收齐各式各样的"告家长书"，包括垃圾分类、文明城市创建、交通安全等。部分校长反映，如果仅仅是配合宣传，还好理解，但现在各职能部门大有落实学校主体责任的意思。某小学校长就因学生家长不戴头盔的事情在乡镇开会时被点名批评了，这使其大为不解："学校可以配合宣传，但是学生家长不戴头盔，交管部门直接罚款就行了，责怪学校没有宣传到位就有点说不过去了。毕竟家长不服管学校也没办法，这说到底不是学校的责任。"

◎ 非教学任务涌入学校干扰正常教学

非教学任务涌入学校，对学校正常教学工作造成了干扰，表现在以下四个方面。

一是干扰了正常的教学秩序的运转。一方面，职能部门的大量"进课堂"活动挤压了学校原有的教学安排。由于班会课有限，不少学校为了完成各个职能部门的活动，不得不在文化课课堂上挤时间进行。另一方面，频繁开展的活动与工作配合使师生的注意力难以集中在文化课学习上，各类征文活动、绘画和舞蹈比赛、板报展示层出不穷，师生不得不参与其中，这对学习习惯养成阶段的小学生影响尤为显著。

二是增加学校和教师的负担。由于学校和教师是各类行政工作的执行主体,各类活动和安排必须依赖学校干部及普通教师才能完成。当前中小学广泛面临人手不足的困境,不能抽调专门的人员去处理这些材料、台账、文档工作,这些工作只能靠学校中层干部"身兼数职"及班主任完成。访谈中一位年轻班主任表示,自己每天2/3的精力都用在了这些与教学工作无关的事情上,放学以后、假期都在加班整理材料。湖北一个工作了十几年的中心小学的校长反映:"我早年当校长的时候,当着校长还可以带两个班的数学课,现在完全不可能了,每天忙得晕头转向,没有时间上课,更别提辅差、创新教学了!"安徽某小学校长表示,由于行政负担过重,学校已无人愿意担任中层干部,德育主任、教学主任、总务主任等职位要依靠校长进行私人关系动员才能勉强找齐人。部分一线老师甚至在访谈时自嘲说:"我们都是兼职做老师的!"

三是削弱了教师的权威性。一些与教学无关的事务需要教师对家长进行频繁动员,如让家长帮忙投票、提交信息、签字反馈、关注公众号等,使家长"敢怒不敢言"。家长们普遍认为这些事务与学生的学习成长无关,参与热情并不高,只是碍于面子才进行配合。在这个过程中,教师的权威性被不断削弱,家长对教师的态度也逐渐发生了变化,家校关系日趋微妙甚至紧张。一些家长直言:"现在的老师不行,原来老师就是教书育人，现在是什么都干，这样能教好孩子吗？"

四是打击了教师的工作积极性。教师忙于这些与教学无关的行政工作，逐渐滋生出无意义感，工作积极性大大削弱。一位小学班主任谈道："我觉得我对教学是有热情的，教学能让我感受到收获和满足，孩子们一点一滴的进步都会使我有成就感。但搞这些七七八八的事情就不会有这种感觉。一是整理这么多材料、活动档案没有意义，但是上面要检查，不得不做；二是有些活动做了也不会有任何改变，什么事情都要'小手拉大手'，小手哪里拉得动呢？"各职能部门的安排层出不穷，教师在疲于应对中逐渐丧失了工作积极性。

◎ 规范非教学任务"进校园"

非教学任务大量涌入学校，使学校教学秩序陷入紊乱状态，"立德树人"的目标也难以实现。因此，规范非教学任务"进校园"是义务教育管理中的重要工作，解决问题的关键在于以下几个方面。

一是警惕各职能部门将自身的行政任务向教育系统转移。一方面，要对各职能部门与教育部门联合发文要求学校落实任务的行为予以关注，并对其进行严格限制，禁止与教育教学无关的行政工作进入学校；另一方面，要防范地方政府及与教育部门同级的职能部门以领导交办或"兄弟单位配合"为由强迫学校卷入与教学无关的事务之中，减少学校、教师的行政压力。

二是严格规范各部门"进校园"活动的开展。各部门组织各类"进校园"活动的相关方案需要向上级教育主管部门报批及审核，减少各部门动员学校的随意性和活动组织的频繁性，在必要时多部门可进行联合宣传，确保学校正常教学秩序的运转。

三是优化检查设置。具体来说，首先是要整合检查层级，减少检查次数，避免各层级与各部门的重复检查和泛化检查，减少学校的迎检压力；其次是要形成简单可行的常态化管理设置，避免检查、督查工作的文牍取向，将学校及教师从繁重的行政工作中解脱出来。

学校的非教学任务为何会大量增加[*]

在贵州调研期间，一位小学校长吐槽学校压力最大的工作是来自教育相关部门的任务，这些任务不仅要完成，后续还要开展系列活动；不仅要开展系列活动，还要拍照记录；不仅要拍照记录，还要准备好系统的档案材料以应付检查。学校承担了越来越多的行政任务，在处理教育管理工作时也从"对内负责"变成了"对上交代"。

◎ 中小学非教学任务大量增加

当前，我国中小学校承担了大量非教学任务，教育部门几乎每个科室都有大量任务下达，不仅要开展活动，还要完成大量文字材料工作。

具体而言，中小学增加的非教学任务具有以下几个特点。

一是活动开展的系统性。各部门要求学校开展各类活动时，多是以主题要求下达到学校。主题要求的意思是要以主题

---

[*] 本文源自中南大学公共管理学院雷望红的调查。

为核心开展系列活动，比如禁毒办要开展"禁毒进入校园"活动，学校要张贴禁毒宣传画，举办禁毒主题班会，出禁毒黑板报，让学生参加禁毒知识答题、画禁毒手抄报，带领学生到禁毒相关基地参观，并开展禁毒征文活动等。在举办禁毒主题班会时，班会内容不能太单调，要有禁毒主题的教案，附上活动图片和案例。每一个部门要求学校开展的主题活动，都有类似的系统性要求。

二是工作内容的可证性。上级部门不一定能够参加所有学校的系列活动，但是又要确保各所学校都能够按照要求完成任务。那么，如何证明学校完成了相关活动呢？学校需要在两个方面进行证明。一方面要保障材料的充分性。学校在开展活动过程中，不仅需要保留活动照片，表明确实按照任务要求实际开展了工作，而且还要留下活动开展的文字材料。"办事留痕"已经不再能够满足上级检查的要求了，还需要全面丰富的文字材料，以至于现在有的学校要专门用一个房间作为档案室，存放各种活动的档案材料。另一方面要呈现出严密的逻辑性。严密的逻辑性是指对活动开展全流程的管理，是防范学校敷衍上级任务而采取的办法，学校需通过严密的逻辑材料进行自证。学校在开展活动前，要成立相关的领导小组，出方案，做策划，在开展活动之后要写工作总结，从开始到结束都要有明确清晰的文字记录。

三是时间要求的紧迫性。教育相关部门将任务分配到学校，不会考虑学校是否有时间完成、是否有能力完成，而要求在指定的时间完成，时间要求往往还特别急，且会随时进行突击检查。一旦时间要求急，学校就无法从容地进行计划和安排，也只能以应付的态度去面对上级的任务，既花费了大量的时间，又没有产生良好的活动效果。一位校长说："上级每年都要求开展校园安全活动，每年都要交材料，但这些活动只是简单地重复，不像教学一样深入、生动，效果也很一般。"

这种形式主义的工作和任务，使得学校和教师的工作量大大增加。从学校的角度来讲，学校要安排专门的教师分管专项工作。比如贵州某小学就专门安排了一位老师分管安全工作，这位老师平时要上课，还要写各种与安全相关的方案，整理各种文件材料，他花费在非教学工作上的时间占到了总工作时间的一半，在原有的教学工作基础上增加了一倍的工作量。从教师的角度来讲，他们要为开展各种活动准备教案、主题班会、活动总结等，耗费了大量的时间，大大挤压了他们与学生互动和自我成长的时间。

◎ **学校为何会承担大量非教学任务**

大量非教学任务进入学校，其本质是教育形式主义，是上级政府强力推动工作落地的结果。由于教育局对学校缺乏自上而下的有效监督，同时存在时空上的区隔，为了推动工作落实，各个部门均以政治意识和政治责任要求学校，如果学校和老师不按上级要求执行，就以无政治原则、无大局观念等理由责备学校和老师，且将之与考核目标、年终绩效挂钩。如此一来，各个学校都不得不承接自上而下的各种类型的烦琐任务，且按照上级烦琐的要求完成任务。

学校具有以下几个组织特性，使得上级更易将工作摊派到学校。

其一，学校是一个高度组织化的机构，内部分工明确。中小学校主要有三大部门，分别是教务、政教和后勤（现在增加了一个党建）。当上级分配任务到学校时，学校较容易找到对应的责任主体，把任务摊派下去。

其二，教育工作具有一定的时间弹性。学校的核心任务是培养学生，这是一项具有主观性和创新性的活动，学校老师拥有一部分自我支配的弹性时间。这部分弹性时间本是用于教师进行创造性工作的，但是随着行政事务增多，一旦上级有工作任务下达，就容易被挤占。

其三，教师队伍的文化水平高，完成上级任务的能力强。政府各部门在选择政策执行主体时会进行一定的考量，其中一个重要的因素是政策完成度，而政策执行主体的个人素质又是重要的影响因素。教师队伍是一支高素质的队伍，既会写会说，能够熟练运用网络技术，又善于领会政策目标和政策意图。

其四，学校是一个高度动员型的组织，师生高度服从组织安排，具有纪律意识。学校承接了上级任务后，先动员老师，老师再动员学生，形成一个联动的动员体系。学校对老师的约束是绩效考核、职称评定、评优评先，老师对学生的动员则更加容易，学生以班级为单位形成一个组织单元，学生服从班主任的管理。

总体上来讲，学校相对容易组织和动员师生完成自上而下的各种任务。正是因为学校具有这样的组织特性，因此政府各个部门都积极地将各项工作分派给学校。

◎ 学校承担非教学任务的背后：从属地管理到垂直管理

在取消农业税之前，我国农村中小学的学校运转资金主要来源于学生的学费和教育附加费，如果资金不够，需要学校自己想办法。所以，学校校长一定要具有社会活动能力，要能够向政府或企业寻求支持，一般有能力的校长在学校里具有极高的权威。由于国家对基础教育的投入有限，学校主要依靠家长交费和校长个人能力维持运转，因此学校具有极强的自主性。

取消农业税和实行免费义务教育之后，学校的资金来源主要依靠国家投入。国家投入资源办学，一方面必然会对学校使用资源进行监管，另一方面则会加强对学校各类事务的管理。换言之，国家自上而下的各种任务更加容易进入学校，学校的行政性增强。

之前，学校在具体运行过程中，主要是以学校的事务为中心，坚持"对校负责"的理念。在学校的行政性不断增强之后，学校的运行重点则转向上级，更多是对上级的行政事务和行政命令负责，对上级的要求进行回应和执行，进入"对上交代"的阶段。"对上交代"有两个层面的意涵：一是责任意涵，即下级要对上级交办的事项负责；二是交换意涵，即上级给了资源或提出了要求，作为回报或回馈，下级要对上级有个交代。

学校之所以会从"对校负责"转向"对上交代"，其内在原因在于学校的资金来源从地方社会和地方财政转向中央财政，随之引起管理体制变革，即学校从属地管理变为垂直管理。属地管理和垂直管理存在明显的区别。

一是在管理制度上，属地管理注重目标考核，垂直管理则注重过程管理。在属地管理时期，乡镇学校内嵌于地方社会和地方政府的视野中，学校作为乡镇政府教育业绩的呈现主体，主要以教育目标作为自身的核心目标。乡镇政府则主要看重学校的教学业绩，既无精力也无时间对学校进行全方位的管理和监督。因此，其他附属性工作只要完成即可，不会进行严格的检查。简言之，属地政府只对学校的核心目标进行管理和考核。

学校被纳入教育系统中进行垂直管理之后，从理论上来讲，学校同样只关注教育事务，但问题在于，教育局下属多个部门，所有的部门都要与学校直接对接，学校接受教育局若干个部门的组织监管和任务摊派。学校承担的任务，部分是教育部门的工作任务，部分则是县区政府其他部门的工作任务，而学校成为"上面千条线，下面一根针"中的那根针，需要与教育局各个部门打交道。从空间距离上来讲，教育局地处城市，大量的乡镇学校则主要分布在乡村，教育局与学校之间的空间距离使得监管不便。从学校数量上来讲，教育局要直管几十上百所学校，各个部门没有足够的精力进行对接，无法直接进行监管。因此，教育局就采取过程管理制，要求学校对各项事务进行过程记录和过程呈现，以全方位的过程管理对自上而下的任务进行严密的监管。

在属地管理时期，教育局各个科室也会向学校下派任务，但是因镇政府专门设有教育办，教育办原本负责承接自上而下的各种任务，实际则会识别和筛选任务，根据学校发展需求进行选择性执行。到了垂直管理时期，教育办被取消，新设中心校。中心校作为教育局的派出机构，主要职能是承接自上而下的任务并监督执行，却不能够代表学校识别和筛选任务。因此所有工作都落到了学校，对于自上而下的工作任务，学校都要承接并完成。

二是在压力机制上，从属地管理时期的教育责任体制变为垂直管理时期的政治压力体制。在属地管理时期，政府对学校进行充分授权，学校是一个相对独立的责任主体。学校要承担两个方面的责任：一方面是教育责任，即确保学校的教育业绩和教育竞争能力；另一方面是管理责任，即确保学校不出事，保证学校正常运转。当下普遍重视的安全问题在属地管理时期同样十分重要，比如防范学生溺水、触电、打架等。学校在安全防控方面有充分自觉，如在雨水充沛的季节，校长和校领导会主动检查学校的门窗、房顶，防止出现垮塌事故，也会提醒学生不要去河湖游泳。

在垂直管理时期，学校的各方面权力被集中到教育局，学校不再是一个独立的责任主体。教育局作为其主管单位，权力相对集中，但是又不能直接参与学校的管理，只能设法督促学校按照教育局的目标和方向进行管理。为了督促学校，教育局一方面实行过程管理制，另一方面进行政治施压，对学校的错误行为实行一票否决，通过负向激励倒逼学校规避错误、积极行政，要求学校对各种事务进行全方位管理。

三是在监督方式上，从属地管理时期的容错纠错变为垂直管理时期的追责问责。在属地管理时期，学校的教育管理工作由政府进行监督，政府对学校的要求是确保教育目标和基本安全，政府对学校的监督以结果考核为主。换言之，学校只要没有出问题，政府一般不会追责问责。若学校出现一些问题，当地政府如果能够处理，就会联合学校一起处理，并给予学校相应的容错纠错空间；只有问题较严重，政府都无法处理时，上级才会追查下来，追究相关主体的责任。

1986年夏天，湖北某县一村级小学正准备放暑假，因雷电强烈，击中了一批学生，其中2名学生死亡、4～7名学生重伤、30～40名学生轻伤。全校教师积极抢救，有3名教师将被击中的学生抱到课桌上急救，实施人工呼吸，村民们也参与抢救。校长冒着大雨去找教育组组长求助，当时他已经做好了被撤职、坐牢的准备。但是，教育组并没有处分他，也没有撤他的职，而是向他解释雷电致死是天灾不是人祸，让他继续担任校长。此后，学校再没有发生过类似的事故。

在垂直管理时期，学校的教育管理工作由教育局进行监督，教育局给予学校的容错纠错空间极小，会对学校进行全面而细致的审查。为了规避风险，教育局通过过程管理对学校进行严格要求，防止学校犯错误。教育局对学校的追责问责分为两个层面。一是风险防控的追责，即上级部门对学校在风险预防方面做得不到位进行追责。比如贵州一小学的食堂因技术问题无法安装监控设备而不能运行，学校依靠自身能力根本无法解决技术问题，但是教育局仍然多次约谈学校。二是出现问题的追责，即一旦出现了问题，不论责任是否在于学校，上级都会对学校追责问责。为了加强追责问责的合法性，每年学校校长都会签订各种类型的责任状，全权承担学校的各种风险责任。

针对学校的管理，从属地管理到垂直管理，背后反映出的是教育行政化和教育专业化之间的张力。从国家管控的角度来讲，国家需要对学校进行规范化管理，学校的行政化在一定程度上会提高学校管理的规范化程度。然而，教育事业不是一项标准化的事业，需要教育相关主体的个体化投入，所面对的教育对象同样是非标准化的个体，不是依靠标准化生产就可以教育和培养的。从这个角度来讲，学校的发展需要一定的自主性，即需要教育专业化的空间。因此，学校在教育专业化和管理行政化之间需要厘清界限，进而需要厘清政府和学校之间的边界，明确哪些空间属于学校、哪些空间属于政府，哪些事务该由学校执行落实、哪些事务不该由政府分派给学校。如此，学校才能彻底减负，也才能更好地发挥教书育人的作用。

五

县域职教的困境与希望

普职分流：
家长难以接受的是孩子失去发展机会 *

2021年9月，我们在河南 S 市 W 县调研，发现刚性的一比一普职分流政策与县域社会教育需求不匹配，强化了义务教育阶段的竞争，加剧了家长和学生的焦虑。2020年该县初中毕业生共 1.5 万人，其中有 3 000 人自愿选择不上高中，剩下的 1.2 万人一半上普高、一半上职高。W 县一共有 5 所高中，分三批招生。第一批是两所省级示范高中，百年名校 A 中学和私立中学 B 中学，第二批是公立中学 C 中学和 D 中学，第三批是私立中学 E 中学。2020年开始实施普职分流前，全县超过 70% 的初中生可以上高中。一比一普职分流之后，家长、学生的压力增加，教育竞争加剧，教育负担加重。

◎ **普职分流政策的合理性**

从产业经济发展以及促进人全面发展的教育体系建设角度

---

* 本文源自武汉大学社会学院朱茂静、南京农业大学人文与社会发展学院尹秋玲的调查。

来看，普职分流政策的合理性源于向职业教育输送生源，促进职业教育发展。

第一，产业经济发展对技能技术型人才的需求增加。我国产业经济的发展塑造了当下分层分级的劳动力市场，需要不同类型的人才。其中，以技能技术为核心的产业工人是我国所有产业经济发展的基础，不论是在人数规模还是在劳动力素质上，都是促进我国经济产业升级的关键。随着我国产业升级的迅猛发展，以及工业生产所带来的生产复杂化、自动化与智能化，对高素质的技能技术型人才的需求更为迫切。经济的发展和文凭社会的建立并没有排斥与抛弃职业教育，而是对职业教育发展提出了更高数量与质量的要求和需求。

第二，高等教育改革与应用型人才培养的需要。在高等教育领域中，偏向理论知识与偏向技能习得的教育是两种不同类型的教育，如双一流之类的研究型大学以知识教育为导向，以及高职院校以技能教育为导向。一直以来，我国高等教育体系单一追求精英教育，教育资源投入以重点大学为导向，导致我国的教育分层分类与多元化人才培养不突出，人才培养过于单一，造成人才培养与劳动力市场的不匹配和人才浪费。以普通本科和高职高专为代表的应用型人才供给不足，应用型人才培养特色不突出，其中高职教育与市场需求脱节严重。普职分流将一部分人提前分流到中职，将其定向培养成应用型人才，有利于我国应用型人才体系的建设。

第三，教育的多元化与人的多样性发展的需要。初中学业成绩的分化已经相当明显，从人才的梯度分层与分级的自然规律来看，普职分流政策将部分理论学习吃力的学生分流到知识学习相对简单的学校，为其开创另外一种教育途径，适应其教育速度和技能特征的发展渠道。从教育的多元化与人的多样性角度来看，也并非所有人都适合走纯理论知识学习和研究型的发展道路，普职分流具有合理性。

◎ 刚性普职分流政策实施中的负面影响

然而，刚性的普职分流却对农民家庭发展产生了较大的负面效应。

第一，刚性分流加剧家长焦虑、增加家长心理负担。家长排斥职高中专主要有两个方面的原因。一是职高中专主要集中了成绩差的学生，其不良行为习惯可能会带坏其他学生。家长认为，孩子如果上普高，即使学的理论知识少一些，但至少没有学坏。二是对孩子就业前景的担心。W县中专教学质量不行，只有少数几个基础专业，如计算机、机械等，无法与市场接轨。以S市中专为例，目前整个S市的中专毕业生能够在就业市场上找到好工作的机会很少，而且学生进入中专之后，能够再上大专、大学的概率很小。初中毕业后的普职分流让一些 15～18 岁的青少年从此看不到学业前途、就业前途和人生前途。

　　第二，焦虑的家长选择私立初中，增加了经济负担。农村家长对学校的要求主要有两点。一是留守儿童能寄宿。农村学校和城市私立学校都能够满足这一需求，但是私立学校的住宿条件会稍微好一些。比如私立中学 E 中学，每层楼都有生活老师，年轻教师与学生住在一起，能够随时应对突发事件。二是提高学生的学习成绩。现在，城乡学校成绩出现巨大差异，农村中学的教学评比都是在农村学校之间进行，不与县城学校一起，但是中考录取又是在同一层次进行。W 县一所乡镇中学，教学成绩在全县农村中学中名列前茅，但是 2020 年即使有分配生名额，也没有学生能够考上省级示范高中 A 中学。县城的私立中学 B 中学考上高中的学生比例为 80%。鲜明的对比让家长们义无反顾地选择私立学校。一个学生在私立初中一年的所有费用约为 3 万元，高额的私立教育费用增加了家长负担。2021 年国家出台限制民办教育发展的政策后，W 县大力限制私立学校的发展。农村想要上好中学的家庭，只有进城买房，获得上学资格。农村家庭中能够买得起县城房子的大概有 20%。

　　第三，教育压力与教育负担降低农民的生育意愿。W

县农村村民的生育意愿较强，在全国属于生育高地。P 村老会计说："现在 30 多岁的年轻人，不像以前喜欢多生了。60%～70% 的人生育两个孩子，约 30% 的人生育三个孩子，只生育一个孩子的很少。"这个生育率在全国属于比较高的，但是与当地前些年相比已经降低不少，主要原因是现在孩子的教育成本提高、教育压力增加。2020 年之前，如果上私立学校，一个孩子一年需要约 3 万元，两个孩子就需要约 6 万元，而全家人一年省吃俭用，只能存下 8 万～10 万元。家长的强教育预期与普职分流后的中考升学率，增加了家庭教育的压力，但是农村家长迫于生计外出打工，又没有实质行动来化解教育压力。

第四，初中阶段不断赶课，影响孩子身心健康。为了能够提高中考成绩，学校把初三当作高三，学生早上 5 点半起床，晚上 10 点睡觉。三年的课程两年学完，剩下一年复习，完全与正常的教学安排相违背。初中生与高中生的身心成长有较大的差异，高中生能够适应高强度的竞争环境，但是身心还未成熟的初中生并不能承受过大的竞争压力。初中三年级的学生出现抑郁、心理问题的较多，A 中学 2021 年在高一休学的学生有 20～30 人。

第五，压力传递到小学，进一步增加素质教育的落地难度。中考成绩影响人生的转折，为了上好的中学，就需要有好的小学成绩。家长面临两难境地，若选择抓紧一切时间让孩子学习，送孩子去私立小学，孩子的童年就在学习、刷题中度过，学习成绩提高了，童年却没有了，付出的代价较大。W县某私立小学，每天放学都有一两张试卷，孩子需要做到晚上10点左右才能完成。相反，如果家长严格按照素质教育的规定教育、管理孩子，孩子的身心健康得到了保护，但是能不能上好中学就打上了问号，孩子是上高中还是上职高就很难回答了。这样的两难境地，让家长难以选择。

◎ 调整刚性的普职分流政策：满足县域家庭教育发展需求

需明确，当下我国社会家庭比较排斥的是刚性的、一刀切的普职分流政策，而不是普职分流本身。不论是从建构多元化的教育发展体系还是从适应我国产业经济发展的需求来看，普职分流本身并没有错。但从现实的角度来看，一方面，劳动年龄的延长已经成为现代工业社会发展的常态。职业教育对技能技术型人才的培养是一个较为长期的过程，它可能需要学生在学校和工厂之间围绕基本知识、劳动技能保持长达 5～10 年的学习与积累，应用型人才的培养并不比科研型人才的培养简单，教育有其自身的规律。我们需要更为客观地看待学校的教育定位与阶段性。另一方面，过早分流提前扼杀了农民家庭对子女上大学的希望。普职分流政策遭受巨大排斥，源于从情感上新生代农民家庭难以接受子女失去发展的机会，且中西部职业教育当下依然难以实现技能技术型人才的培养目标。据此，为减缓农民家庭发展焦虑，在我国的职业教育人才培养与办学模式转型时期，可以适当从以下几个方面进行调整，以期更好地促进职业教育发展和实现农民家庭的教育需求，也更好地适应我国产业转型升级的需要。

第一，提升职高中专教育质量。一是增强职高中专与市场接轨的能力，提高学生毕业后的就业能力。职高中专所教的知识、技能需要随着市场的变化不断更新，除了学校稳定的教师授课之外，还需邀请企业中的技术人员进校，让学生所学知识与企业所需能够无缝衔接。通过产教融合，不断促进职业技术向前发展。二是增加职高中专学生毕业后的升学渠道，让更多优秀的学生能够继续深造，而不是进了职高中专，从此人生的上学之路就没有后续发展的机会了。优秀学生可以根据自己的学习情况自主选择往技术方面发展还是往学术性学习方面发展。即使进了职高中专，后期也同样有向上升学的机会，这能让优秀学生继续保持学习动力和学习积极性。同时，这一批优秀学生可以为其他学生起到良好的榜样作用。

第二，加强乡镇学校建设，减轻农村家庭教育负担和压力。促进乡镇学校的发展，让其能够在县域教育中均衡竞争，而不是被县城中学挤出发展的赛道。首先，在增加对乡镇学校硬件资源投入的同时，要提高资源的使用率。比如让图书室、实验室能够真正发挥作用，在学生的教学中使用起来，而不是成为应付检查的摆设。其次，适当增加乡镇学校发展的自主权，让学校有一定办法调动老师的教学积极性。学校根据一定的制度规则可以奖励教学突出的老师，同时也能适当惩罚教学落后的老师，形成灵活的良性竞争。不断培养大批优秀教师，均衡教师发展晋升需求与学校长期发展之间的矛盾，既让乡镇优秀教师进城通道畅通，又能够使乡镇学校不会因教师流失而损坏教师结构。最后，适当增加乡镇学校承担的学校责任，使之与农村家长的弱教育能力相匹配。同时增加学校与家长之间的联系、沟通，实现良性的家校互动，增加家长对于乡镇学校的信任感。

第三，延迟分流，增加普通高中学位供给，满足县域家庭教育发展需求。现在"70后""80后"的家长比十年前更加重视教育，期待孩子能够考上大学成人成才，获得比自己更高的学历。因而，更多的家长希望子女初中毕业后就读高中，再考大学，再不济也能考上高职高专，而不是初中毕业后就分流到看不到发展前景的职高中专。这种教育发展需求在县域城乡较为普遍，教育部门理应正视和积极回应：一方面是取缔刚性的一比一普职分流政策,增加普通高中学位供给,正面回应家长需求,或者延迟分流,实行十年或者十一年义务教育,让学生接受更多的教育后再分流;另一方面是改革职高中专教育,将一部分职高中专改制为普通高中,一部分则升格为高职高专。

随人口流动而来的县域职教新任务：
"养成教育" *

前几年做产教融合调研，我们发现中职中专存在理论落后、专业不精、规训不严等问题，因而不能承担起培养合格产业工人的责任，更无法支撑国家产业升级和参与国际竞争战略的需求。当时主张中职中专包括县域职教中心应走转型之路，包括改制为普通高中或并转高职高专。

◎ **县域职业教育要重新定位**

经过这两年对县域初中教育、职教中心的调研，除了保留上述基本判断之外，我们还深化了对县域职业教育的认识。县域职教中心虽然在职业教育上贡献不大，但也不一定要改制或并转，它在急剧变革的县域社会，对初中阶段未形成好习惯的农村学生的养成教育至关重要。经过职教中心的三年养成教育，学生不一定具有良好的专业和职业素养，但至少可以成为

---

* 本文源自武汉大学社会学院杨华的调查。

一个具有相对健全人格的成年人，能够适应社会而不是走向社会的反面。

县域职教中心的养成教育实质上是初中本应该做而没有做的学生"社会化"的教育，是让农村青少年学会"如何做人"的教育。它属于"初中后"教育，而非完全的职业教育。该定位既与乡村社会的实际情况有关，也与初中升学目标单中心化有关，还基于县域职教中心的自我认知。

◎ 破碎的乡村社会无法承担规训任务

初中教育是基础教育的重要阶段，主要功能有两个：一是知识教育，二是养成教育。知识教育是传授人类生活、生产、社会交往各领域沉淀下来的带有共识性、规律性的经验，在初中主要表现为提升各学科知识素养和应试能力的升学教育。养成教育是培养学生良好的行为习惯、语言习惯和思维习惯的教育，是对学生习得社会规范、适应社会能力的规训，即"如何做人"的教育。知识教育与养成教育相辅相成、相互嵌套，在实践中并不截然区分，知识教育中有养成教育，养成教育中也有知识教育，施教主体不仅仅是学校，家庭、社会及学生自己也可以是施教主体。但在县域社会，知识教育和养成教育的施教主体主要是学校。

县域社会具有浓厚的乡土色彩，农民是主体。当前农民总体上缺席了子女的教育。在知识教育上，当前农村小学、初中学生的家长以"80后"为主，他们多数是初中毕业，知识储备只能应付初小学生的课业，对高小和初中的知识教育则无能为力。更重要的是他们多数外出务工经商，一般将孩子交给老人看护，而农村老人在孙辈的知识教育和辅导上更是一筹莫展。因此，乡村初中学生的知识教育主要依托于学校，在过去也是如此。

在养成教育上，过去乡村社会、家庭、学校都是重要的教育主体。在20世纪八九十年代及21世纪的前十年，村庄社会是一个整体，对家庭、个体有约束力，子女教育问题不仅是家庭的私事，也是村庄社会的公事。村庄社会可以通过公共规范、公共舆论及直接教育等方式对村里的青少年进行规训。家庭结构和功能也是完整的，家庭主要劳动力要么以务农为主，年轻夫妇双方都在村；要么以夫妻分工为主，年轻男子外出务工、年轻妇女在家照看孩子和老人。在这样的家庭结构下，家庭养成、规训的功能能够正常发挥。乡村社会、家庭能够积极配合学校共同完成子女的养成教育，使他们的人格成长相对健全。

2010年以后，乡村社会快速解体，血缘地缘关系弱化，农民个体户意识增强，村庄共同体意识衰减，未成年子女教育问题完全成为农民家庭私事，与他人无关。农民家庭对其他人家的子女既管不着也不愿管，担心管了会生嫌隙。因而乡村社会在青少年规训方面退场。同时，家庭夫妻双方外出务工，未成年子女由爷爷奶奶照看。但爷爷奶奶只能照顾未成年孙辈的日常生活，而无法对他们进行养成教育。农村祖辈管护孙辈的权力是子代转移的，他们的家庭权威丧失，所以在管护上无法完全行使自己的意志，只管住孙辈不出事即可。为了不造成祖孙两代人的矛盾，祖辈对孙辈的不良行为往往睁只眼闭只眼，而难以给予规训。外出务工的父母平时对子女的养成教育鞭长莫及，也可能因为对子女有亏欠意识而容易溺爱子女，从而对子女的某些不良行为采取宽容态度。这样，乡村社会、家庭都无法承担农村青少年群体养成教育的责任，也不能很好地配合学校对未成年子女进行管教。农村这部分群体的养成教育也就完全依赖于学校教育。

◎ **升学教育：乡镇初中的单中心目标**

乡镇初中能否履行好农村学生养成教育的责任？也就是说，乡镇初中不仅要在没有乡村社会、农民家庭配合的情况下独立完成知识教育的任务，还要履行养成教育的责任。

乡镇初中要完成上述两个目标有较高的难度，有多方面原因。

第一，乡镇初中资源有限。无论是教学还是学校、班级管理，都需要资源投入，包括人力资源和物质资源的投入。在物质资源投入方面，精准扶贫以来，乡镇初中的基础设施都得到了较大的改善，甚至在许多地方，乡村小规模学校的现代化教学设备也不亚于县城完小。所以，物质方面虽然仍有加大投入的空间，但乡镇初中缺的主要是人力资源，包括教职工数量、优质教师资源。教职工是学校、班级、宿舍、后勤等方面管理工作的重要保障，人数多，保障就充分。但是在乡镇初中，不仅班主任、优秀科任老师非常欠缺，生活老师、后保人员、行政干部等也都严重缺乏。班主任一般要身兼多岗多职。县级各行政部门非教学任务大量下沉到学校教学一线，由于学校没有配备专门的行政人员，一些科任老师被抽调到年级、学校兼做行政工作，这些行政工作经常与教学任务相冲突，顾此失彼。后保部或政教处是管理学生违纪的学校工作部门，除了一两个聘用的保安人员外，包括主任、副主任、成员在内的人都由科任老师兼任。乡镇初中基本上没有配备生活老师专门管理寄宿学生的生活和住宿，班主任每天要兼做查寝工作。在这种情况下，乡镇初中在学校、班级、学生管理方面根本无法做到精细管理，甚至难以兼顾知识教育与养成教育。

第二，单中心目标导向。大多数乡镇初中都担负着本乡镇初中学生考取高中的重任,背负着全乡镇学生家庭的教育期待,同时,县域内各初中之间还要在中考升学上竞争,初中校长有较大的升学政绩压力。因此,虽然初中是教育部门强调的素质教育的重要学段,但是应试教育依然是主导的教育模式,从学校管理层到一线教师都默认升学是学校唯一重要的目标,学校其他管理目标,乃至养成教育目标,都要服从或服务于这个目标。

在单中心目标指导下,学校的主要经费、物质、人力等资源都向知识教育倾斜,而留给养成教育的资源则相对较少,特别是班主任、科任老师等的注意力这一特别稀缺的资源,主要用于知识教育,也就是少数能够考上高中的学生身上。因此,他们的时间、精力主要用于教学内容开展、教学秩序维护,他们的关注重点要放在少数有升高中希望的学生身上。这样必然会偏废养成教育,学校和一线教师不会将主要资源和注意力,投放到学生的社会化教育、人格教育及其他素质教育上。甚至,当少数学差生、违纪生影响到学校单中心目标,而纠正他们的行为、对他们进行养成教育所消耗的资源过多时,学校、班级往往会对这些学生进行区分管理,将他们与有望升学的学生区隔开来,以节省管理成本,主要措施包括隐性开除、分班、调座位等。在单中心目标下,与该目标不协调、有冲突和张力的其他目标或行为,都会被污名化,有这些其他目标或行为的学生则被认为是"不可教者",而被边缘化。学校教育对这些学生来说具有"不可及性"。

第三,初中生心智不成熟。初中阶段的学生,处在青春期,都较为活跃,甚至有些叛逆,这些都属于正常现象,但也会带来一些问题:一方面他们有时会调皮捣蛋;另一方面他们的心智又不成熟,无法为自己的行为负责和规划未来。所以,有些学生表现出不爱学习、不受约束、违反校纪班规,甚至有欺凌行为,都只是这一阶段的特别表现,不代表他们生性如此。如果给予他们时间,或者同时给予他们更多的思想教育,他们也可以转变为"可教者",至少不是违法乱纪者。调查中有这样的案例:某中学分出来的一个班开始是由一位体育老师担任班主任,该老师有时间、有责任心,每天带领班级晨跑、经常开班会,乃至到男生宿舍与学生同住,找每个学生谈心,几乎每个学生都做过家访,了解每个学生的过去和近况,做思想工作不仅耐心而且有针对性。一个学期下来,该老师在学生中拥有较高威望,与学生相处融洽,甚至最调皮捣蛋、最不爱学习的学生,在他的带动下也能学得进,班风班纪为之一新。但是后来该班主任调走,调来一位中年化学女老师,该老师家庭私事繁忙,并跟其他班主任一样对学生进行区分对待。很快学生又出现分化,过去"转变好"的学生又恢复原样,他们对新班主任厌恶至极,班风班纪又差了起来。同一个班级,不同的老师带班，时间、精力投入的方式方法和程度不同，结果就有明显差异。这说明养成教育在初中也是可行的，只是多数学校、班主任没有给予"不可教者"机会。

综上，一些初中生在这个特殊阶段，处在资源匮乏的乡镇初中，还面临着以升学为目标的校园氛围，因为与单中心目标有冲突，或者仅仅因为他们还不懂事，就不得不被学校区分对待，不仅无法获得初中阶段应该获得的知识，也无法在该阶段进行应有的社会化，学会一些做人之道。如果他们就这样走入社会，必然无法适应社会，更无法适应现代企业、工厂高度科层化的工作岗位。

◎ 养成教育：县域职教中心的多中心目标

县域职教中心本来是做职业教育的，但是近年各地职教改革，其管理层开始认识到职业教育、培养产业工人不是他们的唯一目标，让这批在初中阶段没有学会约束自己、没有学会做人的学生"学会做人"是最重要的。那么，养成教育也就成为县域职业教育的重要理念。根据调查，某县职教中心的养成教育主要有以下有效措施。

第一，实施多中心目标管理。养成教育本身有诸多的渠道，可以通过各种多元的其他目标来实现该目标。可以说与初中单中心目标模式不同，县域职教中心秉持多中心目标的理念进行学生管理和培养。多中心目标其实就是没有主导的目标，而以不同学生的特性、禀赋、爱好、问题为准，因地制宜、因材施教、因人而异，达成不同的培养目标。比如，在管理上，职教中心为实现相对有效的管理，会采取问题导向的管教方式，对每个学生的问题进行分门别类，比如心理问题、违纪问题、学业不上进、混日子等，有针对性地解决问题。在学生培养上，对有技术天赋又肯努力的少部分学生，学校成立专业的技能大赛团队，专门培训他们参加各个层次的技能大赛；对有高考意愿的学生，学校让其加入高考班；对想升入高职高专的学生，学校提供相关教育；对有其他兴趣爱好者，学校则成立不同的兴趣小组、学生社团等。这些教育归根结底都可以归为养成教育。

多中心目标的教育理念和管理实践有诸多积极作用，最主要的是有教无类。多中心目标管理不以单中心目标为分类或区隔标准，使不同特点、爱好的学生都能够获得相应的教育。学生与学校可沟通，使得学校教育有较强的"可及性"。在多中心目标下，学生本身就是目标、就是中心，每个学生都可以在学校找到自己的位置，不存在中心与边缘、好学生与学差生之分。在职教中心，不是不存在违反校纪班规的学生，也不是不存在所谓的"问题学生"，而是它的解决方式不像初中学校那

走向自主创新：寻求中国力量的源泉

路风 著　2019年7月出版

重温汽车、大飞机、柴油发动机、3G标准、VCD/DVD的往事

- 本书是路风教授"走向自主创新"系列的第1本
- 讲清了中国工业为什么一定要自主创新以及如何自主创新
- 一部高水平理论分析、鲜活案例、炽热激情三者合一的著作

新火（走向自主创新2）

路风 著　定价：99元　2020年3月出版

破解中国高铁、核电、液晶面板、数控机床发展之谜

- 讲述中国工业鲜为人知的历史和英雄故事
- 追寻中国技术进步之源
- 揭示产业升级和技术创新的逻辑
- 探寻中国经济增长的核心动力

国内大循环：经济发展新战略与政策选择

贾根良 著　定价：59元　2020年8月出版

深入探讨中国经济自主发展的战略与政策

- 一部挑战主流经济学思维的著作
- 反思我国出口导向型经济的弊端
- 剖析融资难、融资贵、地方债务风险的根源
- 为打赢中美科技战提出系统的新思路
- 出版4个月加印5次，引发经济学界和社会各界热议

国家何以兴衰：历史与世界视野中的中国道路

周文 著
定价：69元　2021年9月出版

揭示国家兴衰的逻辑和秘密

- 具体分析了国家能力如何影响经济发展
- 讨论了中国崛起在经济学理论上的重要意义
- 重新审视和批驳了"西方中心论"和新自由主义经济学

好书推荐

中国人民大学出版社

江山与人民：中国治理体系解析

熊万胜 著
定价：79元　2022年9月出版

一本书读懂治理体系是如何联结我们的生活的

- 一部构建我国自主知识体系的原创巨著
- 一部简明的中国治理体系史
- 阐明了我国政权与社会的关系
- 在全球化的大背景下从治理体系角度说清楚当代中国

县乡中国：县域治理现代化

杨华 著
定价：69元　2022年4月出版

"县官"如何治县？从这里读懂中国政治

- 一本展现中国县乡政治生态的写实白描书
- 揭示了县域政治运行的底层逻辑
- 一部从中国大地中生长出来的作品

中国政治的细节：一个县的减贫治理

周鑫宇 著
定价：65元　2022年6月出版

用多数人能接受的方式说明中国政治

- 解剖一个县的减贫实践，揭示中国政治运行的底层逻辑
- 发现中国政治运行中诸多鲜为人知的细节
- 对县乡政府的了解可丰富我们对中国政府的认识
- 前沿政治学者的视角、深入浅出的生动语言、别开生面的文风

大道之行：中国共产党与中国社会主义

鄢一龙 白钢 章永乐 欧树军 何建宇 著
定价：39元　2015年2月出版

京沪青年学者纵论中国优势、中国危机、中国创新
直面并回答干部群众关注和困惑的热点问题

- 上市一周三大网店全部售空　　出版至今热销70万册
- 微信点击阅读量达千万次

样解决出问题的"人",它针对具体的人和事解决问题。

由于不是单中心目标,不是以升学或专业学习为唯一重要的目标,学校资源的分配就可以不那么集中,可以弥散地分配到各个目标上。同时,校长、班主任也没有单一目标下的竞争压力,因而可以将更多的时间和精力用于各个目标和解决问题。这样各个目标、问题和学生群体相对而言都能顾及。

第二,加强后保力量建设。随着国家对职业教育的重视,各层级政府对县域职业教育的投入也在不断增加。县域职教中心有钱了,学校各方面建设都加强了,其中后保部门的强化在学校管理中起着至关重要的作用。后保部相当于初中的政教处,是维持纪律和负责处分的部门。目前中西部地区县域职教中心后保部的人员一般在六七人到十二三人不等,具体人数与学校规模有关。某县职教中心后保部前几年从退伍军人中招募了六人组建巡逻队伍。该队伍有特定的制服和装备,每天在固定的时间和特定的路线对学校进行巡逻,看是否有学生违纪,重点关注打架斗殴、翻门越墙、吸烟喝酒等现象,并对有违纪行为的学生进行教育和惩戒。学校要求巡逻队不能私下跟学生发生联系,以免在巡逻执纪中有徇私成分,由于巡逻队平时都是着正装露面,又是退伍军人,不苟言笑,透露出一股昂扬正气,对学生有较强的震慑作用。同时,由于人员较多,校园巡逻、问题处置、学生教育都能够顾得过来,甚至可以做得较精细，所以许多问题都能够及时发现并很好地解决。

第三，加强学生社团建设。我们在某乡镇初中调查时，发现有班主任将班上那些个子高、不爱学习、喜欢运动以及调皮捣蛋的学生组织起来组建篮球队，他们在下午其他同学还在自习的时候就可以到篮球场上训练，并经常与其他班级进行篮球比赛。组建篮球队，在班级管理上有以下效果：一是消耗了这些精力充沛学生的体力和精力，使他们没力气再捣蛋；二是这些学生在篮球队里找到了成就感和获得感，打篮球时能获得班主任和其他同学的关注，班主任有时还会跟他们一起打球，使得他们愿意留在学校而不是逃学外出；三是篮球队是班级的篮球队，能够激发他们及其他同学的班级荣誉感，使班级凝聚力增强，相互排斥、相互分化的氛围减弱；四是这些学生在打篮球过程中增强了组织、管理、交往的能力，也在篮球队增强了规则意识和合作意识；五是班主任可以通过篮球队对学生进行动员、做学生的思想工作；六是篮球队队员对篮球队有归属感和荣耀感，愿意为篮球队更好的发展贡献力量，甚至作出一些妥协和牺牲。总之，班主任通过组织和支持班级篮球队，实现对班上"问题学生"的养成教育。职教中心组建的各种兴趣小组、学生社团，实质上是依据学生的兴趣爱好或问题偏好等对学生的再组织化，也可以达到对学生进行养成教育的目标。

在上述措施的作用下，职教学生也随着年龄的增长，见识在拓展，理解能力在提高，心智在成熟，即"在长大"。那么，他们对自我的角色和任务定位会逐渐清晰、准确，也就会越来越认同学校的知识和养成教育措施，认可老师对自己的良苦用心，进而就可能愈发自觉地遵守学校、班级纪律。如此，一方面学校在主动规训，另一方面学生在长大，两方面发生碰撞，待到三年后他们毕业走出职教校门，就得到了一定的社会化锻炼，有了一定的社会适应能力。

◎ 基础教育研究要深嵌中国县域社会

从以上描述和分析可知，2010 年以前，乡村社会、农民家庭都还能够对未成年子女进行规训，学校除了关注升学教育，也可以做好养成教育，使农村青少年即便只读了小学或初中，也可以人格健全、适应社会。但是 2010 年以后，乡村社会解体，农民家庭越发不完整，已经无法对未成年子女进行规训了，甚至无法配合学校进行养成教育，养成教育完全依靠学校进行。这个时候，小学、初中如果还是只重视升学教育、实施单中心目标，那么就会荒废养成教育，就会为了少部分学生的升学教育，而牺牲大部分学生的养成教育，使他们在没有形成健全人格的情况下走向社会，这是很不公平和对社会极其不利的。

从以上描述和分析也可知，基础教育研究不仅要就学校管理、班级管理、教育体制运行进行讨论，还要深深嵌入县域社会中，在对县域社会性质及其变迁的认识的基础上讨论问题，才能真切地把脉基础教育。

某县职教中心关于养成教育的新经验和新定位，意味着县域职业教育设计者们对县域社会和县域职业教育本身的清醒认识。这一经验是对初中养成教育不足的必要补充，对当前农村初中毕业生的健康成长是非常必要的。事实上，随着乡村社会、农民家庭的变迁，初中教育应该放弃升学这一单中心目标，采纳职教中心多中心目标的经验和定位，让更多的学生得到多元的健康的成长。在该体制无法在短期内变革的情况下，县域职业教育可以率先转向多中心目标模式，做好"初中后"教育。

县域中职如何发展：
从人才教育到人本教育[*]

在中西部县域，大部分被分流到中职学校的学生被认为是在初中阶段不爱学习、调皮捣蛋的"问题学生"。一名职校教师对此感叹道："职校的出发点就是错的，生源不是读书的料，这怎么培养技能人才？"由于基础差，学生难以有效吸收基本知识，教师感到无力并放弃学生，学校以"不出事"为底线目标，教育质量欠佳，学校秩序混乱，社会评价因此陷入负面，这进一步导致无人愿意读职校。但是，我们在调研中也发现，职校生并不完全表现为负面消极的状态，同样对未来充满期待，希望通过职教高考实现大学梦，希望通过工作减少家庭负担。不过，在面对中职学生群体时，以学业知识和考试成绩为目标的传统教育方式十分低效。为破解该困局，一些学校开始直面学生特点，转变学校教育模式，真正以人为本，形成中职发展新局面。

---

[*] 本文源自武汉大学社会学院袁梦的调查。

◎ "学－玩－混":对中职学生特点的重新认识

在以成绩为中心的教育模式下,作为绩差生的中职生似乎是"不可教者"。但事实上,中职生群体内部极为多元,根据学生在校状态可以按照"学－玩－混"的多元标准来认识与理解他们。

首先,从学业角度看,有一部分中职生仍具有学习的能力和愿望。有一部分学生在初中阶段因贪玩、家庭变故、心态欠佳或考试失误等原因进入中职,他们通常拥有一定的学习能力,中职学习难度相对较低也让他们萌发出"从头再来"的愿望,期待考入好的高等院校,这类学生可以称为升学型学生。还有一部分学生虽然文化课基础不好,但是动手能力较强,对偏技能性的专业也有兴趣,他们更多抱有"学技能"的想法,可以称为技能型学生。S县职高汽修班小李说:"我小学成绩全班第一。初中家里没人管,我就放飞自我,刚开始边玩边学也能跟上,后面就不行了。对自己只考上职高后悔过,现在想起来那个时候自己太蠢了。我现在的规划就是好好学、上大学。"

其次,从玩乐角度看,大部分中职生确实对学习兴趣不大,也因缺乏基础,对学业知识的接受度有限,玩乐在他们的生活中占据重要部分。但他们并不完全排斥学习和学校规范,更多是抱着"听得懂就听，听不懂就算了"的心态。在这些学生中，有一部分在校园活动等方面较活跃，有着自己的想法，呈现出情商高、社交能力强等特点，可以称为外向型学生。另一部分学生更多以自己的兴趣爱好为导向，对喜爱的事情较积极主动，对不喜爱的事情则消极冷漠，可以称为内向型学生。比如，X县职高电子技能班小葛说："我爸初中没读完，后来包工程也赚了钱。我对赚钱感兴趣，我爸让我从初中开始练口才，我自己也会有意识地去学。学习比做事苦，我在学校主要就是学做事，参加广播站、学习电子专业技术、帮老师做PPT等。我还参加篮球队，也喜欢唱歌……"

最后，从问题角度看，中职学校真正存在"问题"的学生也是极少数。这种"问题"并非污名化所指，而是从社会融入角度看需要进行适当调整的人群。具体可以分为两种：一种是调皮型学生，他们经常出现吸烟、喝酒、打架等违纪违规行为，甚至可能会触碰到灰黑地带，偏向"混社会"状态；另一种是弱势型学生，他们有的难以建立良好的社交关系，有的"有点傻，既不会玩，也不会学习"，有的心理健康欠佳等，偏向不出事的"混日子"状态。比如，S县职高汽修班小陈在调研期间主动找我们倾诉："我爷爷说，我智商和我妈一样，说我太傻了、太笨了。小学和初中的时候别人就嘲笑我、欺负我，我都有阴影了。"

◎ 多面发展下中职教育的新局面

当一些中职学校教育转向面对学生群体，针对中职生的特点具体问题具体分析，形成了一套对他们来说真正有意义的教育制度和学习文化时，就激活了职业高中的教育体系。

围绕升学的分层式管理

升学越来越成为中职学生发展的主流趋势。但学生在学习态度和能力等方面往往存在差异，在中职学校尤其如此。因此，为了真正满足愿意学习、能够学习的升学型学生的需求，以学业成绩为标准进行分班或分类十分重要。如此，学校和教师可以有针对性地将有利于升学的机会和资源分配给这类学生，并提高升学质量，提升社会评价，进一步吸引优质生源。以 X 县职高为例，全校依据中考和入学考试两次考试的成绩将学生分别分配到高考班和技能班两类班级中。高考班和技能班在目标设置、管理方式和教学上存在差异。在目标设置方面，前者是让学生考上大学本科，后者是让学生参加单招升大专。在管理方式方面，将高考班和技能班分设在两栋教学楼，高考班的课程时间比技能班多。在教学方面，高考班侧重以升学考试为导向，传授理论知识，技能班更鼓励学生学习技能、参加校园活动和社团组织，传授基本规范和职业理念，引导其自我规划。

培训技术的技能大赛训练

技能大赛是挑选和培养技能人才的重要方式，分为市、省、全国和国际不同等级。参加技能大赛已成为县域中职的常规教育内容。在省级及以上技能大赛中获奖的学生，升学可以加分或者有被破格录取的机会。不过对一般中西部县域中职来说，能在省级及以上技能大赛中获奖的机会不多。技能大赛对这些学校而言，更重要的意义不在于获奖本身，而在于借此组织一批有兴趣有毅力的学生进行技能训练。为参加技能大赛，每年 X 县职高的专业教师会在班上选取部分学生集中特训。选取标准一般是遵守纪律、有一定专业基础、动手能力强、有毅力的学生。训练时间一般为 1 个月到 3 个月不等，在此期间，入选的学生大部分时间都要花费在技能训练上。对于学生来说，这种训练方式可以锻炼专业技能、磨炼毅力品质、增强专业自信，也为他们提供了多样化发展的可能。

面向社会融入的开放式师生关系

在以学业成绩为核心的普通教育体系中，师生关系往往等级化，有距离感，但在中职学校，师生关系却更平等、更亲密。一方面，很多中职生尤其是外向型学生擅长人际交往，很愿意与喜爱的教师主动交流，喜欢称呼教师为"某哥""某姐"；另一方面，中职教师采用严厉权威的教育方式效果有限，必须善于与学生沟通。对于积极的主动型学生，教师也会给予相应的资源和机会，比如让他们担任班干部、传授人生经验等。S县职高汽修班的小杜说："进入职高，我自己选择了喜欢的汽修专业。我现在专业课最好，也是班长。高二时我加入了学生会和广播站，跟政教处老师接触多，我会帮老师做事。我喜欢跟老师待在一起，会跟老师聊学习、生活、习惯、人生经历。我觉得在职高自己锻炼到很多，比如人际关系、处事方式等，感觉很充实、有意义、有趣。"

导向兴趣的多样化活动组织

很多中职学生从初中开始就形成了玩乐导向的生活状态。玩乐本身并非绝对坏事，但如果将玩乐与学生发展结合起来就会更加有益，校园活动和学生组织在某种程度上就属于这种教育形式。在普通教育体系中，虽然也有学生组织和社团活动，但这些通常都是学业生活的调剂。但在中职学校，会有更多数量和类型的组织和活动，而且目的是让更多的学生包括内向型学生有自我发展和成长的可能。S县职高每周三下午是社团课时间，社团活动由1～2名教师负责组织召集，形式包括足球、篮球等十多种。中职学校的活动和社团是有组织地引导学生玩乐的重要方式。各类活动可以激发学生的积极性，让学生远离手机，在兴趣中锻炼所长，有些学生还可以借此发现自我长处、找到自信，社团组织则有助于让学生习得规范、获得归属感。

围绕特定问题的修复式教育

面对"问题学生"，中职学校动用各种力量有针对性地解决每个学生的特定问题，一些学校还为这些学生设置了违纪档案和心理档案，形成修复式教育。班主任和教官处于学生管理第一线，班主任主要负责思想教育、关注学生动态等，教官主要负责底线监督、纪律规范。这种配合对学生问题的提前预防、及时发现和积极补救具有重要作用。此外，还有政教处发挥整体兜底功能，心理咨询室发挥心理辅助治疗功能，学生会发挥学生自我管理功能。修复式教育对学生个体、家庭和社会都十分重要。这些学生并非天生的坏孩子，他们背后往往有着极为复杂的故事。尤其当前很多农村家庭缺乏管教孩子的能力，这些学生在初中阶段又往往被学校"放弃"。如果他们初中毕业后就走向社会，在出现问题时很难被及时纠正和获得有效保护，极有可能成为社会的不稳定因素。中职学校有组织的规训、教育和保护，有助于降低他们"变坏"的可能。

◎ 从人才教育到人本教育：县域中职的定位与方向

随着社会发展，县域家庭的教育需求不断提高和分化，这给普通教育体系带来了新问题，即如何让被分流的孩子也能真正获得更好的教育。强调多面发展的多中心目标教育模式，就是县域中职在应对教育分流现实时以学生为本位而产生的一种教育实践。该教育模式体现的是人本教育理念，旨在以学生主体为导向，以多元化发展为目标，是一种有教无类、因材施教的教育。在该模式下，对学生进行分类是为了使不同特点的学生都能获得相应的教育。在中职学校，不是不存在所谓的"问题学生"，但是会面对学生解决具体问题。学生本身就是目标、就是中心，每个学生都可以在学校找到自己的位置，不存在中心与边缘、好学生与差学生之分。此外，人本教育并不排斥人才教育，而是面向人人成才。

虽然中职教育实践还面临着许多困境，比如如何有效评价学校质量、如何使用教育资源、如何提高教师的专业性和积极性、如何进一步激发动员学生等，但其教育理念和模式的尝试对于提高社会底线、满足县域社会教育需求非常有意义。

中西部地区职校发展困境：
校企合作流于形式 *

国家大力推动职业教育发展，但职业教育在我国却始终处于尴尬境地。一方面，企业非常缺工人，尤其是缺熟练工人和高级技术工人；另一方面，社会各界对于职业教育的评价并不高，职校学生被贴上很多负面标签。那么，在国家重视、企业也有需求的情况下，职校发展究竟面临哪些困境？为何职校仍然难以培养出合格的产业工人？这一问题在中西部地区的职校尤为突出。

◎ **底线式教育**

首先，中职学校的学生培养模式与市场需求存在错位。职业学校本应以职业技能培训为主，但在现实中，由于职校本身面临的一些困难，对学生的技能培训有限，学生专业技能不过硬，毕业后到企业也没有太大竞争力。一般而言，职校的技能

---

* 本文源自南开大学周恩来政府管理学院李永萍的调查。

培训主要有两种形式。一种是校企合作。校企合作看起来是一种比较好的学生培养模式，可以结合学校和企业各自的优势培养学生。但在实践中，校企合作往往流于表面，学校和企业之间并没有真正意义上的合作。真正意义上的校企合作需要企业派一些专业技师到学校授课，向学生讲解企业的一线知识，以帮助学生在进入企业之后能够迅速胜任具体工作。但调研发现，在很多校企合作中，企业从来没有向学校提供过技能培训。当前很多校企合作仅仅是为了学校和企业各自的暂时利益。对于学校而言，打着校企合作的招牌在招生上更有优势；对于企业而言，校企合作可以解决企业季节性的用工荒困难，有利于学校直接向企业输送劳动力。另一种是职校自己建立实训基地，这需要大量的资金和师资。大部分学校没有足够的资金给每个专业建立符合标准的实训基地，同时，一些学校虽然建起了实训基地，但在师资力量上也没有保证。学校教师以文化授课为主，具有专业实操技术的教师较少。专业技能教师的薪资普遍较高，大部分学校没有足够资金聘请。总体来看，目前很多中职学校在学生培养上仍然是以基本文化课为主，这不仅使得学生培养无法适应企业的需求，而且文化课对中职学生也没有吸引力，进一步导致学生厌学。

其次，中职学校的专业设置与学生就业意愿不匹配。当前大部分职校在专业设置上以第二产业为主，即大部分学生的对口就业领域是在一线工厂。然而，"95后"以及"00后"的年轻人通常都不喜欢进工厂，而更倾向于从事服务行业。在年轻人看来，进工厂工资很低，工厂管理比较严格，不自由。这对于喜欢自由自在生活，且在打工的同时还要有充分的时间体验生活的年轻人而言自然没有吸引力。同时，进工厂主要是从事流水线操作，与人打交道的机会较少，不能锻炼自己的综合能力。与之相比，服务行业是与人打交道的职业，年轻人在此过程中能够学习到更多知识，进而让自己变得更有价值。因此，大部分职校学生都不太喜欢自己所学的专业，导致学生最后在就业选择上普遍都与自己所学的专业无关。学校专业设置与学生就业意愿不匹配的问题，不仅使得学生在职校期间学习动力不足（因为预计到未来自己不会从事相关行业的工作），而且进一步强化了社会上认为读职校没用的看法，导致职校被进一步边缘化。

最后，中职学校对学生"重管理、轻教育"，导致学生在职校期间所学知识有限。我们在调研中发现，很多中职学校将大部分精力投入学生安全和行为管理等方面，而在教育教学方面花费精力反而少。这与中职学校的生源质量较差有关。大部分中职学校的生源质量都比较差，尤其是在中西部地区，上中职学校的基本都是在初中阶段成绩差且行为习惯也较差的那部分学生。中职阶段学生的年龄多为15～18岁，这一年龄段的学生精力非常旺盛，贵州 T 市一位职校老师说"感觉学生每天都处于战斗状态"。而且这一年龄段的学生自控能力还比较差，当大部分行为习惯不好的学生聚集在职校时，就很容易产生问题行为。职校学生轻则上课睡觉、玩手机、打游戏，重则在学校打架斗殴，很多职校都发生过学生在学校持刀打架的情况。职校学生诸多的问题行为，使得学校必须花很大精力来管理学生，以维持学校基本秩序。近年来一些学校甚至开始对学生进行半军事化管理。例如，我们在贵州 T 市调研时了解到，当地很多职校都聘请退伍军人当教官，专门负责管理学生的日常行为。当地一位职校老师说："学生太调皮了，学校没有教官之前，学生直接拿刀在学校里打架，后来配了教官，这种情况好多了。"可见，职校将大部分精力花在学生管理上，而在教育教学等方面只是维持底线式教育。因此，在社会大众看来，职校只是将学生关在学校里，学生在职校学习的知识很有限。

◎ 薄弱的工业与产业基础

中西部地区的职校发展困境，还与其所处的市场区位有关。一个地区职校的发展与当地的产业结构、产业体系等密切相关。我国职校发展的一个总体情况是，东部发达地区的职校发展较好，学生毕业之后在相关专业就业比例较高，且职校学生进入企业之后的职业发展也比较好。与之相比，中西部地区的职校发展面临较多困难，学生毕业之后较少进入相关行业工作，职校学生流失率较高。东部和中西部地区的职校发展差异，除了学校本身管理理念和管理方式的差异之外，根本上是东部和中西部所处区位不同，导致职校与企业之间的关联度不同，进而使得不同地区人们对职校的认识和期待也不同。

东部发达地区具有产业集群的优势，且产业链很长，企业也很多，因此当地的职校与企业之间可以实现深度合作。同时，相对于中西部地区而言，东部发达地区的职校生更愿意去企业工作。一方面是因为当地企业众多，可选择空间较大；另一方面是因为东部发达地区的产业链很完整，产业结构较强，员工进入企业之后具有比较明确的升迁预期，可以从一线普通工人逐渐成长为高级技术工人，这一点对于职校学生具有较强的吸引力。

与东部发达地区相比，中西部地区产业发展有限，本地企业也相对较少，企业本身面临众多发展难题，因此往往无暇顾及与职校之间的真正合作。因此，在学生实习和实训方面，中西部地区的职校通常都不能给学生提供太多选择空间。这导致中西部地区的职校生一方面在学校所学技能有限，无法满足企业的需求；另一方面也不太愿意进企业和工厂工作。中西部地区远离市场中心地带，信息相对滞后，因此这些地区的职校生及其家长对进工厂和进企业之后的职业发展并没有太多了解，在他们看来职校生进厂工作和普通打工者并没有本质区别，而没有看到东部发达地区很多职校生在进厂之后可以从普通打工者一步步成长为高级技术工人。

同时，相对于东部地区而言，中西部地区的职校毕业生在进厂之后难以获得晋升，这主要有两个原因：一是中西部地区的职校对学生采用底线式教育，职校生的专业知识不过硬，在进厂之后很容易面临职业发展瓶颈；二是中西部地区的职校生想要获得好的发展，一般选择到东部地区进厂，但没有本地务工的社会资本优势，一切都要靠自己打拼。而东部发达地区的职校生专业技能往往更强，且有本地务工的优势，家庭等社会关系网络都能在个人的职业发展中发挥重要作用，因此他们更容易在工厂和企业里获得晋升。

可见，东部地区和中西部地区的产业发展差异对职校发展影响很大。总体来看，东部发达地区的产业优势，使得当地的职校发展较好，学生就业前景也较好，从而在当地社会形成正反馈，社会上对职校和职校生的评价比较高，进而使得当地的父母更加愿意将子女送到职校上学。中西部地区的产业劣势，使得当地的职校发展受限，学生就业前景堪忧，当地社会对职校和职校生的评价普遍较低，很多父母都不愿意将子女送到职校上学，认为进职校就是浪费钱和时间。

在此意义上，中西部地区的职校难以培养出合格的产业工人，是学校、学生及市场共同作用的结果。

中西部地区未来在职校发展上可以从以下两个方面改进。一是强化对职校生的职业技能培训，用过硬的专业知识武装学生。这既需要学校在培养模式和学生管理方式上加以改进，同时也需要企业和学校合作共同培养学生。企业以营利为目的，并且企业也有自己的风险，不可能对学校做公益，因此，企业能否以及在多大程度上支持职校发展，关键在于政府能否给予企业一些优惠措施。二是强化对职校生工人价值观的塑造，逐渐改变学生认为进厂打工是最低等的职业的观念，让职校学生从心底里认同工人价值观。

生源输送与人力派遣：
中西部地区县域中职的生存之道 *

近期我们分别到河南 M 市（县级市）、广西 L 县、贵州 T 市（区转市）的 3 所中职调研，发现三校虽然资源明显不足，但近几年生源规模、基础设施、校企合作都有迅速发展之势，招生率和就业率也不断提升。以招生为例，L 县职教中心的招生规模从 2013 年的 400 人增加到了 2020 年的 1052 人，全校学生近 5000 人。T 市交通学校学生总人数也从 2015 年的 500 多人发展为 2021 年的 2600 多人，每年招生人数从原来的 200 人扩大到现在的近 1000 人。M 市中职的生源规模一直保持在 3000 人左右。为什么普遍认为中西部地区县域中职水平不高，这些职校的生源规模却还能够不断扩大？

◎ **中西部地区县域中职发展的三重结构性约束**

产教融合基础弱

国家对职业教育的定位是培养具有较高技术技能素质的产

---

* 本文源自南京农业大学人文与社会发展学院尹秋玲的调查。

业工人，这决定了职业教育的人才培养特色是顶岗实习、工学交替和校企合作，要注重企业的重要主体地位，将企业纳入整个职业教育的人才培养过程，实现企业生产要素与职业学校教育要素的系统性、组织性对接，推动深度产教融合。产教融合的前提是要有一定的产教集聚，即一定基础的产业资源和职业教育资源的集聚，其必要性为以下三点。其一，产业基础决定就业出路。职业教育的定位是为本地产业发展培养和输送人才，若本地产业基础薄弱，工业集聚不明显，经济机会和空间有限，则职校生很可能出现就业难并带来职校招生难。其二，产教要素对接方便。以往校企合作松散而成本较高，学校无法给企业带来经济实惠，导致企业积极性不高，但产教集聚条件下，产业经济要素能够更快地反映到学校，同时，校企合作成本也会相对更低，学生可以直接在生产淡季时到企业生产车间实习，双方可以共享实训基地。其三，校企容易实现互利共赢。学校能够快速捕捉到企业的用人需求并及时回应，同时还可以借助校内的资源和设施为企业提供一定便利，比如依托学校场地和师资为企业职工提供培训，由此能实现学校教育效益和企业经济效益共赢。

由此，一定的产业基础和企业资源集聚对中职发展至关重要。正如一位校长所说："职校每一个专业都必须有一个企业支撑才能办得下去！"然而，与发达地区雄厚的产教融合基础相比，中西部地区县域中职产教融合基础较差。虽然三地都被划为市辖区，但仍属于典型的欠发达地区，工业基础薄弱，企业不多，县域财政收入主要依靠房地产开发和上级转移支付，青年人在县域能够获得的工作机会和发展空间极其有限。

这对县域中职发展的直接影响有两个方面。第一，专业设置受限且不规范。出于就业和招生考虑，除传统服务业如幼师、医护、汽修和厨师等专业能够稳定就业和招生外，其他专业设置并不能以本地产业和劳动力市场为导向，而必须以全国产业和劳动力市场为导向，如电子商务、会计、通信技术、动漫、无人机等。这些专业短期内适应全国市场需求，能够实现快速就业与招生，但会因当地无产业基础和办学实力而被撤销。从三校实际情况来看，招生最稳定的专业为幼师、厨师和汽修，2～3年内快开快撤专业有服装设计和机电维修，新开专业有通信技术、航空乘务、电子商务、酒店管理。第二，校企合作基础差，产业要素无法融入教学环境中，产教无法对接，技术技能训练不充分，人才素质与市场匹配程度低。若以全国产业发展和劳动力市场为导向，中西部地区县域中职又无法在本地找到相关的企业对接，无法快速、低成本、方便地实行工学交替和校企合作，产教对接难，办学质量不高。

教育资源禀赋差

教育资源禀赋差是制约中西部地区县域中职发展的另一大

结构性要素。首先，师资力量差。从三校在编教师的学历和经历来看，老教师大都由基础教育转岗而来，专业性不强，年轻教师来源于本科院校的应届毕业生，大部分没有参与企业工作的实践经历。由此，他们在实践技能教学上明显能力不足，课堂教学以传统理论式教学为主，与实践脱节严重。另外，受编制预算影响，三校教师长期比较稳定，为了满足新增专业的师资要求，只能策略性地对现有教师进行培训转岗，由此很多教师身兼数课，教学效果也不好，部分专业教师年龄结构老化严重。其次，校级财政实力弱。大部分县中职从上级政府获得的资金支持有限，生均经费只能维持学校的基本运转，无法有更多的经费用于激励教师、新建实训基地、购买新的实训设备等。最后，实训基地和实训设备建设薄弱，实操课效果不佳。西部大部分地区县中职实训设备和实训基地不足、老化严重、使用效率不高。L县职教中心的机电设备实训室闲置；T市交通学校的高铁机头虽是亮点设备，却因学校相关管理和师资能力有限暂时无法完全投入教学中；M市职高的实训设备主要是电脑室。

社会认可度低

在薄弱的产教融合基础和较差的教育资源禀赋条件下，中西部地区县域中职技术技能教育功能无法充分实现，无法培养出符合产业转型升级需求的产业工人，满足让孩子获得一技之长的家庭教育需求，由此导致家庭和社会认可度低，进一步制约了中职的发展。除此之外，传统中职校园管理较为松弛，学生打架、吸烟、酗酒和谈恋爱等行为较多，校园的整体风气不好。T市交通学校在2017年搬到市区前在乡镇实行开放式办学，大量的学生日常聚集在镇上游荡和玩乐，当地农民家庭对此颇为不满。而L县职教中心数年前和当地普通高中采取联合开放式办学，两校学生也经常打架。另外，对企业而言，高中生和中职生的一个重要区别是中职生心性不稳定，欠缺高中三年的规训，年龄也比较小，无法适应企业刻板、安全至上的流水线和生产车间的环境。

  以上三个方面构成了制约中西部地区县域中职发展的结构性约束，导致中西部的中职院校无法像东部发达地区那样，在深厚的产教融合、良好的教育资源禀赋和高社会认可度的基础上实施"强发展"的办学思路。中西部地区县域中职必须在这三大结构性约束下首先谋求生源稳定和毕业生就业保障，其办学逻辑是典型的生存导向。以L县职教中心、T市交通学校和M市职高为例，为了在竞争日益激烈的职校发展环境中获得稳定的生存空间，采取了如下生存机制。

◎ 中西部地区县域中职的三大生存机制

人力输出：校企合作与学生就业

就业作为人才培养的出口，其质量和稳定性一直以来都是影响中职学校生存的关键。长远来看，提升就业质量和就业率应从以下两个方面着手：其一，提升专业办学质量，使毕业生具有过硬的技术技能水平，以此获得在全国劳动力市场中的相对优势；其二，加深校企合作，让行业企业深度参与人才培养的过程，尤其是龙头企业，其参与人才培养的效率最高，以面向龙头企业生产一线的专业标准和实践操作来让学生获得与市场相匹配的技术和能力。然而，中西部地区县域中职资源禀赋差，无法按照长远发展的逻辑来提升学生就业实力，在强烈的生存压力下，大部分县域中职为了解决就业的难题，只能以人力输出为利益契合点来实现校企对接。这一点可以通过分析T市交通学校的校企合作来验证，T市交通学校与5个企业开展校企合作，可将这5个企业分为生产型和教育中介型两种类型。

针对生产型企业，T市交通学校分别与W汽车集团、H发廊品牌管理有限公司合作。以T市交通学校与W汽车集团的合作为例，其方式为企业捐赠10辆新能源汽车，学校每年为企业输送约200名学生到生产一线开展实践实习。但企业并没有过多参与学校人才培养，如派驻企业工程师进校讲学，共同研制课程、教材或者技术攻关，随着企业用工逐渐稳定，校企合作中止。针对教育中介型企业，T市交通学校与苏州和上海的教育投资公司就电梯维修、交通运输、酒店管理专业开展联合办学。企业给学校投资建设实训基地和购买设备，校企共投资1000万元建设了综合实训中心，添置了电梯等实训设备，并且聘请专业师资负责学生专业教学。学校除了参与部分投资外，主要负责学生日常生活管理和公共基础课。学生在培训环节需要给这些教育中介型企业一定的费用，毕业后要到其推荐的企业就业。

不难发现，这些教育中介型企业是培训机构和劳务派遣公司的结合体，它们愿意与学校合作，是看中了学校是人力资源集聚地，通过向学校进行一定投资，便可在不用负担学生劳力、房租、水电和管理成本的条件下，获得稳定的培训市场以及人力培训、劳务派遣环节的经济收益。对学校而言，在自身专业办学能力较差的情况下，将这些综合性的技能培训和劳务派遣公司引入学校，能以较低成本实现相关专业人才培养质量的提升。可见，不论是生产型企业还是市场化的教育中介型企业，从形式上看都是典型的浅层校企合作，而非深度的产教融合。校企合作的本质是人力输出，是生产型企业、教育中介型企业的人力需求与学校就业需求的双赢契合。

升学和生源输送：中高职衔接与对口高考

招生是中西部地区县域中职生存和发展面临的基本问题，只有生源不断增多和生源质量不断提升，学校才能开设专业，获得更多的上级转移资源来实现发展。按照长远发展思路，想从根本上解决招生问题，应从提升专业办学质量和就业质量入手，以过硬的就业率和就业质量来吸引优质生源。然而，如前所述，中西部地区县域中职没有基础和条件通过深度校企合作实现专业办学质量和就业质量稳定提升。以就业促招生也面临着学生择业观的挑战。T市交通学校校长反映，传统机电维修专业招生难不是因为就业难和就业质量不高，而是因为现在的学生生活环境太好，不能吃苦。另外，中职生因年龄较小、心智尚不成熟、技能素质不高而不受工厂欢迎。这让中西部地区县域中职在人力输出以保就业之外，开辟了以升学和生源输送来稳招生的第二条生存路径。我们可通过对其中两校中高职衔接与合作的考察来加以验证。

近两年来，各省为了推动职业教育的协调发展而力推中高职衔接，鼓励专业关联度较强的中高职院校合作办学，常见形式是五年一贯制或者"3+2"模式，通过强化中高职课程结构、专业设置、师资力量的深度合作而提升职业教育人才培养的连贯性、衔接性、层次性以及与产业发展的匹配性。在此背景下，L县职教中心直接与所属L市城市职业学院合作，中职直接由高职托管，变成高职的中职分部，双方各出两位管理人员组成领导队伍。中职要调整自身的专业设置以适应高职，但日常教学上依然以职教中心老师为主，学生就业实习等各方面依然维持职教中心原来的运转模式。T 市交通学校也与省交通职业技术学院、省装备制造职业学院和 T 市职业技术学院以"3+3"模式合作，学生在中职读 3 年后直接进入相应的高职继续深造。中职学校要调整相关专业课程和教材以提高学生进入高职后的适应性与匹配性，高职学校每月派相关教师到中职学校教授一定的专业课程，但中职的实习实训和日常授课依然维持原有模式。

可见，两校的中高职院校合作并不深入。这并不是说双方在课程和专业设置上的匹配性不高，而是双方并没有在专业师资、实训基地、实习资源上实现广泛而有深度的资源共享，也没有在校园管理和人才培养上有一定的合作机制突破。这是因为在依靠上级转移支付才能维持运转的经济分轨体制下，双方并不能在人才培养上实现成本均摊和收益共赢，比如，中职为高职输送和培养人才，高职是否应给中职一定的生均经费补偿？高职实训基地的管理成本又该如何分摊？由此，中高职衔接作为一种校校合作的方式，其实质功能是在日益激烈的生源竞争中，通过升学和生源输送来化解中高职院校的招生难题。高职可以在与其他同类高职院校的竞争中提前获得稳定的中职生源，中职则可以通过"直接升高职"的宣传来获得农民家庭的认同，提升招生的优势，并且稳定的升学率在某种程度上也可视为学生实现了稳定就业，更有利于招生。

除了中高职衔接外，中职还有另一条规模虽小但是更好的升学路径：对口高考。M市职高每年700名应届生中，有近200名能够通过对口高考考上地方本科院校，该校曾有学生考上了西北农林科技大学、天津大学等高校。为了以升学保招生，全校管理以普高为参照，并且以对口高考升学率为专业设置的标准，哪个专业考上本科的指标多就开设哪个专业，其招生宣传单就是对口高考的成绩单。从结果来看，L县职教中心学生除了少部分选择就业外，大部分都升入了L市城市职业学院；T市交通学校相关专业的升学情况普遍较好；M市职高每年除了近200名学生考上本科外，还有近400名学生上高职。可见，升学和生源输送构成了职校生存的关键，而这也符合当地家长期望。

军事化管理：教官制度与家庭、社会评价改变

我国东部和中西部的区域经济发展水平和产业布局差异，很难在短期内发生快速转变，中西部地区县域中职也很难在短期内实现专业办学能力的根本性逆转，由此，短期内无法从根本上解决家庭、社会评价低的发展难题，便只能从校园管理和学生管理入手，改善中职的形象。近两年中职学校管理变革中，对提升校园整体环境和规避学生越轨行为效果最明显的是教官制度。

T市交通学校在2017年引入教官制度，每年花100万元聘请18名退伍军人担任全校学生的教官，负责学校安全管理与学生行为管教。教官的治校措施主要有以下几点。其一，培养学生纪律意识和锻炼学生身体素质。教官将全校学生以3个班级为单位组成一个连队，每个教官负责一个连队，每日早中晚集合，锻炼身体并宣传校园纪律和规范。其二，监督并规避学生越轨行为。所有男生宿舍的每一层楼入住一名男教官，负责男生宿舍全天的安全检查，以杜绝男生的吸烟、喝酒等行为。其三，负责课堂督导和校园安全巡查。另外，学校在2017年开始实行半封闭式管理，学生外出必须经辅导员同意批准，以配合教官制度效用的发挥。从最后效果来看，教官制度极大地解决了传统开放办学带来的校园管理混乱和学生越轨行为的难题，学校整体风气变好，近几年尚未出现一起安全事故。T市60%的中职院校都开始实行教官制度，L县职教中心近两年也采取封闭式办学并强化班主任对学生的管理，M市职高实行的是全封闭式军事化管理。

教官制度和封闭式办学的核心是将中职从传统的开放、松散的管理模式，变成强规训、重纪律的军事化管理模式。在军事化管理模式下，学校不仅能够解决校园安全问题，还能够强化对中职生的行为管教，避免越轨行为发生。另外，大部分中职生都是学困生或学差生，部分比较调皮而有一定的管教难度，军事化管理也能够通过强化对他们的规训促进其再社会化，特别是改变他们以往在中学时代的不良习惯，学会遵守社会规范，这对形成产业工人严谨、规范的职业素养有重要的促进作用。军事化管理无疑改善了中职生及其家长对中职学校的印象，严肃、规范、安全的校园环境使学校广受欢迎。

从近些年的调研情况来看，县域新生代农民家庭对子女的学历要求底线是大专，基本追求为本科，这不仅由于农民家庭发展目标升级和教育投资能力提升，也由于中职生在当下工业产业结构与劳动力市场中很难找到正式的工作。这样，人力输出作为县域中职的一条生存之道会越来越难，生源输送作为当下全国大部分中职的生存之道则会越来越受到重视。

在此背景下，我们认为，职业教育和技能教育的中心与关键应该在高职而非中职。但中职也的确是我国职业教育体系的基础组成部分，如何在认识到中职的主要生存之道是升学，且我国的技能教育很难在中职阶段实现的基础上，为大部分愿意学习、希望提升的普通中职生提供更好的发展渠道，值得我国当下职业教育政策与体系变革的进一步探索和研究。

产教融合：
发达地区职业教育办学经验[*]

虽然我国职业教育的办学质量与育人水平存在一些结构性难题，但我国职业教育并非发展得都不好。在工业集聚的东部发达地区，职业教育有非常好的办学经验与育人模式。在这些地区，农民家庭对职业教育也有一定的认可度，当一些家庭发现子女无法考上重点大学后，便希望子女能够考上当地优质的职业院校。

◎ **工业集聚地区职业教育的办学优势**

产教集聚与产教对接

产业经济发达地区的优势在于产教集聚与产教对接。首先，学校能够快速地找到本地企业合作，校企合作方便。因为距离较近，双方在用人制度、教学安排、学生实习管理上也更

---

[*] 本文源自南京农业大学人文与社会发展学院尹秋玲的调查。

容易实现互利。其次,产业集聚所带来的产业信息和劳动力市场信息会快速地被当地的职业院校捕获,方便院校在专业设置、人才引进和学生实习上及时调整。最后,学校和企业之间的人才培养交流活动比较容易实施。不同种类的中职和相对应的高职能够实现在产业人才培养上的对接与匹配。比如,宁波磨具产业与宁波职业技术学院相互促进,共同推动了双方的发展。又如,浙江工业商贸职业技术学院的建筑与艺术设计学院,直接与本地动画公司签约,校企联合用营利性的市场项目培育人才,该学院动画专业毕业生很受市场欢迎。

人才培养与本地就业的正向循环

工业集聚与工业发达意味着劳动力市场机会充沛,且劳动力市场结构完整。这极大地方便了职校生实习、就业、培训、技能提升与稳定生活,职校也能在招生、办学上形成正向循环,这是发达地区职业教育能够获得民众认可的关键。广西柳州是全国五大汽车生产基地之一,当地汽车产业与上下游相关产业发达,本地制造业经济发展稳定,企业和工厂较多,就业机会与实习岗位也较多。即便是流水线上的工人,只要努力干活,也能够获得每月 7 000 元以上的高工资,这对中高职生都有巨大的吸引力。学生进厂实习与企业用工需求高度匹配,只要辅以适当的企业技能培训与实习生管理制度,学生便能够很快培养出来。比如，广西某高级技工学校一方面完全按照车企的生产作息设置学生的作息时间，并在校办工厂中引入学生参与生产；另一方面与当地车企在学生实习上开展合作与培训，其培养的人才受企业和工厂高度欢迎。对职校生而言，丰沛的就业市场意味着自己能够敏感地捕捉到实习、就业机会，有利于规划自己的职业生涯。

职业教育与农民家庭发展高度契合

工业集聚与工业发达意味着在地工业化与城镇化，农民不需要跨越千里去外地打工，在家门口就能够实现稳定就业与生活，职业教育便能与农民家庭发展高度契合，容易获得当地民众的认可。2022年我们在做"80后"新生代农民工子女教育竞争行为的调研时，发现大部分新生代农民工对子女教育的发展与期望实际并非较为统一的"望子成龙，望女成凤"，农民家庭的教育期望实际上是有梯度和分层的。当子女的学业成绩好时，家长的普遍期望是考上本科和成为精英；当子女的学业成绩没有那么好时，大部分普通家长的期望是能够成为拥有一技之长的产业工人。在工业经济集聚所带来的丰沛的就业机会与职业教育稳定有效的育人水平下，职业教育能够实现农民家庭拥有"一技之长"的教育目标。山东、江苏、浙江、广东本地农村居民对职业教育的认可度较高，因为只要获得大专或者中专学历，他们的子女便能够在本地获得一份还不错的工作。在家庭与本地社会关系的支持下，来自农村的职校生便能够获得稳定体面的城镇化生活。

◎ 产教融合：工业集聚发达地区的职业教育办学模式

工业发达与产教集聚为职业教育创造了良好的办学环境。在具体实践中，调研地区的职校也通过不同的形式促进产教融合与人才培养质量的提升。立足田野调研，我们简要介绍这些地方产教融合的具体经验。

第一，政府重视。政府设立统筹职业教育产教融合的组织机构，并进一步确定相关单位的职责分工。山东、广西、江苏、浙江和广东都是国家职业教育产教融合的试点省份，政府都对参与职业教育产教融合的企业给予一定的政策支持，解决校企合作的后顾之忧，比如校企如何联合使用校园资产。另外，广东行业协会组织比较完整，行业协会在推动校企合作、开展校企信息共享与对接上也发挥了较大的作用。

第二，推动多元的校企合作实践。校企合作可以分为委培、工作室、学习型工厂、综合平台、校企一体化五种实践模式。委培即企业委托学校定向培养，或者学校委托企业定向培养，其常见形式为订单班。工作室一般是依托职校的技能大师与企业展开项目制合作，服务于企业知识技术开发与教师科研攻关。学习型工厂一般为校中厂、校办工厂。综合平台是在校企独立的前提下，依托学校的二级学院，与企业开展综合的系统的人才培养合作，常见形式有产业学院。比如，柳州职业技术学院与螺蛳粉企业建立了柳州螺蛳粉产业学院。校企一体化则为企业大学，典型的有湖南三一工业职业技术学院，产教融合程度非常高。从成本-收益维度来看，五种模式在组织、经济和制度成本上逐步递增，在校企共赢、产业链—专业链—人才链对接上逐步深化，并遵从成本-收益相匹配规律。未来我国职业教育应以综合平台模式为方向，重点推动产业学院、职教联盟、实训中心建设，继续发挥委培、工作室和学习型工厂等传统模式作用，稳妥推进校企一体化模式。

第三，职校主动进行人才培养方案改革。职校的主体性与能动性是影响一个学校人才培养最关键的因素，也是一个职校发展的关键。调研地区的职校都比较积极主动地开展相应的人才培养方案改革。比如，宁波职业技术学院与浙江工业商贸职业技术学院以学生的培养质量为标准，让二级学院在学期设置、实习安排、人才引进以及专业设置上拥有高度的自主权。浙江工业商贸建筑与艺术学院院长就要求不同系的专业教师每年必须做市场调研，明确自身专业的市场需求定位与变化，并把学生的学期制度由 4:2 改为 3:3，即从原来学生 4 个学期在学校、2个学期在企业，改为3个学期在学校、3个学期在企业，增加学生进入企业实习的时间。柳州职业技术学院的汽车检测与维修技术专业则联合上汽通用五菱公司与其旗下的4S店联合编制该专业的活页教材。

◎ 职业教育发展的区域差异

区域差异与行业差异是识别我国职业教育发展水平的两个重要维度，区域差异根源于我国东部和中西部的经济区域差异格局。经济发展的集聚效应与技术应用型人才的层次决定了产教集聚的发达地区在办职业教育上有得天独厚的优势。在这些地区，从研究型大学到普通中专技术学校，人才链与就业链互动频繁，教育链与产业链也被勾连起来，只要政府、企业、学校围绕人才培养质量不断展开实践，便会有较高的人才培养效率。然而，大部分中西部地区是去工业化的，只有少数中西部地区的县市才有一定的工业基础。当然，这并不是否定中西部办中职的合法性与合理性，或者说中西部中职与高职没有存在的必要。

我们认为，高技能产业工人的培养并非一蹴而就，一个高技能的产业工人的培养可能要花数十年时间，包括较长时间的学校知识学习与多年生产过程的实操训练，而且技能型人才培养的重心在高职而非中职。中西部的县域职业教育，一般只有中职或者技校，是我国整个应用型人才培养体系的基点。县域中职的定位应当是，当中职生从一个高度竞争且受挫的应试教育体系出来后，学校应从人生信心、知识学习、社会关系、价值塑造、技能素养与发展潜能上为他们打好基础，使他们重新拥有发展的可能。

在远离工业中心的背景下，当下中西部职校的任务是，先从职校内部改革入手，从多元发展的理念出发，正视中职生的主客观条件，通过积极向上的校园管理与班级管理为中职生找寻到人生发展的方向与奋斗的动力，找准中职在专业设置、师资招聘与学生培养模式上与市场、产业、企业对接的渠道，并寻求稳定、长远的校企合作体制和机制。只要县域中职能够在人生观塑造与技能素质培养上，充分激活中职生奋斗的主体性，并找到与产业发展相匹配的技能发展道路，再经过高职与工厂生产过程的塑造，便能将中职生培养为一名能够在城市稳定生活且能够有过硬技术的工人。这无疑对我国整个产业现代化转型与农民家庭发展、基层社会稳固具有十分重大的战略意义。

避免县域中职教师职业倦怠：
职教发展的重要一环*

激发教师积极性是提高教育质量的基础保障。我们在调研中发现，中职教师积极性不足会影响中职教育教学质量，主要表现为中职教师在工作中感受不到职业价值，产生一定的职业倦怠。在我国政府大力发展职业教育、职业教育"三教"改革如火如荼的背景下，厘清县域中职教师产生职业倦怠的深层原因，为后续改革提供实证依据，是极为紧迫的事情。

◎ **躺平即正义：中职教师职业倦怠的表现**

职业倦怠是一种在工作中出现的情感、态度和行为上的负面消极状态。我们在中部地区县级职业高中调研时发现，中职教师普遍缺乏足够的活力和热情，持有"躺平即正义"的佛系心态，对教学教务工作表现出明显的倦怠感。

首先，很多教师只是按部就班且低水平地完成任务，工作

---

* 本文源自武汉大学社会学院袁梦的调查。

活力和研究创新精神明显不足。在中职学校，许多教师往往会在学业备课、讲解、督促学生等方面降低要求，甚至放任不管，以"上完一节课、挣完一课时工资"的态度完成教学工作。同时，教师们也缺乏教学教研的动力和意识，促成了"学生不行，老师再努力也没用"的消极心态。

其次，中职教师缺乏自我成长和持续进步的内驱力，不愿意承担过多责任。例如政府和学校有时会提供培训和交流机会，但很多教师不愿意参加。班主任工作是锻炼教师各方面能力的重要方式，但是需要花费精力，中职学校的学生管理负担尤其重，想要管好更要花费很多心血。因此，很多中职教师普遍不愿当班主任，即使担任班主任，也只以维持基本秩序、学生不出事为目标。每年选任班主任成为中职学校领导的一大难题。

最后，中职教师群体内部盛行平均主义，对竞争分化具有抗拒心理。当越来越多的中职教师产生职业倦怠时，就会形成一种结构性压力，勤奋积极的教师还有可能遭受非议，造成"劣币驱逐良币"。这会对学校绩效改革产生极大阻力，教师整体陷入"吃大锅饭"的低水平均衡中。

◎ 价值洼地：中职教师职业倦怠的原因

为什么中职教师会普遍产生职业倦怠呢？这并非一种个体

性心理，而是一种群体性心理。其本质上是因为中职教师处于县域教育体系的价值洼地中，难以在工作中形成情绪上和心理上的正向反馈，进而出现意义弱化、价值困惑的状态。

社会评价低

社会对中职教育具有一定歧视性。"读书差""习惯不好""品质坏"等都是中职学生的社会标签，与此对应，"没用""混日子""托管所"等也成为中职学校的标签，中职教师也似乎被勾勒出"被淘汰""没追求""没文化气质"的形象。这种社会评价也会影响到教师对自我形象的认知和塑造。

社会整体形成这类标签化认识确实存在一定的现实基础。在国家和社会视角下，升学、就业等指标是最直观和最有说服力的评价依据。但是在生源差、资金缺、设备少、条件弱等多种结构性限制下，大多数中西部地区的中职学校难以满足标准化的教育要求。做多做少一个样，维持"不出事"的底线便成为中职学校的理性选择。

随着国家和社会日益重视，近年来中职学校开始追求从不出事到要管好的实践改革，这对重塑校园秩序、改善办学质量产生了积极效果。但由于"管好"的标准比较模糊，其教育效果不完全体现为升学和就业指标，因而中职教育仍继续面临着难以被社会认可的困境。

学校缺乏有效的评价体系和成长通道

年轻教师是推动中职学校改革发展的重要力量。过去中职学校未能形成让中职教师积极成长的常规机制,由此影响年轻教师的工作心态和发展意愿,不利于中职教育的可持续发展。一方面,中职学校缺乏有效的评价体系。在普通教育体系中,学业成绩既是对学生进行评价的核心指标,也普遍被接受为对教师能力进行评价的指标。但在中职学校,这种评价标准难以发挥效用。一名职高老师说:"在职高,博士生和大专生带出来的学生可能体现不出明显区别,因为都考不上什么好学校。"另一方面,中职学校缺乏促进教师成长的有效通道。在普高,基本上形成了从普通教师到高三教师、班主任、年级主任、副校长及校长的成长模式,每个环节都有明确的考核要求。但在中职,因缺乏有效的教师评价机制,难以形成规律性的成才规划,教师晋升获益感明显不足,很多教师在日积月累的琐碎工作中逐步消磨了进步动力。

作为退休站的中职教育

中职教师作为教师群体,虽然在县域社会中处于中上层地位,但是在县域教育体系中却处于相对边缘的位置,因而形成了较为消极的工作状态。

第一,中职教师往往成为乡村中小学教师进城退养的选择。这些教师虽然是乡村中小学的优秀教师，但进入职高时大多已是年龄渐长、晋升希望有限的老教师，不再有强劲的工作激情。另外，面对中职生群体，这些教师虽在知识层面有足够的教学能力，但当他们习惯性地延续中小学教学的心态和方式时，会遭遇明显的心理受挫。此时，他们的态度不是教学教研创新，研究针对中职生的教学方式，而是降低学业期待，满足于"不出事"的工作要求。

第二，新招聘的年轻教师为中职教育改革发展注入了活力，但在县域教育人才体系中中职教师常处于末端位置，选择中职的年轻教师本身也可能存在躺平的潜在意愿。当学校缺乏对年轻教师的有效引导时，若年轻教师逐渐习得"不出大错就没事"的躺平策略，就会过早出现"退养心态"。此外，部分新教师满怀激情和情怀，还可能遭遇其他教师的排斥。

教师自我价值认知的两难困境

许多教师内心存在双重教育理念的冲突：一方面是以培养学业优异人才为目标的传统单维精英教育理念，另一方面是实现以学生自身为目标、强调多元发展的多元养成教育理念。两种理念往往同时存在于中职教师身上，但又具有矛盾性，从而影响中职教师对自我的认可度。

中职教师形成多元养成教育理念，是立足于让每个学生都得到成长的教育情怀。但是,这一教育理念与传统单维精英教育理念存在冲突。中职教师保持着传统单维精英教育理念,源于自身成长经验和外部社会评价。在这一理念中,理想的教师职责是以知识教育为核心,理想的学生形象是积极主动、善于学习的绩优生。按照这个标准,教师就容易对中职学生产生批判意识。同时,由于这一理念受到社会普遍认可,中职教师在具体的家庭和社会生活中就会不断受到社会性评价的影响,进而对工作产生消极和负面的情绪。比如,X县职高负责学生管理的李科长虽然在职高工作多年,但他对职高学生的认可度比较模糊。从工作角度看,他认为"我们要让学生变得健康、阳光、快乐,这是有价值的",但他也感叹"很多家长都不愿意让孩子读职校,我也是这种心态。我跟我孩子说,如果她考到职高来,我就不在职高干了"。

因此,中职教师在实践中存在自我价值认知的两难困境,这对其心理是一种损耗。尤其是在将普通高中与职业高中进行比较时,普高和职高似乎形成了两个截然不同的世界:一个世界是努力学习的上进氛围,似乎是实现教师价值的圣地;另一个世界却是玩乐打闹的闲散氛围,似乎是对教师价值的摧残。

弥散性的工作价值体验

教师教书育人,最能获得价值感的就是学生本身。学生的不同状态,塑造出普高和职高不同的师生关系,给教师带来不同的工作价值体验。在普高尤其是重点高中,整个学校围绕学业成绩形成凝聚力,当看到培养的一批批优秀学子进入社会,教师有着极强的自我价值实现感。但职高大部分学生与教师互动的重点并非学业知识,而是围绕学生问题、社会交往、校园生活等多方面展开,所以教师的价值体验感具有日常弥散性。一方面,当在知识教学中受挫又不得不解决大量繁杂琐碎的学生问题时,教师容易产生较强的负面情绪。比如,S县职高的马老师2013年开始担任政教处主任,负责学生管理工作,他表示:"天天处理这些学生问题,我真不想干了,长期面对这些事情心情非常不好,非常压抑。"另一方面,当很多中职生主动表达对教师的喜爱,以及看到学生在性格、心态、习惯等各方面的成长变化时,教师也能感受到正面情绪。但总体来说,这种价值体验具有不稳定性和弥散性,无法根据学业成绩这类标准明确获得,需要依靠教师自身心理转化,于是造成了其工作中的心理损耗。

◎ 重塑价值:一些中职学校的改革尝试

面对中职教师的职业倦怠,一些学校进行了管理改革,主要包括教师评价制度和价值回馈制度两个方面,对于改变中职教师的价值体验、提高中职教师工作积极性具有启发意义。

外部激励：科学的教师评价制度

制定科学的教师评价制度，可以形成底线规范和良性竞争，有助于提升中职教师的社会地位，提高其工作积极性。纳入教师评价考量的内容要符合教师实践要求，并得到教师认可；考量的标准要规范化，具备可比性和区分度。X县职高建立的教师评价制度主要涉及两类：一类是针对所有教师的业务评价，由管理教务的教务科负责，具体包括基本工作任务、教学效果、学生评价、其他行政工作等内容；另一类是针对班主任的工作评价，由管理学生的政教科负责，具体包括出勤情况、班级常规管理情况、学生重大违纪、班级公共财产管理、部门评分、其他行政任务等内容。这些内容通过优良等级进行分数转化，综合后形成每位教师的评价分数。

内部体验：价值回馈制度

第一，建立绩效奖励机制。将教师评价与绩效工资、教师评优、职称晋升、培训机会等挂钩是较普遍的做法。比如，优秀班主任的班主任津贴更高，优秀教师在职称评定等方面有优先权。无论是评选表彰还是绩效奖励，目的都在于将教师的积极性以外在形式展现出来，形成对积极行为的正向反馈。

第二，建立教师成长机制。为关注年轻教师成长，有学校推行教师常规教学水平考试，开展老教师带新教师的"青蓝结对计划"，完善帮助教师从新人成为有经验的教师，再成为专业带头人、国家级名师，最后形成名师团队的成长通道。有学校开始强调教学教研，组建专业组研究备考内容、教学方法。有学校组建班主任研究团队，针对学生管理展开研究。这些成长机制的目的在于帮助教师解决在工作方面遇到的实际困难，让教师的努力有方向、有成效，进而从工作中获得成长感、充实感和意义感。

第三，建立仪式反馈机制。X县职高将每年4月定为"班主任节"活动月，在全校、班级、班主任群体等各层面基于实际工作开展"学生感恩教师""提高班主任管理能力"等主题活动。有班主任反馈："开始觉得当班主任没意思，开展这些活动后，觉得学生还是很有感情的，当班主任还是有收获的。"组织这类活动的意义在于，通过仪式将教师身份凸显化和价值化：一方面让学生领会对教师的感恩之情，增强师生间的情感互动和价值反馈；另一方面也促使学校关心教师，有组织地帮助教师发展提升。

总的来说，中职教师是中职学校发展的主体力量，只有将教师激发和动员起来，才能实现中职学校的新发展。从实践来看，以县级中职学校为例，中职教师普遍存在"躺平即正义"的职业倦怠心态。这并非因为中职教师个人不努力,而更多是因为其处于县域教育体系的价值洼地。从社会评价、学校机制、教师群体、教师主体和师生关系五个方面来看,当前中职教师未能有效获得工作价值反馈,其工作效果不仅得不到认可,还有可能被污名化和贬低。针对这些问题,一些中职学校在内部管理的制度和机制上进行了创新,对重塑中职教师形象和提升教师价值感有积极意义。但在提升教师积极性方面,中职学校还存在许多外部资源和制度条件的限制,例如在绩效资金方面缺乏灵活分配权,在教学教研和班主任团队建设方面缺乏更多支持,在学校评价和激励方面缺乏更高层面的校校联动和组织管理等,这些都需要更深入的研究。

管理中职班级的实践艺术 *

班级是学校教育的基本组织单元，班级管理状况对学生发展和学校教育质量有着基础作用。我们在 X 县职高和 S 县职高调研时发现，班级管理效果与班级管理方式紧密相关。在中职班级中，学生更加具有主体意识，存在反叛特质，不绝对服从权威，采用单一标准和相对粗暴的管理方式难以奏效，还可能带来负面效应。有效的中职班级管理普遍采取班主任引导下的学生自我管理方式，其本质是将学生有效组织动员起来，形成激发学生主体性的教育实践。

◎ 民主集中：班级管理有效的运作机制

班主任和学生是班级管理中最重要的两类主体，两者之间不同的互动形成了不同的班级管理方式。权威集中式管理是常用的班级管理模式，即在班主任权威下实现对班级学生的集中管理。但其运作通常要建立在对班主任权威的潜在认同基础

---

* 本文源自武汉大学社会学院袁梦的调查。

上，例如在重点高中班级以高考为目标的基本认同下，班主任的权威集中可以提高管理效率。在中职班级，学生对班级权威的认同有极强的建构性，因此民主集中式管理是更适应职业教育的一种管理模式。民主集中式管理强调在班主任对原则底线、框架方向等层面集中引导的前提下，给予学生自主参与的空间，有助于促进学生自我管理，提高管理质量。结合 X 县职高优秀班主任于老师的个人案例分析，将这类管理模式分为以下几种有效的运行机制。

班主任的榜样引导

班主任不仅是班级的组织者，也是学生成长过程中的重要参与者。在与学生密切的日常互动中，班主任的言行举止、个人风格和形象气质都会潜移默化地影响学生的态度和认知。因此在班级管理中，班主任发挥榜样作用才能有效调动学生。班主任对班级目标的确定影响着学生的自我定位和积极性。在中职班级中，在大部分学生学习基础薄弱的现实下，不以学业成绩作为唯一目标，而是强调尽量让所有学生都得到进步和发展，所有学生在班级中才有相对积极的自我定位。比如，X 县职高于老师谈及班级目标时这么说："我希望我的学生能够做到'心中有追求，行动有定力'。我经常告诉学生，虽然大家是中职生，但可以成为一个受欢迎的人。要让社会和家长觉得，这些孩子在中职学习，不会变成无所事事、生活没目标、应付了事的人，而是能成为对社会有用、对生活和工作积极的人。"

打造班级网格化组织

在县域中职学校，一个班级少则有 20～30 个学生，多则 40～50 个学生，完全依靠班主任的个人督导难以实现对所有学生的有效管理。构建网格化的班级架构有助于将所有学生都吸纳进班级管理中，实现更有效的学生管理，包括构建纵向的班干部队伍和横向的学生小组两种组织方式。班干部通常是班级中的积极分子，他们可以积极协助教师完成常规班级管理任务。班主任还可以借用班干部的身份将一部分人际关系广泛的学生组织起来。划分小组式班级结构可以促成班内有组织的良性竞争和全员参与的积极氛围。X 县职高于老师将全班学生按照学业成绩、性格特点等均衡搭配，划分成十人规模的学习小组，并根据情况适时调整。于老师将学习小组运用到各种班级事务当中，比如课程作业、课外活动、日常习惯等，营造小组间的比拼氛围，优秀组可获得奖励，被扣分组可能受到惩罚。以小组的方式进行比拼，而非完全个体之间的比拼，可以增加学生的退出成本，不对自己负责，也要对他人负责，学生相互影响，形成整体上进心，让每个学生从被动消极的人变成积极而有行动力的人。

建设班级制度

班级规范为学生行为划定了基本的底线原则，是维持班级秩序的基本保障。要让班级规范常态化运转，而不是成为"墙上制度"或者只是教师发布的无效命令，需要进行班级制度建设。制度建设包括制定和执行两个方面，要依靠班主任和学生共同努力，促成学生的自我管理和习惯养成。首先，在制度制定上，班主任要承担协助和审核的角色，并充分发动学生自主制定班级规范。每个学校通常都有成文的规章制度，要让其成为学生管理的实践，必须得到学生内心的认可。发动学生依据既定制度，针对班级具体情况自主讨论制定班规，目的在于将学生个体凝聚成一个集体，赋予制度集体的权威性和合法性，将外在制度转化为学生的自我约束。其次，在制度执行上，班主任要协助学生实现成文规范的落实。发动学生参与规范落实，这种参与本身就是规范的不断重复和强化。具体方式一般是安排特定学生记录班级违规违纪行为。此外，班主任也要及时处理违规违纪行为，尤其是在班级管理早期，否则容易让学生认为"规范不起作用"。

进行思想教育，提升道德品质

班主任借助具体事务对学生进行思想教育工作也十分重要，有助于实现规范的道德内化。但是，在处理具体问题时必须讲究策略和技巧。首先，面对不同性质的事件，思想教育的方式和策略也要有所不同。在责任边界相对清晰、得到较为普遍认同的公共品德领域，如吸烟、打架等违规违纪事件，处理时必须是非分明、奖惩明确。在责任边界相对模糊、认同程度存在差异的个人品德领域，如人际交往摩擦、早恋等事件，就要隐性、温和、委婉地处理。在具体教育过程中，对学生要分别采取发问式对话、刚柔并济、正反兼用、以小见大、问题转化等话语策略，消除学生的抵触情绪，引导学生自我分析和反思。其次，面对不同类型的学生，思想教育的内容和方式也要有所差异，要因材施教。比如，对有学习积极性的学生，就帮助其解决学习问题；对缺乏学习积极性但其他方面表现积极的学生，可以帮助其解决在特定方向和事务中遇到的困惑；等等。最后，教师的严格要求必须以尊重学生人格和自尊为前提。处理问题时要站在学生的角度，以关心他们的态度，给他们表达的机会，倾听他们的想法。处理问题要言之有理，不能不分青红皂白地指责学生，要讲清楚为什么要管、为什么不能那么做、那么做的后果是什么等，而且要经常讲、变着法讲。此外，需要公私分明，在班级公共场合对事不对人，私下再对特定学生做工作。

寓教于乐，激发学生积极性

中职学生最普遍的问题是对传统课堂中的学业学习不感兴

趣，因此以各种活动为载体，做实活动，可以让教育超越课本之外，让学生体会更宽泛的学习意义。这类活动可以包含多种内容和形式，最关键的是要真正激发学生参与其中。首先，活动内容要与学生日常生活息息相关。只有让活动内容贴近学生所思所想、所作所为，学生才会自发地关注这类活动。班主任要选择出满足学生需求的活动主题，就要积极关注学生动态，理解和探索学生成长规律，站在学生角度协助学生提出问题、讨论问题、解决问题。其次，活动形式可以发动学生自主创造。组织活动不应是班主任完全包办，学生仅作为被动观看者参与。比如，于老师会根据学生具体情况确定班会主题：开学时开展"班级第一课"，总结过去，展望未来；期中前开展"如何复习"；期中后开展"如何面对挫折"；有个别女生化妆，就开展"美的定义"，培养其正确的审美情操。2022年12月，为推选班级代表参加学校演讲比赛，于老师让学生组织一场班级演讲比赛。在这次活动中，活动方案、组织形式、材料购置全由学生自发完成，于老师和语文老师只根据学生需要提供帮助。当天活动现场学生非常活跃，采用以十个学习小组为单位各推选一名评委的方式进行打分，并邀请于老师和语文老师作为点评嘉宾，还手工制作了标识立牌等，充分体现了学生的创造力。

◎ 动员学生：激发中职生主体性的教育实践

为什么民主集中式的班级管理模式在中职班级中能够实现有效管理呢？关键在于班主任实现了对全班学生的动员，让班级不仅是班主任自上而下的管理组织，而且是学生自我管理的组织，学生成为教育实践的主体。

首先，民主集中式的班级管理并非班主任放任不管，相反，班主任在班级运转初期承担重要的引领作用，在班级日常管理中承担必要的兜底作用。班主任作为关键人物，其态度和行为会给学生留下关于班级管理的第一印象。此外，在组织建设、规范制度、思想教育、活动安排等方面，班主任要充分掌握学生和班级的状态，形成总体方向和整体框架的原则认识。

其次，该模式充分给予了学生自主参与的空间，在学生内部挖掘管理资源。调动学生自发组织、充分参与教育实践，重点不在于班级事务完成的结果，而是在完成班级事务的过程中，学生收获的各种素养和行为习惯。另外，通过在班内划分小组，形成学生之间组织性的竞争，而非个体性的竞争，充分挖掘了学生之间的关系和资源，极大地促成了学生的自我约束。

最后，该模式在完成每项班级事务的过程中，逐渐产生出结构性的班级文化和班级正气。正是这种正向氛围，不断熏陶学生养成良好的行为习惯和积极的精神品质，并最终在外在行动中表现出来，例如学业进步、竞赛获奖等。而这些外在行动的效果又可以进一步鼓舞学生和教师，不断维持班级秩序的持续再生产。

六

为了孩子人生起点的公平

供需错位：
义务教育均衡工作要准确把握乡村家庭需求 *

近年我们在湖北、河南、江西、湖南 4 省多区县展开调研。调研发现，义务教育均衡在改善农村学校办学条件和教育质量的同时，也在工作推进中存在一些问题。一些地区机械执行政策，造成严重的供需错位和资源浪费，还有的地区不切实际地抬高均衡标准，加重财政负担。

◎ "三重三轻"：义务教育均衡工作中的问题所在

第一，重形式均衡轻实质均衡，各级督导考核标准僵化，政策执行刚性化、一刀切情况严重。在义务教育均衡工作推进中，有的上级政府僵化执行政策，片面追求全覆盖、高标准的工作效果，注重均衡形式，却忽略工作实际情况，偏离了乡村教育发展的现实环境。例如，不少县区还大量保留只有个位数学生的教学点。在河南某县，全县共有 193 所教学点，其

---

* 本文源自武汉大学社会学院邓碧玲、易卓的调查。

中 10 人以下的教学点 62 所，10～20 人的教学点 24 所。在该县某乡镇，小学学龄段学生 231 人，分布在 12 所学校，其中 9 所学校人数在 10 人以下，教师资源和学生资源高度分散，教学质量低下，布局调整推进困难。2019 年，该镇一教学点学生全部流失后，中心校长便没有再安排新校长去任职，结果教学点所在村一村民向国家信访局写信，说政府未经村民同意撤了教学点。上级部门下来调查，中心校长无奈，只好又给没有一个学生的教学点派了一名校长。地方机械执行教育均衡政策，不仅造成严重的资源浪费，也没有实质性提升乡村教育质量，偏离了义务教育均衡的政策初衷。

第二，重指标均衡轻质量均衡，义务教育优质均衡变成数字达标，催生形式主义问题。调研发现，当前义务教育均衡工作推进的普遍做法是，上级将教育均衡的总体目标分解成一个个具体的评价指标，各项指标要求达到 95% 以上，要求县乡政府在短时间内完成，而基层学校能够调整的自由空间非常小。为应对上级的各类指标检查，确保不出问题，县级政府严格按照文件要求进行建设，一边在硬件上投入，一边在文件上做文章。比如，江西某乡镇中学校园内运动场地不足，原计划在 2022 年与另外一所中学合并，但为迎接省级义务教育优质均衡验收，在 2021 年年底花费 200 万元在距离学校 4 分钟路程的地方新建运动场，而事实上两个学校一旦合并，这个运动场就很可能闲置。此外，还有一些学校在上报数据时学生数为50人以上，但检查时学生已经流失出去，为了保证义务教育均衡验收通过，上级检查时还要去其他学校借学生来凑数。

第三，重硬件均衡轻软件均衡，不切实际地抬高学校建设标准，偏离了"着力提升薄弱地区、薄弱学校、薄弱环节和困难群体教育水平"的基本原则。义务教育均衡工作推进过程中，各地农村普遍建设了大量的标准化学校，并对照城市标准对学校进行美化，但乡村教育改善效果有限。在《××省县域义务教育优质均衡发展督导评估指标体系（试行）》方案中，关于城乡学校硬件投入的指标涉及10大项、27小项，并且标准很高。例如，城乡所有小学生均教学仪器设备值达到2000元以上，所有初中生均教学仪器设备值达到2500元以上；小学每12个班级配备音乐、美术室1间以上，每间音乐专用教室面积不小于96平方米，每间美术专用教室面积不小于90平方米；初中每12个班级配备音乐、美术室1间以上，每间音乐专用教室面积不小于96平方米，每间美术专用教室面积不小于90平方米。这些硬件指标的要求几乎全部是A级，也就是"必须达到"。相比高标准、全覆盖的硬件指标体系，教育软件上的均衡则差之千里。江西某村小投入上百万元，运动场、体育器材和信息化上课设备一应俱全，而全校只有19个学生，校长为正式教师，另外有两名在村带孩子的妇女为临聘教师，一、二年级的语文课都在一起上，教学质量无法保障。又如，河南某县一村小，全校教师4人、学生5人，其中1个学生精神残疾、2个学生来自贫困户家庭、1个学生来自离异家庭，这些师生使用着两层八间新翻修的教学楼。在湖南某县，一乡村小学语文、数学成绩的优秀率均在20%以下，而城区小学则达到了60%以上。在江西某乡镇中心小学六年级的学期数学成绩统计中，全班43个学生，分数在60分以上的仅7人，该班班主任表示："村小上来的学生，基本都跟不上。"

与大量硬件资源投入乡村形成鲜明对比的是，乡村学校的教师在大量流失，教师年龄结构老化，影响了教育效果的提升。例如，在河南某镇，2018年以来教师流出79人，其中24人为退休，55人为遴选或抽调出去。湖北某乡镇中学在2019年至2021年三年间被抽调走15名教师，该校校长说："抽调走的都是有经验的中层干部，这几年学校一个老教师都没有了。"义务教育均衡工作推进中的重硬件轻软件倾向会降低资源使用效率，导致供需错位，甚至产生严重的资源浪费和闲置问题。

◎ 资源投入内卷化：基层义务教育均衡工作的误区

第一，僵化机械的政策执行方式成本巨大，超出了基层负担能力。为了应付教育均衡工作，不少县级政府存在不同程度的负债情况。农村义务教育投入需要地方进行资金配套，使得县级财政陷入困境。以河南某县为例，该县 2020 年一般公共预算收入不足 7 亿元，而教育支出在 14 亿元以上，教育建设投入基本全靠上级转移支付，2019—2020 年仅农村学校办学条件改善性投入就达到约 4.5 亿元，地方政府教育财政支出压力巨大。中部某县一名官员也表示："在各类教育工程中，县级的配套要求太高，大概占到资金总量的 30%。"这意味着，各级项目投入客观上加大了县级匹配资金的压力。在河南一些地区，由于地方政府的财政能力不足，农村学校"全面改薄"的县级配套资金欠缺，为了完成义务教育均衡的学校建设任务，乡镇中心校甚至欠债十几万元。

第二，义务教育均衡发展在农村投入巨大，但农村教育发展情况不理想，存在严重的资源浪费现象。为了推进义务教育优质均衡，中央及地方政府都投入了大量的资源，甚至出现政府和学校负债情况，但是城乡教育均衡发展的实际效果并不理想。

首先，由于未能做到因地制宜，县域义务教育均衡发展中存在大量供需错位的问题，资源利用效率极低。一些地区不考虑学生入学情况，对小规模学校进行全面改造，建设高标准校舍和运动场地等，投入大量资金和项目，但是并没有吸引学生回流，反而造成资源闲置。例如，2020年，湖北某市一村小人数不到50人，按照教育均衡政策的标准，政府投资两三百万元改造一栋教学楼，结果不到两年，学校的学生就全部流失，校舍闲置，最后只能计划租给村委会做办公大楼。乡镇学校建设中也存在类似的情况，一些地区乡镇中小学都完成了标准化校园的改造，但师资力量、校园管理等方面并没有提升，农民最终选择到县城陪读或将子女送到县城的私立学校就读。

其次，过于重视硬件资源投入的指标达标，推高了义务教育均衡发展的政策成本。仅仅是硬件投入，并不能实现乡村教育的均衡发展。以江西某乡镇中学为例，2018—2020年投入2 000万元对学校进行改造，建设花园式的校园。但是在城区学校的虹吸作用下，该校年轻优秀教师大量流失，优秀生源流出，能够提供1 000个学位的乡镇中学仅有不到200名学生。教学点的改造过程中也存在类似情况。在河南某县，全县20人以下的教学点有近90所，2018年投入"全面改善贫困地区义务教育薄弱学校基本办学条件"资金1亿元，维修改造学校200余所。2019年至2020年农村学校办学条件投入达到4亿元以上，其中升级改造小规模学校159所，总计投入超过6 000万元。硬件条件的改善并不等同于教育质量的提升，小规模学校中教师水平有限，大多数农民还是选择送子女去县城学校读书，结果一些学校刚刚完成升级改造就被撤销，造成财政资源的大量浪费和闲置。不少农村中小学的校长都调侃说，"教学点可有可无，不受重视，没人重视，家长不重视孩子成绩，政府也不重视发展"，"花大力气投入，结果撑不到第二年"。

第三，义务教育均衡工作缺乏重点，农村义务教育发展陷入困境，城乡教育差距进一步扩大。地方政府将义务教育均衡工作简化为各项指标达标，以硬件建设为主要举措，却没有实质性提高乡村教育质量。尽管有大量的资源投入农村学校，但乡村教育需求没有得到真正满足。当前一些地区既要维持大量小规模学校，又要补充城区学校学位，乡镇中心学校受到两端的挤压，这种挤压既包括资金投入方面，也包括师资力量方面。

首先，在资金方面，"全面改善贫困地区义务教育薄弱学校基本办学条件"资金的投入重点在于乡村小规模学校，而地方政府的自主资金主要用于城区学校建设，这导致乡镇中心学校的建设长期被忽视。在湖南某县，每年投给小规模学校的资金都有几百万元，但该县某镇中心学校在2001年至2019年都没有任何投入，甚至存在两个学生共享床铺的现象。

其次，机械化地执行教育均衡政策，大量教师资源被固定在小规模学校，城区学校又需要大批量选调教师进城，农村教育陷入师资既高度分散又高速流动的双重困境。比如在湖南一教学点，整个学校仅剩 4 名智力障碍儿童，同时配备有 4 名教师驻点。在河南某县，小规模学校的师生比为 1∶3.83，按照 1∶19 的标准师生比计算，该县乡村小规模学校多配备了 1000 余名教师。与此同时，2019—2020 年该县总计选调 280 名教师进城，大部分为乡镇中心学校的骨干教师，并通过特岗计划向农村补充教师 570 名，乡村学校教师更新率超过 50%。该县一名小学校长表示："如果招 20 个老师，至少要走一半。"教师流动性极高，导致农村学校教师队伍长期处于老带新的状态，这对农村教育的发展造成了较大的影响。湖北某乡镇中学，近五年有 20 名优秀教师流入县城学校。校长坦言："教师流出使得学校的教学质量受到严重影响，现在教学能够维持基本靠来自中师的那批老教师，一旦这些教师退休，就会面临青黄不接的状况。"

显然，义务教育均衡发展目标的实现与教学质量息息相关。如果政策执行过程中依旧以硬件指标为主，忽视教育资源质量和教学质量，将使得教育资源配置陷入乡村学校越衰落，政府越向乡村薄弱学校投入，教育资源越分散，教师教学积极性越低、流动性越强，生源流出越迅速，城镇学校越需要扩建、越需要遴选乡村优秀教师，乡村学校越衰落的政府越投入、城乡越失衡的恶性循环中。

◎ 准确把握乡村家庭教育需求

当前各地区在义务教育优质均衡工作推进中普遍陷入重形式均衡轻实质均衡、重指标均衡轻质量均衡、重硬件均衡轻软件均衡的误区，严重偏离农村教育发展实际情况，缺乏对乡村教育需求的准确把握，出现资源浪费、政策失灵等许多问题。基于上述讨论，就相关问题纠偏、推动义务教育优质均衡发展提出以下建议。

第一，调整政策思路，在执行层面对义务教育均衡发展的目标进行重新定位。在政策执行方面，城乡义务教育优质均衡发展的路径应当严格遵循中央提出的因地制宜、分类指导、分步实施的政策基调。各地政府应当充分认识城乡义务教育发展的长期性、全面性、群众性，在政策执行中强调解决城乡义务教育均衡发展最迫切、最突出的问题。充分考虑乡村教育发展情况与地方政府财政能力，步子不宜迈得太大。只有真正调整地方政府的政策执行思路，才能使义务教育均衡发展的实践进入正确的轨道。

第二，优化考核体系，建立更加常态化的评价体系，给予基层因地制宜落实政策的空间。义务教育优质均衡发展是重点难点工作，但各级地方政府不宜将其过度政治化，试图通过短期大量的资金投入来实现城乡教育均衡。应当进一步完善指标考核体系：一是以实现教育质量的均衡为核心，兼顾硬件和软件均衡、指标达标和群众满意，避免将硬件均衡等同于教育均衡，片面追求资源的投入数量而忽视效果；二是减少一刀切的政策指标，防止各类指标定得过细过死，赋予基层一定的自由裁量权，提高政策执行的因地制宜能力。通过这些方式，建立常态化的评价体系，确保自上而下的考核压力保持在合理范围内，给基层政府自主实践的时间和空间，稳步推进城乡义务教育的均衡发展。

第三，壮大乡镇教育，发挥农村教育资源的集聚效应，建设好县乡村三级教育体系。我国乡村学校数量众多，小规模学校的发展潜力有限，如果全部以高规格的硬件、师资等标准进行建设投入，将超出公共财政和教育体系的负担能力。因此，必须避免"大水漫灌"式的全面投入，要对教育资源进行科学统筹：一是统筹好城乡教育资源配置，有重点地建设乡村教育，提高乡村学校的教育质量，实现真正的教育均衡，降低政府财政压力，避免越投入越失衡的困境；二是统筹好镇村两级教育体系，在兼顾教育公平的基础上，充分发挥农村教育资源的规模效应，如通过改善乡镇中心学校的寄宿条件、校车设施等，提升乡镇学校的教育辐射能力。

乡村教育生态变迁：
家庭、学校、社区等主体的运作逻辑变化 *

  Y 镇位于安徽省南部，共有 14 个行政村。该镇在 2006 年前后开始撤点并校，我们调查的 NH 村小学在 2009 年被撤掉，当时整个学校只有 20 名学生。随后，2010 年 YJ 村小学撤并，2016 年 QT 小学撤并，2019 年 DS 小学撤并。如今，Y 镇共有 3 所小学，其中一所是位于镇上的 Y 中心小学，目前有学生 1040 人，教师 70 人；另两所完小分别有学生 200 余人和 100 余人。此外，Y 镇在村里还有 1 所初级中学 Y 中学、3 个教学点、1 个中心幼儿园和 2 个私立幼儿园。在镇域内，Y 镇教育生态较为完整，并且小学和初中的教学质量在全县排名中等，镇域内的学生流失并不严重。然而，从历时性角度看，Y 镇的乡村教育生态也已呈现出多个层面的变迁。

---

* 本文源自河南农业大学文法学院宋丽娜的调查。

◎ 教育功利化

乡村社会的教育功利化主要是指将孩子的教育投入（物质、精力投入）与未来的教育产出（资源获得、社会地位获取、薪酬水平等）高度关联。乡村社会 2000 年之前的教育功利化并不凸显，绝大多数农民对于教育"成才"的感受不深。然而 20 世纪 90 年代以来，农民逐渐认识到通过教育可能获得"稳定的工作"和较高的社会地位。农村社会的"80 后"一代，多数在 20 世纪 90 年代读书，在 2000 年前后进入城市打工，也有一些人通过上大学成功定居在城市。

进城打工的"80 后"对于"读书改变命运"这一观念非常认同。在我们的调查中，不少"80 后"在打工生活中深刻地体会到了教育的重要性，因为他们在城市中看到，有学历的人多数从事的是"坐办公室""玩电脑"等"高级的"、收入较高的工作，而没有学历的人只能从事"低端的"、辛苦的劳动，同样的工作内容，有学历与没学历之间有着薪酬待遇上的较大差别。他们经常感叹："自己小时候没有好好读书，只能打工干一些辛苦活儿，就希望自己的孩子能够好好读书，将来有一个好工作，不再像自己一样辛苦！"

◎ **家庭教育投入剧增**

通过打工,农村"80后"和"90后"群体已经认识到了教育的重要性,这一代人将教育与未来的工作、前途建立了逻辑联系,并将这种认识投射到了孩子身上。多数年轻的父母对孩子的教育非常重视,有不少"80后"母亲愿意回乡陪读,她们愿意为孩子处理除学习之外的任何事情,只求孩子一心一意读书,并以孩子的学习为中心来整合家庭资源和配置劳动力。Y中心小学的校长告诉我们,全校小学生1000多人,约有40%的学生都由家长在学校附近租住陪读。Y中学有学生600人左右,约80%的学生都由家长在学校附近租住陪读。在县城的高中,妈妈陪读现象更为普遍,通常一个班级中只有个别学生(1~3名)住校,他们多是家庭条件特殊的孩子。一般情况下,小学生多由奶奶陪读,而初中生、高中生则多由妈妈陪读。

家庭在乡村教育中的重要性愈加凸显。乡村社会的母职体验以陪读为通道构建出来,成为一种传统家庭功能之外的职责。陪读妈妈要负责孩子的饮食起居、学习监督、行为习惯养成、精神抚慰等,她们特别在意孩子的测验成绩,"每次测验的时候比孩子都紧张",因为孩子成绩的稳定是考学的基本保证。学习成绩成为陪读妈妈生活的核心,她们愿意为提升孩子的成绩而"不计代价",可以按照孩子的学习时间来安排自己的时间,也可以因为孩子的学习而随时更换生活地点。孩子的教育已经成为新时期农村家庭资源整合的核心要素。

与此同时,学习几乎成为孩子唯一的任务,家长们屏蔽掉了孩子成长过程中的其他事务,愿意为孩子的学习付出成本。他们普遍愿意为孩子报名校外培训,愿意为孩子的教育投入巨大资源。在 Y 镇,一般来说,小学生需要奶奶在乡镇陪读 6 年,初中生需要妈妈在乡镇陪读 3 年,高中生需要妈妈在县城陪读 3 年。目前,Y 镇一个单间的租住费用是 3 500 ~ 4 500 元/年,县城一个单间的租住费用约为 8 000 元/年。除了房租,在县城和乡镇的生活开支也不少,一般在 2 000 ~ 3 000 元/月。不少孩子会在周末和寒暑假的时候参加培训班,小学生一年的培训费用多在 3 000 元左右,初中生则上升至 6 000 元左右,高中生的培训费用很可能上万元。如果一个家庭中有两个孩子,妈妈通常要有 10 年左右的陪读生涯。在这期间,她们会退出全国劳动力市场,通常在学校附近找一些灵活的工作,收入 2 000 ~ 3 000 元/月,基本只能维持陪读的日常开支。而家庭的经济重担主要落在了年轻父亲身上,他们往往选择从事更加辛苦,风险高、收入也高的行业。

◎ 学校教育分化与学生心理问题初现

在对教育的重视上,学校与家长之间达成了基本的共识。学校以学业成绩为核心对孩子进行全方位指引,家长则要全力配合学校老师的工作。这种趋势引发了一系列后果。

第一,学校教育以语、数、英等主课教学为核心,淡化了副科教学,以成绩为导向来安排各种教学活动。学校的教学活动中尤其重视"重点""考点"的巩固与练习,通过大量刷题、机械记忆来提高学习成绩。

第二,中考和高考成绩是指挥棒,以"优秀率""重高率""重本率"为核心指标,形成了县域范围内的教育质量排名和教育资源分配方式。Y中学校长告诉我们:"每年能够有一些学生考取重点高中,这是群众对我们最迫切的呼声,我们必须以此为核心来安排教学活动和资源投入。"

第三,教育分化现象愈加明显。学校对于学习成绩好的学生特别重视,投入了很多的资源;对于成绩差的学生则是放弃,只求他们"不出事、不捣乱就好"。

第四,在学校的学习高压环境和家庭为成绩不计代价的投入中,孩子们的心理健康隐忧重重,不少孩子有脾气大、性格怪、不与人交流、抗逆力差、沉迷于网游等行为和心理特质,极端的还会患有各种类型的心理疾病。

由此，教育竞争在学校教育的模式化管理与家长持续投入的过程中不断被激化，整体上呈现出竞争"过热"态势。

◎ 教育去社区化

2000年之前，乡村社会的教育多数都保留了明显的社区化特质，是"教育嵌入社区"的模式。那时候的乡村小学多数都还在村，孩子们在村庄中接受小学教育，老师和村民之间非常熟悉，村庄构成了一个相对封闭的教育循环圈。

教育的社区化有以下四个特质。首先，教育的经济成本低。上下学不用家长接送，老师会将学生排成路队送到村民组，也可能是附近的几个同伴相约一起上下学。其次，村民与老师之间高度信任。村民会要求老师管教自己的孩子，"不听话就打"；老师管教孩子也没有心理负担，就是"像管自家孩子一样来管学生"。再次，共同的社区生活经历使得孩子们之间形成了共同的成长小组，这种同辈群体是全方位的，不仅出现在孩子们的休闲娱乐活动中，也出现在其成长历程中的各个隐秘层面。这种有着共同社区生活经历的初级群体构成了个人的生命底色，会创造出个人更多的成长空间。最后，学习高度嵌入农村生产生活中。学校可能会根据农忙的情况来安排假期，也可能会有专门的"劳动实践课"；学校老师可能会承担村庄的一些重要任务，而村里也经常要帮助学校解决各种教育上的难题，特殊家庭的孩子在农村涵育的氛围中也可能享受到基本相似的学校教育。家庭、学校、社区三者之间是相互配合的关系。

21世纪以来，随着社会流动加剧、农村撤点并校的开展，村庄中的小学越来越少，乡村社会的小学教育在快速分流。大部分孩子就近流入集镇的学校；少量家庭条件较好的学生，因为家长买房或者租房而流入县城或者地市学校；还有少数孩子随着父母流入打工地学校。在这种背景下，教育呈现出去社区化特征，脱嵌于乡村社会的生产生活体系，变为一个专门的领域。首先，学校教育与村庄有了一定的物理距离，村庄丧失了儿童社会化的功能。其次，学校、老师、学生及家长共同面对着一个复杂而陌生的环境。这是一个信息开放、社交疏离、竞争泛化、消费主导的环境，存在着各种诱惑和风险，也孕育着诸多现代元素和前沿理念，学校和家庭对于这种环境都没有掌控感。再次，面对着复杂而陌生的环境，学校和家庭要投入巨大的精力和资源来防控各种风险。比如家长接送孩子上下学以确保安全，家长监控孩子以防止其沉迷游戏，家长监控孩子的社交活动以防止其"被带坏"等。最后，去社区化的教育营造了一种以学习为核心的近似真空的环境，即学校中从事的是以成绩为导向的专业教育工作，家庭要通过陪读为孩子规避各种风险和不安定因素,学生则只需要尽量规避掉各种诱惑和不利因素而专心读书学习。

教育去社区化去除了村庄对于个人成长的涵育,人的成长脱嵌于社区,要面对更加复杂而陌生的环境。为了规避各种风险,学校和家庭共同为孩子营造了一个近似真空的学习环境。如此,虽然能让孩子专注于课业学习,却也将其限制于课业学习中。孩子们正常的社交需求、探索社会的好奇心、对家庭与社会的责任感等都在一定程度上"隐秘化",正常的社会化进程被歪曲,慢慢滋生出了心灵世界的荒芜与虚拟化。同时,不少孩子可能仍旧会在学校监控不到和家庭注意不到的地方肆意成长,他们甚至会形成特殊的"玩伴群体"和"亚文化"。

◎ 重新理解乡村教育生态

乡村教育嵌入乡村社会系统中,与家庭、社区相互嵌套在一起,构成了整体的乡村教育生态,在功能上与乡村社会相匹配。如今,乡村教育所面临的社会生态系统被打破,教育被日渐抽离出来成为一个专门的领域,家庭在教育中的重要性上升,社区在教育中的作用下降。这种结构性的变化导致了家庭、学校、社区等不同主体在教育中的运作逻辑不断演绎。从形态上看,乡村教育正试图通过整合家庭资源来参与关于教育的社会竞争。原本的乡村教育生态边界被打破,教育的行动规则在重构,教育竞争的势态在变化,教育的理念在重塑。如此,乡村教育生态正在经历系统变化,这些变化重塑了孩子们的成长情境,改变了孩子们的社会化路径。这些变化意味着我们必须重新理解乡村社会中的教育及乡村社会儿童的成长。

镇域中心校：
县域教育均衡发展的重要载体 *

在城镇化背景下，县域城乡教育差距呈现持续扩大态势，但乡村教育仍需发挥重要的作用。镇域中心校是县域教育均衡发展的重要载体，在提升基层教育公共服务质量、避免县域劣质城镇化、减轻农民教育负担上扮演着重要角色。

◎ 承上启下：中心校的位置与功能

我们在湖南 C 县调研时发现，镇域中心校在维持镇域内教育均衡方面发挥着重要功能。中心校原属于"七站八所"的教育站，在税费改革后启动的乡镇机构改革中，部分地区中心校被撤掉，或者挂靠在乡镇中心中学（或小学）中，发挥的教育管理作用有限，如河南、湖北等省都是如此。但还有部分地区，中心校依然发挥承上启下、统筹协调的管理职能，各地叫法略有不同，如湖南称为中心校，山东、浙江等省称为教委。

---

* 本文源自武汉大学社会学院胡晓映、易卓的调查。

中心校作为教育局派出在乡镇的单位，属于教育管理机构，但人员配置相对较少，编制也挂靠在中小学，且是教师编而非行政编，所以内部虽有层级之分，却无工作之别，而是"有活一起干"。

C县的黄镇由三个乡合并而成，在合并过程中，小学并未进行统一撤点并校，而是在合村过程中自然并校。中心校根据各村情况，统筹生源，制定合理撤并方案，并向乡镇政府和县教育局打报告，为上级决策提供重要参考，避免了盲目撤并学校导致上学难的问题。中心校因身处乡村教育一线且职能专业，能够在镇域划片入学、统筹学校和生源等方面发挥重要作用。

在相对偏僻的青镇，只有一所中学、四所小学，其中三所为教学点，人数较少，中心校校长计划在两年内暂办小规模教学点。我国于20世纪末开始启动撤点并校工作，从1998年到2011年的14年间，全国减少中小学37.97万所[①]。直至2012年，"教育部工作要点"发布，规定"审慎推进义务教育学校布局调整，坚持办好必要的村小和教学点"，撤点并校工作才放缓了步调。但部分地区却又陷入了存留大量缺乏运转效率的小规模学校及教学点的另一个困境。为此，C县因地制宜，在符合撤办条件下，采用"暂办"的方式，对部分小规模教学点暂

---

① 数据来源于《1998年全国教育事业发展统计公报》《2011年全国教育事业发展统计公报》。

停办学，后续补充一定学生入学后仍可恢复办学。而中心校在此过程中需要协调上级部门、乡镇政府与村庄之间的关系，并分步骤逐步推行：一是获得上级的政策支持；二是征得政府和村庄的地方性支持；三是对镇域内学校和生源状况摸底，并做好学生及学生家长的工作，协调好暂办后的具体工作和入学方案，解决家长的后顾之忧。

◎ 协调统筹：中心校推动教育均衡的主要机制

中心校能在生源流动及师资流动上发挥统筹作用。每个乡镇一般至少有一所中学，因为黄镇三乡合并不在同一时间，而是分别在1995年和2015年，因此目前该镇一共有两所中学，且在学生数量上存在明显不均衡。2021年，A中学总人数1912人，B中学432人，人数相差较大，但两所学校的教学秩序依然保持稳定，没有出现恶意竞争、挤压生源现象，且学业成绩相差不大，中心校起到了重要的协调和监督作用。自2012年起，黄镇便开始实行划片招生，按照教育局指导文件严格执行，中心校是第一监督责任人。中心校作为教育一线的属地管理机构，所有学生的调动都需要经过其审批，如一名学生要从一所划片学校转入另一所划片学校上学，不仅需要两所学校共同上报，而且需经中心校审批后再报送至教育局。中心校把好第一道关，既避免镇域内生源因择校产生的不协调、不均衡问题，也能够深入了解具体情况、回应特殊需求。

除此之外，中心校的重要功能也体现在教师流动、考核管理和激励上。乡镇学校的教学困境在于，教学容易陷入生源流失—成绩下降—教师无教学成就感—教育懈怠—成绩下降—生源流失的恶性循环中，导致教师更想向城市流动、更缺乏教学成就感，"躺平"心态突出。为了解决这一问题，乡镇中心校对教师的管理可以分为两类，即均衡机制和奖惩机制。一是在教师流动方面，中心校按照统一的考核、获奖情况，实行先进晋级与后进惩罚的措施，如考核中排名靠后的教师面临调去偏远学校的压力。此外，中心校还能协调城乡间的教师流动，如城区教师想要到乡村支教，中心校可以根据镇域内的教师配置情况进行审批或退回。而对于工作不上心、表现较差的教师，中心校也可以通过考核低分等方式限制乡村教师向城区流动。二是在教师考核和激励方面，根据C县制定的《教师日常行为管理办法（暂行）》对教师的师风师德、教学成绩进行考核，并与工资绩效直接挂钩，而绩效发放标准则采取由学校制定并向中心校备案的方式，既整体统筹又兼顾各校特殊性。中心校本身也会在教师节设置师德标兵、优秀教师、教学能手、乡村敬业教师等荣誉称号，并附有一定奖金，将获奖人数控制在30%以内，保持适当竞争性，激励教师的教学积极性。

中心校在组织学校教研活动中也能发挥不小的作用。黄镇的两所中学尽管在师资力量、教学资源上存在差异，但在中心校协调下，二者结成兄弟学校，以大帮小，开展交叉学习、评课、备课、检查等"无修饰性的、不应付的交流"。每学期初，中心校会举办两次学校间交叉学习和评课互动活动，一方面是让年轻教师展示自己的能力；另一方面也通过资深教师评课给予年轻教师指导，为年轻教师提供学习和进步的平台，加快成长。每次交叉学习和评课，以八个科目为单位，由教师按照学习进度自主确定主题，一个学校的教师备课后，为另一个承办活动的学校的学生上课，其他教师组成评课组，包括中心校专干，两个学校的教研组长、备课组长以及所有无课教师，有时候还会以学校的名义请县教研室的研究员参与指导。评课结束后，此次承办学校的教师要去另一个学校就同一主题再上课，以共讲一个主题的方式进行更清晰的对比，将优点、缺点都不加修饰地展示出来。上完课后，教研组会一起开会讨论，进行针对性的指导与反馈，并要求"评课讲真话，不要讲好话"，不走过场、"真刀真枪"上阵，年轻教师能获得成长，评课教师也十分认真，积极性很高。除此之外，中心校还经常组织兄弟学校集体备课，减少可能存在的教学差距。在跨学校教课、评课、总结反馈以及备课等完整交流体系中，打造年轻教师成长、年长教师提升的共同交流平台，用合作取代竞争，两所中学均运转良好,维持中等偏上的教学成绩。

由此可见,乡镇中心校作为承上启下、协调统筹的一线教育机构,能够在片区与生源协调、教研联合、教师流动与激励等方面发挥重要作用,保证乡镇内部教育均衡和协调发展。只要镇域内教育是稳定的、有效的,即使比县城学校稍差一些,也能为绝大部分农民家庭所接受,从而保证教育公平。

◎ 中心校发挥作用何以可能

随着城镇化进程的加速,乡村大量的生源和优质师资向县城流动,打破了既往相对平衡的城乡教育结构,极大加速了镇域教育的衰落和内部分化,乡村教师和学生家庭大都陷入一种"失败主义"情绪,缺乏进取和向上流动的客观条件与主观意愿。在这一背景下,全国大部分地区的中心校也随着乡村教育的弱化而功能受到挤压,城乡教育差距持续拉大,镇域教育陷入困境。

相比之下,湖南、山东等地的中心校(教委)还能较好地发挥统筹镇域教育资源、协调和管理辖区内学校的重要职能,那么,这些地区的中心校何以还能发挥作用呢?其中的关键就在于这些中心校还保留了教育管理的部分实质性权力,是镇域教育中有效的一级行政设置。事实上,农业税取消后,为了简化乡镇政府的行政架构和责任范畴，全国多地进行了"以钱养事"改革，取消了教育站、林业站、农技站等站所，教育站也划并到镇中心学校。随着"以县为主"的教育投入体制和管理体制的实行，县级教育部门在城乡学校布局和资源统筹中的权力不断突出，镇域中心校则完全边缘化了，不发挥实质性的教育管理职能，只作为县级教育部门的派出机构执行上传下达的工作。

尽管全国大部分尤其是中西部的乡镇中心校在教育体制中的位置已经非常边缘，但是湖南和山东等地却能够进行机制创新，在保留中心校体制身份的同时，赋予其实质的教育管理权力，使其在教师流动管理、生源配置以及日常的教学比武、讲课评课、学校业务教育中发挥积极且稳定的作用，而不只是简单执行上级部门命令的虚设机构。实际上，中心校作为乡村教育的一线管理机构，对本地的学校、教师、学生、社会、文化、自然条件等情况都非常熟悉，能够对镇域内的教育发展情况作出准确研判，相较于县级教育部门，更能有效和直接地掌握各类信息，并在此基础上对教育资源进行均衡配置和灵活调配。

可以看到，湖南、山东等地的中心校在不改变其体制规范和制度规范的前提下，被赋予较大的教育治理空间：一方面，能够自主地根据地方实际去平衡镇域内的教育资源，通过组织各种教学活动来激活学校的教学氛围和积极性,在现有条件下提升乡村公立教育的质量;另一方面,中心校也能够积极与县级教育部门进行互动,对不合理、不规范的教育管理决策进行有效反馈和建议,避免乡村教育资源向城区的无序流失。因此,中心校能发挥作用的前提是,其构成县域城乡教育体系中的一个重要的管理节点。依托这个节点,镇域内的教育资源能够保持比较稳定的教育层级,学校内部可以形成基本限度的教育规模,学校之间也可以形成相互借鉴、共同砥砺的良性竞争关系。

在教育资源集中、快速城市化的背景下,要有意识地保持镇域内教育生态,实现县域内教育资源的有效配置,而镇域内教育均衡是实现县域总体教育均衡的前提。在此目标下,中心校作为协调和统筹镇域内教育资源配置、发挥其在地化作用,直接对接学校、教师乃至学生的重要行政层级,可以根据不同镇域特征进行针对性的管理,具体问题具体应对,维持镇域内教育特色,实现镇域教育持续发展。实现镇域内教育均衡和教育水平提高,也是客观上缩小城乡教育差距的重要途径。

寄宿制：
城乡教育均衡发展的一个优势举措[*]

2021年，我们在湖南、湖北、河南三省九县调研发现，中西部的年轻父母对学校寄宿制均表达出强烈的需求，而目前大多数中小学校无法满足这一需求。

◎ **寄宿制需求空间**

随着县域经济发展和教育城镇化推进，以年轻父母为核心的双职工家庭对学校寄宿服务有着强烈的需求。一方面，正规就业的年轻父母难有足够的时间和精力来陪伴孩子，"现在的公务员天天加班，真没时间陪孩子"，"县工业园上班三班倒，孩子放学我上班，孩子上学我下班"；另一方面，青少年面临网络虚拟世界的巨大诱惑，稍有不慎便可能成为"问题少年"，这对家庭教育质量提出了更高的要求。

正是双职工家庭紧张的工作节奏与高质量的家庭教育之间

---

[*] 本文源自湖南师范大学历史文化学院孙敏的调查。

难以调和的冲突，导致家长对寄宿制产生迫切需求。如湖南某镇 F 中学 267 名学生中有 260 人选择住校，剩下 7 名未住校的学生中 2 人有智力障碍、5 人有家庭特殊情况。湖南某镇 X 中学共计 1912 名学生，有 1560 人寄宿，达到了学校可容纳的最高寄宿总量。这都表明当前县域城乡家庭的父母在寄宿制教育服务上有巨大的需求空间。

◎ 寄宿制优势分析

寄宿制学校具有以下几个方面的相对优势。

一是低成本的全托照料，有利于减轻家庭陪读和培训的经济负担。一方面，农村家庭依托寄宿制可以避免不必要的陪读，实现家庭劳动力最优市场化配置以增加收入。一位陪读妈妈表示："陪读看似很闲，但我们一天的时间是被切断的，早上送上学，中午要接回来吃饭，下午四五点又要去接人、做饭等，去上班不得天天迟到、早退！不是特别熟的人，是不会请我们这样的人来上班的！"另一方面，城市家庭依托寄宿制可以大幅减少非必要的校外培训费用。不少城市家庭的家长表示，将孩子送到校外培训机构并非为了提升成绩或培养兴趣，而是希望在培训机构老师和同学的陪伴下，让孩子放学后有"正儿八经"的事情可做。

二是节奏化的日常管理，有利于中小学生形成良好的生活习惯。在寄宿制学校，生活管理是学生教育的重要一环，每天起床、整理、早操、午休、吃饭、晚自习和就寝的时间都是被安排好的，加上现在中小学均采取相应措施严格管理学生手机，可以大幅改善学生在家晚睡导致白天上课精力不足等低效学习状态。可见，相对规律的寄宿生活，有利于中小学生养成良好的作息习惯。通过"课后校内"生活的有效治理，营造中小学生高效学习的环境。

三是可以最大限度地发挥同辈群体在现实中的陪伴作用。当学生的课外生活以学校为核心场域时，在与同辈群体的密集互动中，他们可以逐渐学会处理矛盾、构建朋友圈、融入集体生活等。农村中小学生对同辈群体的需求更为迫切。在教育城镇化和家庭少子化的双重影响下，农村学生的校外同伴群体越来越稀缺，有学生表示："放学后真的无人可玩！只能玩游戏！"从这个角度看，乡镇中心校的寄宿制既可以极大地减轻农村家庭祖辈照料孙辈的压力，又可以为留守儿童创造与同辈群体密集交往的机会。

四是能够尽可能地屏蔽不良家庭环境的影响，这对特殊家庭学生尤为重要。在中小学有一定比例的特殊家庭孩子，比如父母离异、父母双亡或者一方死亡、父母双方或者一方入狱或吸毒，还有家庭暴力等。寄宿制为这些孩子营造一个相对温暖、安全的生活环境，尽可能减少家庭给他们身体上或心理上造成的伤害。一位经常被父亲打骂的四年级小学生说："我就喜欢待在校园里，不想回家见到爸爸。我只要不听话，他就打我！有一次还把我的头按在水里！"这些特殊家庭的孩子更需要老师的关心、朋友的陪伴，来弥补或者代偿家庭不幸带来的消极影响。

◎ 寄宿制发展困境

尽管现在不少家长对学校寄宿有强烈的需求，但许多中小学校无法满足。究其原因，集中在以下几个方面。

第一，寄宿费用增加，学校不堪重负。按照相关政策要求，中小学处于义务教育阶段，学校只能收取专款专用的伙食费，寄宿生的其他生活成本则由学校负担。随着学生对寄宿环境的要求越来越高，空调、热水器、洗衣房等配套设施的开支呈扩大趋势，如何支付这部分费用是当前寄宿制学校面临的重要难题。以F中学为例，学校共有40间宿舍，虽然每间都配有空调，但一旦开启使用，就会产生每月近2万元的电费，学校难以负担，便只能禁用空调，对此学生和家长十分不满。

第二，管理责任模糊，教师压力巨大。寄宿制学校的教师普遍认为学生寄宿会给自己带来较大的压力，这种压力主要集中于对学生安全问题的担心。为了保证学生安全,上级部门要不断落实学校在校内安全管理上的主体责任。"走读学校的学生放学后,教师就可以回家,但在寄宿制学校,班主任几乎得24小时在校!校内要是出了什么事情,不管有理无理,学校总要担责,压力太大。"由于寄宿制必然带来学生在校时间的延长,由此带来的安全问题和风险进一步增加,在安全责任边界模糊的背景下,学校提供或扩大寄宿服务的动力不足。

第三,政策限制与寄宿制学校改扩建之间的张力。面对家长的强烈诉求,部分乡镇中小学和县城公立学校开始提供寄宿服务,但宿舍可用床位有限,只能满足少量学生的要求,"我们要新建学生宿舍楼太难了,既要有合适的土地可用,又要占用建设用地指标,还要配套各种设施如食堂、消防等,一旦上马就是系统工程,县政府一般不会轻易批准的"。不论是老旧宿舍楼改造升级,还是新批新建标准化宿舍楼,寄宿制学校经常遇到与土地、财政、规划、消防等部门相关的政策障碍。

第四,课后延时服务与寄宿制学校教学安排的冲突。寄宿制学校一般选择下午正常放学后再进行教学,晚上组织学生自习或辅导。但安排了课后延时服务后,要求教师不能教授文化新课,且可以收取一定的费用。一位寄宿制学校的班主任说:"有些家长借此要求学校给孩子提供更多社团活动或兴趣培养的机会,有些家长则更愿意让孩子学习文化课,毕竟中考、高考压力在这里。"而且,学生家长对于课后延时服务的购买能力的分化,也导致了不同的价值期待,这种分化给学校管理带来新的困难。

◎ 几点建议

针对上述问题,我们认为可从以下几个方面着手,在满足家庭需求的同时减轻学校压力。

一是基于学生流动的前瞻性预测,因地制宜分步骤、有重点地补充相关基础设施。在渐进式城镇化背景下,乡镇中心小学和中学一般能够保证基本的教学规模,在对本地区学生流动和流失进行前瞻性预测的前提下,最大限度地配齐配强寄宿所需的硬件建设,尤其是宿舍楼、食堂和必要的课外活动空间。

二是基于教辅分工的管理原则,量力而行分阶段、有计划地培养专任生活教师。通过财政补贴、技能培训等将学校生活教师职业化和专业化,依托精细管理制度明确生活教师与学科教师的职责范围。一方面通过引入专业生活教师来提升寄宿制学校生活治理效能,另一方面通过职责分工减轻学科教师的非教学工作负担。

三是基于有偿服务的市场原则,为家校共担"生活教育"成本提供政策依据。随着寄宿服务成为部分家庭的迫切需求,家长是愿意承担合理的寄宿生活费用的。政府应该给予寄宿制学校一定的政策支持,不能简单地以"义务教育阶段免费接受教育"为本本。义务教育阶段接受免费学科教育并不意味着必须接受免费"生活教育",地方政府和家庭可以共同分担必要的成本。

四是基于权责匹配的问责原则,在"生活教育"小概率事件中体现行政担当。学生在校时间越长,师生与生生之间出现冲突的概率越大。当校内发生小概率事件时,学校行政主管部门及相关职能部门应积极介入、禁止校闹、公正处理,警惕家校责任模糊化处理对教师积极性的打击。行政部门在家校冲突中敢于担当,有利于扭转教师权威弱化的趋势,让教师在课堂之外也敢教育学生。

县级政府为何热衷搞"教育新城"*

近几年在基层调研，我们发现"教育新城""教育新区"以及"教育工业园"等新词语不断出现在县级政府的建设发展规划当中。"教育新城"已经成为当前中西部地区县城建设与城镇发展的主流模式。

◎ "教育新城"抑或"教育兴城"？

所谓的"教育新城"，简单来说就是政府在已有的老城区之外，单独规划一块大面积的城市建设用地，然后在这块土地集中进行市政基础设施建设、汇聚优质教育资源以及推动房地产市场开发。

通过观察各地县级政府所开展的轰轰烈烈的"造城运动"，不难发现这一套"教育新城"模式的一些共性特征。

一是热衷于"教育新城"开发模式的县域大部分以中西部地区为主，并且多数是农业县。我们在湖北 5 县市调查时发

---

* 本文源自武汉大学社会学院易卓、袁梦、侯同佳的调查。

现，其中4个县市都规划了"教育新城"的总体建设项目，并已全部完成了新城建设，这表明，县级政府实打实地投入了公共财政资金和项目资金。

二是所有的"教育新城"建设都投资巨大、数额惊人。调研发现，"教育新城"的设计规格很高，政府投入的建设成本很大，新城整体的建设风格气势恢宏。例如，湖北W县从2013年开始规划建设"教育新城"，市政工程、基础设施、学校、医院、人民广场、休闲公园、文体场馆等各项总投入超过100亿元。地方官员自豪地说："我们'教育新城'的建设目标是50年不落后。"Q县在城西高铁线附近规划"教育新城"，计划投资30亿元。A市（县级市）近些年开展新型城镇化补短板项目，总计划投入600多亿元，其中政府公共财政投入就有近200亿元。

为打造"教育新城"，Y县政府目前已投入约13亿元资金，其中设计费为900万元，建设投资超过10亿元，目标是50年不落后。学校建设主要投资如下：幼儿园耗费1.8亿元，小学耗费1.7亿元，初中耗费2.8亿元，高中耗费3亿元，此外还有公路等配套基础设施。这意味着"教育新城"中一个学位的公共投入约为6万元。而Y县2022年在S镇新建一所小学，总花费1000万元，学位600个，这意味着乡镇学校一个学位的公共投入不到2万元。

三是大搞新城建设的县全部是人口净流出县，精致化的城市景观远远超出本地城乡居民的实际需求。如 W 县户籍人口约有 90 万，每年外出务工的人口就约有 30 万，县城常住人口只有 20 多万；Q 县总人口约有 95 万，常住人口仅约 70 万；A 市人口外流则更为明显，全市户籍人口约 143 万，每年外出打工人数近 40 万，城区常住人口不到 30 万。

四是大搞"教育新城"开发的县市地方财政相当薄弱。中西部县城普遍缺乏工业基础，无法形成最低限度的产业集聚，这意味着地方财政税收相当匮乏。我们调研的 Y 县、W 县、Q 县、A 市上一年的一般公共预算收入分别仅有 5.7 亿元、19.3 亿元、7.1 亿元、12.8 亿元，这与各县建设"教育新城"的巨额投资相比根本就不在一个数量级。

五是县级政府有意识地将教育资源向新城集中，以吸引农民进城。从 W 县政府了解到，当地规划的"教育新城"，仅新建学校就已投入公共资金约 13 亿元，预计增加学位近 1 万个。这些学校周围遍布房产，且全部被划为学区房，其中一所小学，投资近 6000 万元，增加了 2000 个学位，开始招生时只用三天就全部满额。A 市近些年也在紧锣密鼓地集中教育资源到县城。从当地教育局了解到，A 市总共新建和改扩建的学校有 10 多所，增加义务教育阶段学位 2.8 万个，据测算光土建成本就需要政府投入公共资金约 7 亿元。而全市每年投入乡村学校建设中的项目资金加起来不足2500万元。优质教育资源向新城集中吸引了大量农民进城买房，他们希望自己的孩子在"学区"内享受更好的教育。据统计，我们调研的这几个县城的房价普遍涨到了5000元／平方米，这意味着在县城购买一套商品房要花费60万元左右，很多农民为了进城供子女读书不惜欠债买房。

"教育新城"中新学校的建立除了需要投入基础设施建设外，还需要投入大量教师资源。从2017年开始，Y县教育局每年从乡村遴选抽调100多名教师进入城区学校，每个乡镇平均有10多位。遴选进城的绝大多数都是在乡村任教超过3年、有一定教学经验的教师，其中不乏学校的中坚力量和骨干教师。2021年县教育局准备从某乡镇中学抽调一名物理老师，该校校长强烈反对，因为该校总共就两名物理老师，抽调走一名之后连正常的授课都是问题。遴选之后，为了补充乡镇教师缺口，县教育局会通过"退一补一"政策、返聘退休教师的"银龄计划"以及每年向乡村倾斜分配新招教师等方式，在数量上重新平衡乡村教师资源配比。但是数量均衡并不等于质量均衡，乡村学校普遍反映在教学经验、稳定度、工作预期上，被遴选进城的教师明显优于新补充的教师。并且，大多数新招教师三年服务期满，获得了一定的教学经验后就会选择流入县城。

"教育新城"模式已经成为地方政府的一种政绩经营策略，

它通过把优质教育资源向城区集中,刺激农民的教育投入,诱导农民进城买房以为子女提供更好的教育机会。这样,一方面,可以通过刺激房地产经济获得土地财政收入;另一方面,所有的市政建设、基础设施投资都可以算作地方发展业绩,属于看得见、摸得着的政府考核政绩,可谓是一举两得。

◎ 建设"教育新城"的钱从哪里来?

依靠县级财政收入显然不可能支撑如此巨大的城市建设成本,而中央、省级政府拨下来的转移支付资金基本都投入"保民生""保基本"领域了,如"三农"资金、基本公共服务资金。建设"教育新城"的钱从哪里来呢?地方政府找到了平台融资这个筹钱捷径。

新城规划建设的同时,县级政府成立各类项目平台公司、城投公司、土地公司,这些国有公司都划归国资委管理。平台公司最主要的任务就是为城市建设进行融资,而主要渠道是银行借款、发行城投债及政府一般债。前些年城投集团以政府财政税收作保,与银行签订借款合同。在中央防范金融风险的政策出台后,银行只接受城投有潜在开发价值的土地作为抵押物,维持土地价值就成为获得融资贷款的关键。于是,吸引农民进城、刺激房地产经济成为最有效的土地保值手段。而要让农民进城买房,教育是最有吸引力的方式。

教育驱动农民进城以维持土地价值所撬动的融资规模相当可观。从多县城投公司了解到,政府每年给城投公司下达的融资任务一般在 20 亿～40 亿元,远超地方财政收入。可是,这些借的钱总是要还的,不仅要还本金,还要还利息。据测算,每个县每年光是还本付息的压力就在 20 亿元左右,这也就意味着地方政府搞"教育新城"开发所借的钱大部分都要用来还利息。在这个借新还旧的过程中,地方政府的负债情况就会不断恶化。我们调查的几个县中,政府欠债最多的有 125 亿元,最少的也有 70 亿元。这还没有计算隐性债务。

如此,地方政府的"教育新城"发展模式就会陷入恶性循环。一方面,地方政府为了发展政绩、打造县城工程,集中教育资源和财政资源进行新城区建设,并利用平台公司融资获取城市建设资本。农民大量进城对城区公共服务产生巨大压力,倒逼县级政府不得不继续集中公共服务资源并借款建设。另一方面,地方财政匮乏使得政府不可能依靠自身财力来还本付息,就只能不断借钱来"拆东墙、补西墙"。想借钱就要吸引农民进城买房以维持土地价值,就得继续依赖"教育新城"开发模式。如此一来,城乡教育差距和教育资源配置越来越失衡,农民压力越来越大,不得不进城买房,而地方政府债台高筑,只能维系"借款建设—推动农民进城—维持地价融资—还本付息—继续借贷建设"的恶性循环，金融风险系数陡升。

◎ "教育新城"模式蕴含的风险

在"教育新城"模式中，县域教育供给依托于地方财政资源、家庭教育资源和乡村教师资源的集中投入。这种集中打造的发展模式，虽然在短期内助推了县城的发展繁荣和教育质量的提升，但实际蕴含着财政危机、社会公平失衡和家庭焦虑加剧的风险。

第一，地方政府高额的财政投入依靠城投融资，但由于缺乏可持续还款能力，极易形成地方隐性债务，带来潜在财政危机。Y县城投每年的主要工作就是完成融资，目前其融资主要依靠新区80%的土地使用权。但是目前城投公司每年的收入只能支付利息，这意味着本金化解只能依靠地方政府财政划拨，而地方政府财力根本无法支持，由此地方财政隐性债务形成。Y县财政收入每年不到30亿元，可用资金不到20亿元，只能维持县域的基本运转，而这几年形成的隐性债务有80多亿元。

第二，"教育新城"以抽取乡村教育资源为前提，拉大了城乡差距，带来社会公平失衡的风险。Y县最好的中学一直以来都是F镇中学，这几年却变成了"教育新城"的C中学。F

镇中学中考成绩从 2001 年到 2019 年都是全县第一，2020 年中考成绩下滑到第三名，2021 年到第四名。F 镇属于远离县城的中心镇，人口相对比较聚集，学生流失并不多。F 镇中学校长认为学校成绩的下滑与城区学校大规模从乡镇中学遴选教师有直接关系。自 2017 年开始，F 镇中学每年遴选到县里的教师平均有 5 人，其中包括 1 名学校领导和 5 名骨干教师，这对 F 镇中学的师资力量造成了不小的冲击。实际上乡镇中学的发展普遍如此，2019 年以前 F 镇中考成绩能进入全县前十名的中学有 4 所，2021 年就只剩下 F 镇中学 1 所。

第三，"教育新城"作为县域教育系统中的教育高地，抬高了家庭教育预期，制造出家庭卷入激烈教育竞争的机会，激发出普遍的家庭教育焦虑。在"教育新城"的吸引下，为了让孩子接受更好的教育，越来越多的家庭选择进城买房，县域城镇化规模不断扩大。2017 年 Y 县城镇化率为 39%，2020 年增长到 45%。每年从乡村进入县城的学生数不少于 2000 人。但是，当教育进城成为一种普遍潮流，就会在乡村社会形成以进城为标准的教育竞争状态，给大多数普通家庭带来巨大的教育焦虑。同时，农村家庭进入县城后，还将面临与经济条件更好的县城家庭的竞争，更是加剧了县域社会的竞争强度和农村家庭的竞争压力。

◎ 县域城镇化发展中教育公共服务应如何供给

鉴于"教育新城"模式中县域教育公共服务供给的高成本及蕴含的风险,当前在县域教育公共服务供给中应立足实际,注意以下几点。

第一,合理配置教育资源布局和发展层级,避免因对县城过度集中投入而拉大城乡差距。例如,可以在义务教育阶段优先发展"乡校模式",即将公共教育资源向乡镇一级学校集中投入以保障乡村教育服务供给。在"乡校模式"中,乡镇学校由于具有一定的学生规模,也能汲取乡村社会资源,因此有助于降低公共服务供给成本,提高教育资源效率,降低农村家庭教育焦虑,保持稳定均衡的城乡教育结构。

第二,警惕城镇化发展被资本力量裹挟,防止形成激进的城镇化和高成本低质量的公共服务体系。由于财政实力有限,地方政府在推动城镇化发展时通常需要引进资本协同开发,包括建设房地产、发展私立教育等。但在开发过程中,资本很可能会通过各种宣传策略以制造需求、抬高期望,使家庭支付高额的公共服务成本,加剧家庭教育焦虑。

第三,控制整体城乡教育体系过度竞争和汲取现象,为县域社会稳定均衡发展提供外部环境基础。当前整个社会教育竞争愈发激烈,整个城乡教育体系中,大城市对小县城、县城对乡村的资源汲取现象日益严重。某种程度上，县城建设"教育新城"也是在教育资源短缺、外部汲取严重等背景下，为集中教育资源、优化教育条件、提高教育质量而采取的措施。因此，要低成本高质量地提供县域教育公共服务，就需要改变教育体系中过度竞争的现象，控制市对县、县对乡等各层级之间的过度汲取。

"县管校聘"政策的实践悖论*

留住有经验的乡村教师,是实现城乡教育均衡发展、教育服务乡村振兴的重大举措。但是,当前许多地区实施的"县管校聘"政策却加剧了乡村教师流失,加剧了县域城乡教育失衡,也不利于乡村教育为乡村振兴提供智力支持。

"县管校聘"政策的初衷是为了打破教师的单位人身份限制,在激活教师积极性的同时,实现教师资源在县域范围内的均衡有效配置。我们在河南、安徽、湖北等地调查发现,"县管校聘"在实施过程中背离了政策初衷和农民需求。具体表现在,单方面强化县级统筹,大量乡村教师被抽调或选拔进县城学校,最终造成城乡教师资源配置的严重失衡。

在河南 X 县,地方政府通过"两补一调"政策,从乡村公立学校抽调特岗、支教教师补充进县城学校。截至 2018 年,已抽调总共 660 余名公办教师。仅 2018 年,就向县城 A 中学抽调了 23 人、B 中学 13 人、C 中学 30 人。

在湖北 C 县,地方政府通过定期招考,从乡村学校选拔

---

* 本文源自西安交通大学人文社会科学学院王旭清的调查。

优秀教师进入县城新办的九年一贯制学校。据了解，这所学校2018年建成后，连续三年从乡村中小学招考有5年及以上工作经验、教学成绩优秀的教师，每年选拔100名左右。

在安徽P县，青年教师服务满5年后可以考入其他区县，但5年内在本区县流动没有明确限制。J镇中心校校长反映，2022年全镇减少20名教师，其中，退休10名、调出4名、考走6名。中心小学流失4名30岁以下的教师，乡镇中学流失4名35岁以下的教师。调出的教师中有多名是在中心校校长不知情的情况下被调走的。

在"县管校聘"政策下将大量乡村教师引入县城，造成了如下问题与后果。

第一，乡村教师短缺，乡村学校教育教学组织困难。河南X县M乡中学2013年一次性抽调走30多名教师，2018年又调走2人，考走8人。现在全校教师编制68人，实际在岗只有30人。在教学上，原本七年级152名学生，分成三个班，但由于教师分工不均，合成了两个班，后来又合成了一个班。湖北C县H镇2020年招进14名教师，流失50多名教师。中心校校长表示，现在乡镇还缺至少30名教师，为了维持正常教学秩序，只能临时聘请50多名教师。

第二，骨干教师流失，乡村教育质量难以保证。安徽P县J镇中心小学副校长说："我们学校成了给城里培养老师的基地，好不容易培养了一个优秀老师，说走就走，直接打击我们的积极性。"J镇中学校长表示，骨干教师流失会直接影响中考成绩。学校没了口碑，学生也会流失，很难保证办学质量。河南X县M乡中学的情况更加严峻：地理老师教数学，校长应急教历史，英语已经停课。校长说："三个年级23门课，只有22个老师干活，还没有数学老师，历史老师和英语老师又外出培训，我能怎么办？看看这些学生，是真可怜，一个个就像没人管的小野兽一样。"

第三，农村学生大量进城，城区教育资源被严重挤兑。河南X县M乡中学校长反映，2018年该乡六年级毕业生有500多人，七年级入校时只有152人，到八年级只剩120多人。安徽P县J镇小学生总数为2000多人，实际在本地入学的不到1200人。2020年全镇六年级毕业生总数为167人，就读本镇中学的只有91人。与乡村学生流失相对的，是县城学校的爆满。X县城区HJ小学，二年级每班有80多名学生，3~4人共用两张课桌椅。城区两所私立寄宿制中学，初中学生数分别达到了5186人、3098人。湖北C县的城区实验小学，五、六年级每班多达80多人，只能通过不断抬高入学门槛来控制低年级学生数。

第四，教师资源配置失衡，城乡教育差距拉大。乡村优质师资大量进城之后，学生也大量流失。在现行编制核定规则下，出现了城区因学生增多而缺教师、乡村因学生减少而教师相对富余的吊诡现象。比如，河南 X 县 T 乡中学实有教师 87 人，学生 812 人，师生比为 1:9；县城 MY 中学实有教师 210 人，学生 5200 人，师生比高达 1:24，反而比乡镇中学更缺老师。而这又会成为教师进城的合理理由，更进一步加剧教师资源在城乡之间的实质性失衡。不仅如此，这一流动还将直接造成优质师资与生源不断向城区集中，城乡教育差距因而被不断拉大。

通过"县管校聘"将乡村教师大量引入城区学校，反映出地方政府将基础教育问题单纯地视为集中办学的问题，忽视了背后的农民问题和社会公平问题，也忽视了城乡二元的教育结构对农村学子的保护性作用。对此，建议如下：首先，应明确城镇化中乡村学校的基本定位，将乡镇学校（乡镇中学、中心小学）作为为农家子弟提供优质基础教育服务的主要阵地；其次，着重解决乡村教师食宿问题，通过实际福利吸引和留住乡村教师；最后，通过稳教师来稳生源，维持乡村学校基本规模，保护乡村学校教育教学秩序。在数量上，应确保乡村教师流入和流出之间的基本均衡；在流速上，应通过限制服务期与服务区域来控制乡村教师的流动速度。

民办学校的优势与限制[*]

2003年左右，我国民办学校开始在全国各地蓬勃发展，吸收了大量幼儿和中小学生。民办学校拥有自身发展的独特优势，依靠这些优势迅速占领了部分教育市场，同时，因自身属性和政策限制，民办学校也面临着种种发展掣肘。由于民办学校在发展过程中带来了一些不良后果，国家出台了相关政策进行纠偏，但是民办学校不会完全消失。因此，探讨民办学校如何更好地为我国教育事业服务就尤为必要。

◎ 县域民办学校发展迅速

我国民办学校近20年的迅猛发展，主阵地在县乡村三级，服务对象主要是来自乡村的孩子，目前数量最多的是民办幼儿园，小学和初高中民办学校也与日俱增，吸收了大量生源。2018年我们在桂东南B县调研时探访了三所民办学校，分别是X幼儿园、F小学和Q学校。尽管学段不同，但发展有相

---

[*] 本文源自中南大学公共管理学院雷望红的调查。

似之处，其成功与挫折呈现出民办教育发展的一般规律。

X幼儿园由刘园长（1987年出生）于2008年在母亲的支持下投资创办。幼儿园发展经历了两个阶段。第一个阶段是2008年至2015年在街上租房办园的阶段，其间多次搬家。2008年只有70多名学生、4位专任教师，后来因幼儿园名气增大，学生人数逐年增长，到2015年发展到200多人。第二个阶段是2015年搬至新建幼儿园至今。2015年刘园长投资100多万元新建了三层保教楼，购买3辆校车共计60万元，学生人数增长到310人，有4个年级8个班、18位专任教师。X幼儿园所在的乡镇，总共有28家幼儿园，其中25家是民办幼儿园，仅3家是公办幼儿园，另有5家幼儿园已经倒闭。

F小学由李校长于1998年创办，投资人为李校长的姐夫，此人读过高中，曾经做过几年代课教师，后来做生意赚了一些钱，遂拿出一部分资金投资办教育。1998年创办时只是一所幼儿园，2002年开办小学。李校长1998年至2012年担任校长，随后由投资人的儿媳妇张某接任校长。最初创办小学时，学生人数不多，2002年至2003年有200多人，2004年由于推行了免费义务教育，学生人数降至60多人。目前，小学部有学生602人，幼儿园有学生278人，教师共50人。F小学在全镇闻名，在全县341所学校中，该校最好成绩可以排到第15名。

Q学校是完全中学，于2003年由商人官某牵头联合投资建校，最初投资3000万元。学校发展以2013年为节点，2012年实行网上填报志愿招生，对高中学校实行分等级招生以后，该校的高中生源急剧下降，作为第三等级的学校，高考成绩一年不如一年。2009年该校招收学生2300人，一直维持到2013年，现在学生人数下降至1800多人，其中高中生600多人、初中生1100多人。Q学校现在面临着发展困境：一是高中发展乏力，每年高考几乎没有考上本科的学生，初中还能够勉强维持，但早已不如当地最好的BX中学；二是创办人因房地产业不景气，影响了对学校的资金投入，在教师福利待遇、学生奖励激励措施、学校建设上的投入都减少了很多。因此，学校面临着较大的发展瓶颈和挑战。

上述三所民办学校都是自主投资办学，政府的扶持力度小，对于学校不规范的操作也多是模糊处理，学校建设发展的自主性强。对它们而言，学校发展既获得了一些内生优势，同样也面临着难以突破的瓶颈。

◎ 民办教育发展的独特优势

民办学校有着独特的发展优势，主要表现在财务支配权、人事管理权、生源选择权、班级分配权、学校发展权等方面，为民办学校的崛起创造了空间。

财务支配权

学校发展的关键是管理好教师与学生,学校拥有财务支配权的意义在于,一是可以利用较高的工资待遇吸引优秀教师,可以通过各种奖励制度吸引优秀学生。Q学校在创办初期,为了吸引优质教师充实教师队伍,会到全国各地优秀的师范院校招聘教师,开出的工资高出市场价3倍。这一工资水平也吸引了当地一部分公立学校的优秀教师。

X幼儿园可以根据幼儿园发展的需要招收年轻女性。尽管该园的工资待遇与当地其他行业相差不大,但园长会经常组织活动,比如带教师们去唱歌、野炊、旅游等。由于教师的各类福利比较多,年轻教师们对于学校的感情也比较深,愿意为幼儿园发展尽职尽责、出谋划策。当地流行小朋友的一句话,可以反映出公私立幼儿园的差异:"我们要年轻阿姨教,不要奶奶教。""奶奶"是指公办幼儿园里年纪偏大的公办教师,因其在公办中小学里教学能力跟不上而被分配到幼儿园教学。

Q学校为了招收好生源,到各个乡镇招揽优秀学生,各乡镇小考前10名的学生,3年学费全免,且在每学期考试后,分年级设置奖学金:一等奖5名,各奖励2000元;二等奖6

名，各奖励1000元；三等奖9名，各奖励500元。另设有单科奖，单科状元奖励500元。由于该校成绩优异的学生多数家境贫寒，这笔奖学金对于他们的激励意义非常明显。

二是可以利用资金自主支配权设置绩效工资奖励，用于调动教师竞争和教学的积极性。F小学出台了清晰的教师管理制度，通过量化管理评分设置奖金奖励教师。比如期末学术奖，具体制度如下：以达标分为最低分，每项最低奖金60元，每提升一个5%（或5分）加奖金20元，最高奖金为120元；以上期成绩为基础，每提升一个5%（或5分）加奖金20元；以达标分为基础，每下降一个5%（或5分）倒扣奖金20元，上期成绩不达标，本期成绩在上期成绩的基础上每下降一个5%（或5分）倒扣奖金20元；一至三年级第一期以达标分为准进行奖惩，每提升或下降一个5%（或5分）加奖金或倒扣奖金20元，最高奖金为100元；六年级毕业学期，按学校期终和毕业检测两次成绩进行奖励；不得在工资上扣除学术奖金；不能跨班倒扣奖金；对有作弊行为（期终检测考试、评卷）或期末评卷有查卷行为的，取消学期奖金和评先进资格。

该条例以及其他制度对于调动学校教师的积极性意义极大，F小学的教师各个抢着干活，且教师队伍非常稳定，该校小学部教书超过8年的教师接近20人。

人事管理权

民办学校的教师队伍要依靠自身解决,享有人事管理权意味着学校可以按照自己的需求招聘教师。公办学校面临着教师资源补充不匹配的困境,即学校需要音乐教师,但补充过来的可能是语文教师,且经常面临补给不充分的问题。但民办学校在招聘教师时,完全可以按照自己的需求进行招聘,需要哪科教师就招聘哪科教师,既可以招聘综合型教师,也可以招聘专业型教师。同时,也意味着学校可以最大化地使用教师。公办学校普遍存在教师激励不足的问题,学校校长难以调动教师的教学积极性,但民办学校可以依靠激励制度调动,如果调动不了,学校可以解聘教师,重新再招聘。教师要想留在学校继续从教,就必须服从学校的管理规定。民办学校拥有人事管理权,能够最大效率配置和调用教师资源。

生源选择权

生源选择权主要是指民办学校有权利选择接收哪些学生、不接收哪些学生入学。生源选择权的意义在于,学校为了自身发展考虑,可以拒绝接收那些可能会产生安全隐患和破坏作用的学生入学,可以在学生违纪违规屡教不改的情况下勒令其退学。在有些公办学校,由于学生管理制度日益完善以及对未成年人的过度保护,学校失去了管理学生的部分手段与条件,不敢惩治越轨学生，更不能开除学生，以至于教师被调皮学生折腾得劳累不堪。

民办学校在招收学生时有自身的优势。一是可以有条件地筛选。Q 学校和 F 小学在招生时都会进行简单的面试，Q 学校会面试小考分数低于 200 分的学生，考察他们的行为习惯、言谈和为人处世能力，学校会拒收太调皮或没有学习动力的学生，避免他们拖后腿。二是可以开除违规违纪的学生。比如某校初三学生宾某利用帮老师拿东西的机会进入老师办公室，偷盗老师的手机，被发现后认错态度还不好，学校给予他劝退处分。对于影响学校风气的学生，学校可以采取强硬措施进行处理。

班级分配权

班级分配权是指学校在分配班级和师资力量上的自主权。当前，教育部门提倡均衡分班以推进教育的均衡发展，但在应试教育的大环境要求下，均衡分班的效率有时不如分类管理的效率高，教学成绩会受到一定的影响，尤其是乡村学校因生源质量差异大而受到的影响最大。民办学校可以不执行或部分执行教育部门均衡分班的要求，明面上将学生均衡分配至每个班级，实际上设置了实验班和普通班，在不同班级的师资投入上有所侧重，由此确保学校快速高效地提升教学成绩。

学校发展权

学校发展权是指学校确定发展方向和发展目标的自主权。公办学校的发展方向由教育部门指定，上级要求按照应试教育办学就得照此发展，要转向素质教育办学就必须立马转向。对于民办学校而言，学校发展方向的确立与学校创办人的理念相关，也与学校发展的整体利益相关，民办学校会根据市场需求（主要是家长的要求）判断学校的发展方向和营利点。比如F小学在乡镇，就依靠学生成绩作为学校发展的亮点，以各种方式激励教师的积极性以提高学生成绩，但学校基础设施建设严重不足，学生学习环境和教师办公条件非常差。Q学校在县城，主要依靠素质教育办学作为学校发展的优势，学校基础设施建设非常齐全，20年前是全县建设最好的学校，至今仍不落下风。且学校依靠各种丰富多彩的活动推进素质教育，学生在学校里能够受到培养和锻炼，因此受到城市富裕家庭的青睐。

民办学校依靠上述发展自主权，能够在教师招聘、学生招收、师生管理、成绩提升等方面获得相应的优势。相比公办学校日益行政化和低效化的倾向，民办学校利用上述优势可以获得一定的发展。

◎ 民办教育发展的自身限制

民办学校作为自负盈亏的独立法人出资办学，同样需要自主承担学校的发展压力。民办学校的发展压力至少表现在三个层面：一是资金压力，二是教师稳定压力，三是招生压力。

资金压力包括学校基础设施建设、校舍维护和改善、教师工资开支等方面的压力。一般民办学校的基础设施建设的起点高，意味着学校在维修、管理、改善上的成本也会相对较高，而民办学校教师是聘用制，如果学校不能提供比市场劳动力更高的工资，教师流失的可能性就比较大。

教师稳定压力来自三个方面：一是工资待遇方面的压力，如果工资不能适时提高，就会引发教师不满甚至离职；二是教师工作压力，民办学校作为类企业组织，在教师使用上奉行效率最大化原则，民办教师普遍比公办教师更累、压力更大；三是聘用教师没有编制保障的不安全感，许多年轻教师应聘到民办学校积累经验之后，就考编到公办学校，寻求比较稳定的工作环境。

目前，Q 学校由于创办人的房地产项目不景气，学校的现金收入要用于填补房地产项目发展，导致学校建设和教师待遇改善不足，影响了学校的长足发展。F 小学虽然教师队伍稳定，但学校因担心流失问题不敢招聘年轻教师，产生了老教师教学活力和后劲不足的问题，在知识的更新上存在一定的困难。

招生压力是学校发展自始至终最为重要的问题，学校没有足够的生源就无从发展，因此从办学起，学校就必须设法吸引生源。公办学校由于有国家政策性保障以及多年累积的社会信任，招生问题不大（乡村学校学生流失是另外的问题）。民办学校要从公办学校争取生源，就需要拥有足够的实力和影响力。

民办学校的招生困境在于，它们难以招收到优质生源，因为优质生源一般都会选择当地最好的公办学校。它们可以招收到一些富裕家庭的学生，但这些学生往往管理难，且会影响学校风气，有可能使得更多的人不选择该学校。所以民办学校在招生中始终需要在两难中进行平衡。随着社会经济的发展，优秀学生的家庭一般也不再贫困，民办学校对于农村优秀学生的奖励不再有吸引力，学校在招收优质生源上的难度不断加大。

◎ 我国民办教育发展的本土化

我国民办教育是伴随着社会转型时期公办教育发展不足而家庭对于优质教育的普遍追求（更好的基础设施、更好的教育环境、更优的教育质量）发展起来的，学校创办者多为投资办学，有很强的营利需求和冲动，学校发展需要在营利和教育两重目标之间进行权衡。在这种情况下，我们就必须反思我国民办教育发展的本土化问题：一是是否要大力推广，二是民办教育要解决什么样的问题，三是民办教育如何生存。

回答第一个问题，需要明确的是，就读民办学校需要支付一定的学费，学校越好，支付的学费越高。如果大力发展民办学校，就意味着享受教育资源的层次将与经济层次等价，处于经济上层的人能够享受到较好的教育资源，而处于经济底层的人只能接受较差的教育资源。大力发展民办教育的风险在于：一是抑制和冲击公办学校的发展，使得学校的公共性和公正性丧失；二是教育会造成阶层的区隔，抑制阶层流动，从而产生底层失序的风险。从中国的社会结构来看，底层人数众多，如果大力发展民办教育，将可能制造出底层危机。

回答第二个问题，需要结合当前我国城市化的状况与教育发展的状况来看，民办教育的优势在于作为市场主体，具有很强的市场嗅觉和敏锐力，能够把握不同群体的教育需求。就当前来看，民办教育能够解决也能适当回应留守儿童、地方财政不足导致的办学投资不足等问题。民办学校正是借助家庭教育资源匮乏、家庭教育需求旺盛和政府财力不足等问题谋取空间才得以发展起来的。

第三个问题涉及民办教育长足发展的考虑。现在能够持续发展的民办学校并不多，许多学校在资金链断裂或教育部门出台某项政策后，就丧失了发展后劲，甚至面临着倒闭的风险。结合上述第二个问题，政府可以考虑引导民办学校良性发展，通过政府与社会力量联合办学，利用民办学校解决当前家庭和政府所面临的一些实际问题。政府对民办学校实行一定的监管，并给予一定的政策扶持，使民办学校既能够为社会解决问题，又能够通过社会认可和办学收益获得长足发展。

民办学校的"狂飙突进"与策略主义 *

近年来,各地民办学校发展势头迅猛,民办教育作为公办教育的制度性补充,有着自身的发展轨道与实践逻辑。就我们在湖北、河南、广东等地的县域调研来看,基础教育阶段的民办学校在生源结构、教师动员、社会声望、教学业绩以及发展势头等方面,普遍都要超过同等办学层次的公办学校,"公退民进"成为当前全国基础教育生态的共同趋势。然而,深入各地学校调查时会发现,民办学校往往采取许多策略主义行为来为自身积累隐性优势,这导致教育资源流动配置失衡,公、民办学校之间的差距被进一步拉大。

◎ "狂飙突进"的民办学校:行动与策略

2018年5月,我们在广东东莞某乡镇的几所公、民办学校调研,发现二者在招生策略、办学行为与教学管理上均有非常大的差异。就招生过程而言,民办学校有着明显的"掐优清

---

* 本文源自武汉大学社会学院易卓的调查。

劣"的策略性导向。例如一所2016年成立的九年一贯制民办学校，2022年刚刚招收第一届初一新生，两个班共有80名学生。该校的杨校长直言不讳地表示，这些学生都是参加了学校自主命题的考试，从2000人中择优筛选出来的，"一定要挑选最好的学生"成为民办学校招生的第一准则。

不仅如此，一些民办学校还会在平时的教学过程中不间断地对学生进行"过滤"，劝退不太好管理的或者成绩比较差的学生。东莞市是外来务工人口净流入地区，本地与外地人口结构倒挂，地方政府为了解决外来人口随迁子女的教育需求问题，统一要求公、民办学校以积分入学的形式进行招生，但是在政策的具体执行过程中，民办学校还是有很大的策略性空间。"总有办法把我们不想要的学生给挤出去。"一位民办学校的老师如是说。不按时通知学生家长交学费就是方法之一，尽管学生符合积分入学的条件，但如果在一个学期的"试用期"中表现不佳，该民办学校就会故意拖延缴费通知，待家长反应过来，学校就以招生名额已满为由将其拒之门外，让学生去当地公立学校就读。我们在湖北某乡镇调研时也发现，当地一所私立小学可以通过策略主义行为来控制生源质量，例如学校在开学时跟家长保证不用担心学生转学籍的问题，而如果需要拒绝成绩较差的学生，则以不能从公立学校转来学籍为由拒绝学生入学。

民办学校的策略主义还表现为办学过程中显著的应试化倾

向。素质教育和"减负"是我国基础教育领域全面深化改革的基本方向,但民办学校由于自身办学行为的灵活性和自主性,一般不会严格执行国家教育政策,而仍然坚持应试教育的办学方向。民办学校在办学行为上的应试化倾向主要指三个层面。一是引入高强度的学习竞争机制。通过高频次的考试、检查、排名等方式强化学校的应试取向,全面调动师生的竞争心理,通过对学生和老师的所有时间与精力进行精细规划,在全校塑造笼罩性的压力氛围。一位公立学校的班主任告诉我们,当地有一家心理专科医院,专门接收和治疗一部分因在民办学校高强度学习而产生应激性心理障碍的学生。这位班主任还举了自己班上从民办学校转过来的一个学生的例子,该生因之前过强的学习竞争压力完全无法正常上学,只要被家长送到校门口就会崩溃大哭、紧张退缩。二是民办学校对成绩的过分操控与消费。民办学校会牢牢抓住家长希望快速提高学生成绩的急切心态,把考高分当作自己的宣传重点,其中还不乏一些违规操作。在东莞调研时一所公立中学的校长向我们介绍,该市有一个实力雄厚的私立教育集团,在总分 750 分的中考中,其学生平均分能够达到 680 分,比公立中学的高出 120 分左右。这位校长无奈地表示这是违背教育规律的,之所以能出现这种情况,是因为该学校既能够大张旗鼓地搞应试教育、强化学生的知识性学习、提升学生的应试能力,也可以通过各种渠道提前押题，本地人称之为"拿料"。同时该学校还会鼓励成绩差的学生放弃参加中考，让几乎没有学习能力和兴趣的学生去做家长的思想工作，争取提前毕业，以免拉低中考平均分而毁了学校的金字招牌。三是不断刺激家长的教育焦虑。民办学校更懂得如何与家长博弈。与公立学校的免试就近入学不同，民办学校招生是典型的市场化行为，只有刺激家长的教育需求，才能够稳定地招到生源以获得经营收益。无论是在校内还是在校外，民办学校都会以教学成绩为宣传导向，将其作为衡量学校教育质量的标杆，甚至在学生和家长群体中推行一套话语体系，污名公立学校既无活力又无质量，从而将自己凸显出来，引导家长选择民办学校。

◎ 民办学校为何多策略主义

民办学校为何要有如此多的策略主义行为？这些行为是如何施行的？其策略主义取向的办学行为又会产生什么样的后果？这里有几个问题值得讨论。

一是民办学校策略主义行为产生的客观背景。在民办学校发展之初，其法人属性和产权归属不明，造成政府的教育管理措施难以落地，民办学校具有独立的财产权、人事权和管理权。进一步而言，民办学校为了能够积累相较于公立学校的比较竞争优势,就必须在生源和师资上进行策略性筛选,不断突出自身的教学成绩来吸引学生入学。这本身是可以理解的,但是,如果这些策略主义行为不断游走于灰色地带,就会持续拉大公办学校与民办学校在教育资源配置上的差距,不仅会带来社会公平风险,还会扭曲基础教育生态,产生极端的应试教育问题。

二是民办学校的策略主义行为一定程度上被地方教育主管部门默许。在教育政绩的驱动下,升学率、优分率仍是地方教育主管部门的心头大事。在国家要求执行素质教育和"减负"政策的背景下,公立学校需要平衡素质教育和应试教育,在日常的办学过程中必须严格遵守制度规范,在许多方面都被上级部门仔细监管。民办学校则可以相对自主地开展应试教育,以提高学生成绩为核心目标。如此一来,在地方教育生态中,无论是地方政府还是学生家长都会越来越依赖民办学校,换言之,民办学校的策略主义行为就会有更大的发挥空间,并相对于公办学校而言承担更小的政治风险。

三是教育是作为目的还是作为手段。民办学校的种种策略主义行为背后是将教育作为手段而非目的。尽管民办学校在成立之初,由于缺乏财政支持、发展困难,采取一些招生和办学的策略情有可原,但是,一旦发展壮大以后,民办学校还是延续既有的策略主义行为,就会打破地方的基础教育生态,不断吸附优质的教育资源,削弱公办学校与民办学校之间的教育均衡。国家出台的民办教育分类管理办法,也会在地方政府对民办教育的依赖中流于形式,最终可能造成义务教育阶段实质性的教育不公平。

为何有些农村地区不重视教育：
落后地区与发达地区的不同 *

教育是实现家庭发展和流动的重要渠道。近年来，随着教育竞争越来越激烈，优质教育资源越来越向城市学校集中，越来越多的农民家庭倾向于将子女送到城市上学，尽可能为子女提供更好的教育资源。大部分农民家庭不再认为教育主要是靠子女自身的努力，而越来越意识到，家庭的教育投入及父母对子女教育的关注度，对子女的成长也至关重要。因此，当前农民家庭对待教育的总体趋势是，父母对子女教育越来越关心，在子女教育上的经济投入和时间投入越来越多。然而，我们在调研中也发现，一些农村地区仍然不太重视教育，在教育问题上持佛系态度。

◎ 贵州山区农村：顺其自然的教育观

2020 年我们在贵州山区调研，发现当地农民家庭普遍不

---

* 本文源自南开大学周恩来政府管理学院李永萍、武汉大学社会学院罗茜的调查。

重视子女教育，其教育观呈现出如下几个特点。

第一，父母对子女有选择性地培养。父母对子女教育的投入主要取决于子女的教育潜力。如果子女在小学阶段成绩优异，父母就会认为这个孩子是读书的料，在其教育上就愿意投入和付出更多。反之，如果子女在小学阶段成绩很普通或很差，父母就会认为这个孩子天生不是读书的料，无论怎么培养都不会有太大改变，在心理上实际已经放弃了对他的培养，因此不会在他身上投入太多时间和精力。我们在铜仁市某村调研时就遇到很多类似的例子。例如，当地农村家庭如果有子女上高中，父母陪读的就比较多，小学和初中阶段陪读现象则相对较少。在父母看来，子女考上了高中，尤其是重点高中，就有很大希望考上大学，因此很多家庭都愿意在高中阶段陪读，好好培养子女考大学。如果子女在小学时成绩优异，父母就会考虑将其送到城市学校；反之，如果子女成绩一般，即使家庭有经济条件，也不愿意将子女送到城市学校。

第二，父母在子女教育上不愿意冒风险。教育本身是一项长线投资，同时也是风险投资，其结果具有一定的不确定性。在贵州山区农村，父母一般要看到子女有希望通过教育走出农门，才愿意在子女教育上投入更多。例如，我们调研的C中学近年来在当地口碑不好，每年能够考上普高的学生不多。以2020年为例，当年该校有133个毕业生，但只有50个左右考上普高,其余大部分进入职高或直接流入社会。在调研中我们问及很多初中生的父母,有没有考虑过将子女送到城市更好的学校入学,大部分父母的回答是否定的,有父母说:"万一送过去之后不行呢?"可见,在没有明确看到子女有机会考上大学时,当地大部分父母不愿意在子女教育上冒险投资。然而,教育本来就是风险投资,如果父母不愿意冒险,子女通过教育走出去的机会就更少了。

第三,父母在子女教育上普遍采取顺其自然的态度。当地父母对子女的教育通常都不强求,不过度介入,大多数时候都遵从子女自己的意见。例如,在是否要报培训班或补习班方面,父母要征求孩子的意见,如果孩子愿意就报,不愿意就不报。

总体来看,贵州山区农村农民家庭的教育观仍然是比较传统的教育观,父母在子女教育上不过度介入,成绩主要看子女自己的努力。这种教育观的形成和维系和以下三个因素有关。

首先,当地"80后"和"90后"等年轻父母的教育观并没有完全转型,与上一辈的教育观类似。在很多农村地区,农民家庭教育观念的转型主要开始于"80后"和"90后"的年轻父母。除了考上大学之外,大部分"80后"和"90后"在初中毕业或高中毕业之后就进入全国劳动力市场打工,他们在此过程中亲身体验到了学历低给自己带来的影响,因此希望通过教育改变子女的人生轨迹,让子女不要再复制自己的人生。

然而，与全国其他农村地区相比，贵州山区农村的"80后"和"90后"进入全国劳动力市场并不充分，市场化和城市化对其观念改造并不明显，因此他们在教育观念上仍然秉持传统的教育观念，对子女教育不是特别重视。

其次，山区农村的教育反馈比较弱。教育反馈主要是指农民是否能够及时感知到教育对个人及其家庭带来的改变。当教育反馈比较强时，农民家庭对教育通常更为重视；当教育反馈比较弱时，农民家庭对教育通常没那么重视。教育反馈主要通过两个方面体现出来：一是职业分化，即受教育程度不同，从事的职业不同，受教育程度越高的人，其从事的职业往往越体面；二是收入分化，一般而言，受教育程度越高，经济收入也越高，且越稳定。只有人们及时感知到教育反馈在上述两个方面的差异，才能对其教育观有所改造。教育反馈具有较大的区域差异。一般而言，越是靠近劳动力市场中心地带，农民对劳动力市场的感知越强，就越能感受到教育对个人进入劳动力市场的重要性。例如，在东部发达地区农村或中西部城郊农村，农民主要在本地劳动力市场就业，年轻人也以本地就业为主，城乡关联比较紧密，年轻人在周末时经常回乡，此时，村民能够及时了解到村庄里受过不同教育的年轻人在外面的不同职业和不同收入状况，进而会强化其对子女的教育投入。而在中西部普通农村，农民主要在外地市场务工，尤其是上了大学获得稳定工作的年轻人,主要在外面大城市工作,他们很少回到家乡,村民对其在外面的工作和生活并没有那么了解,因此教育反馈较弱。贵州山区农村就属于后一种情况。

最后,贵州山区农村传统的生育观念也影响了农民教育观念的转型。当地农村仍然盛行多子多福的观念,"90后"和"00后"的年轻人至少要生两个小孩,还一定要生儿子。为了生儿子,很多"90后"和"00后"的年轻夫妻甚至生育三四个小孩。可见,传统的生育观念使得每个家庭的小孩都比较多,而当地农民家庭资源相对有限,不可能对每个小孩都精心培育,而只能粗放式育儿。实际上,农民的生育观念和教育观念之间是相互影响的,当农民的生育观念仍然比较传统时,其在子女教育上也就没有精力投入太多;当农民开始意识到子女的教育很重要,在子女教育上投入较多时,其生育观念也会逐渐发生改变。

◎ 浙江上虞农村:"操心不操劳"的教育观

2022年暑假我们团队在浙江上虞调研,一个强烈的感受是当地人对教育的重视程度有限:虽然也会认为读书很重要,但是对孩子读书要读到什么程度并没有明确目标,只是说让孩子读到不想读为止;即使孩子成绩不太好,也不会着急、主动地让孩子上补习班，催促、督导孩子。也正是如此，我们在当地看到绝大多数年轻人都是大专毕业。我们把当地人的教育观念概括为"操心不操劳"，这其实是当地充盈的收入机会在家庭教育观念上的反映。

对中国大多数家长而言，教育都是功能导向的，指向的是教育改变命运，实现家庭阶层跃升，至少不必再重复父代的辛苦劳作经历。可以说，大多数农村家长希望和督促孩子认真学习的动力都源于对自身生活的不满或者说不满足，对自身经历的反思构成了对子女教育的重视。但是对浙江当地家庭而言，这一动力是不足的。一方面，由于处于全国就业市场的核心地带，当地农民具有在本地就业的优势。作为发达地区农村，同时又是镇郊村，当地年轻人能够便利地进入当地正规企业工作，获得稳定工资和保障。企业对劳动力技术和学历要求也不高，大多数人都能够胜任。对于当地农民而言，只要获得大专学历，就足以在本地找到一份体面和稳定的工作，这在很大程度上弱化了农民家庭在子女教育上投入的动力。另一方面，当地农民家庭普遍具有较为丰厚的家庭资源积累，因此父母缺乏让子女好好学习从而将学习能力变现的功利化动力。对于当地父母而言，学校的作用主要在于将子女和社会隔离开，避免子女过早进入社会，保持子女相对单纯的生活环境，从而避免子女在年龄还小、缺乏辨识能力的情况下误入歧途。因此，当地大部分家长对子女的教育并不十分上心，例如为孩子报辅导班、送孩子去城区更好的学校上学、全职陪读等现象在当地并不普遍。

农民教育观受到多重因素的影响，只有当人们意识到子女教育的重要性时，才可能加大对子女教育的投入力度。总体来看，普通农民家庭对教育的重视大多是出于功能导向，这种功能导向的程度差异促使家庭教育观念产生差异，从而出现教育投入和教育行为方面的差异。影响功能导向程度的因素主要有两个。一是借助教育改变命运或者说改善家庭条件的迫切程度，这与家庭经济水平和经济获取能力等相关。二是家庭对教育改变命运这一观念的认同程度，或者说家庭对教育作用的认知程度。这多数与农民身边的榜样力量有关，发生在身边的或者亲身经历的教育改变命运的案例越多，则越可能加深农民对教育的认同和重视，从而影响其教育观念和行动。

后　记

华中村治研究团队最初是做村民自治和村民选举研究的，除了少数调查会访谈中小学教师，很难触碰到乡村教育问题。后来我们的研究拓展到乡村治理和农村社会学，乡村教育是农村社会的一部分，也就成了我们调查和撰写村治报告的重要内容。2017年前后，乡村教育成为我们独立的研究主题，专门有博士论文聚焦乡村教育，专题调研开始兴起，研究视域也从乡村扩展到了整个县域。

2020年下半年，我们承接了一个关于产教融合的研究项目，通过在广西、湖南、浙江等地职业院校开展一个多月的调研和探索，成功打入县域职教研究领域。随后几年，县域教育调研成了我们研究团队的常规调研，专门研究队伍从三五个人发展到20余人，对这方面感兴趣的同人就更多了。2021年9月，我们团队组织了70余人的队伍，分赴河南、湖北、湖南三省九县就县域教育作了为期半个月的专门调研，对县域幼儿教育、义务教育、高中教育及中职中专教育进行了全方位调查，撰写了70余万字的调研报告。

这几年我们的县域教育调研除了产出调研报告、随笔和论文外，还就县域教育相关问题撰写了数十篇政策咨询报告，有十余篇次获省部级以上领导批示，涉及"教育新城"、教师流动、义务教育均衡、普职分流、免费营养餐、留守儿童、"跑妈"、返乡陪读、青少年手机游戏、防溺水、教育公共服务等主题。

随着调查研究的深入，我们越来越感到当前学界对县域教育的现象和问题严重缺乏调查研究。即便有少量经验研究，也多集中在教师、教材、教法等教育内部问题上，缺乏教育与社会、政府、市场、管理等多元关系的视角，因而研究主题较少、研究视域较窄、研究层次较浅。

鉴于此，在贺雪峰教授的鼓励、支持和指导下，我们组织专业力量撰写了这部著作。这是典型的集体学术的成果，是华中村治研究团队关于教育研究的一次大胆探索，主要的调查者和作者包括杨华、雷望红、夏柱智、孙敏、李永萍、尹秋玲、齐燕、易卓、罗茜、肖琳、齐薇薇、朱茂静、安永军、王旭清、雒珊、袁梦、宋丽娜、王子阳、邹蓉、张一晗、胡晓映、邓碧玲、何志逵、徐亮亮等。本书的立意构思、初步编撰由杨华、雷望红、易卓、尹秋玲、孙敏、李永萍、王旭清完成。

杨　华　雷望红

2023 年 7 月

图书在版编目(CIP)数据

县乡的孩子们 / 杨华等著. -- 北京：中国人民大学出版社，2023.9
ISBN 978-7-300-32151-6

Ⅰ.①县… Ⅱ.①杨… Ⅲ.①县—地方教育—研究—中国 Ⅳ.① G527

中国国家版本馆 CIP 数据核字(2023)第 170972 号

县乡的孩子们

杨 华 雷望红 等 著

Xianxiang De Haizimen

出版发行	中国人民大学出版社		
社　　址	北京中关村大街 31 号	邮政编码	100080
电　　话	010-62511242（总编室）	010-62511770（质管部）	
	010-82501766（邮购部）	010-62514148（门市部）	
	010-62515195（发行公司）	010-62515275（盗版举报）	
网　　址	http://www.crup.com.cn		
经　　销	新华书店		
印　　刷	德富泰（唐山）印务有限公司		
开　　本	890 mm × 1240 mm　1/32	版　次	2023 年 9 月第 1 版
印　　张	13.75	印　次	2023 年 9 月第 1 次印刷
字　　数	242 000	定　价	79.00 元

版权所有　侵权必究　　印装差错　负责调换